新时代党校图书馆高质量发展研究

常 璐 著

中国石化出版社
·北京·

内 容 提 要

本书结合作者在江苏省委党校图书馆20多年的工作实践，探求新时代党校图书馆如何通过在信息资源建设、信息服务建设、文化建设等方面守正创新实现党校图书馆高质量发展。具体内容包括新时代党校图书馆发展趋向分析，党校图书馆高质量发展的理论基础和实践路径，党校图书馆信息资源建设、信息服务、文化建设高质量发展策略，全国党校系统图书馆和江苏省党校系统图书馆业务指导工作实践，大语言模型在图书馆高质量发展中的应用构想等。

本书可供各类党校图书馆管理人员、从业人员阅读学习，也可供其他图书馆管理人员和从业人员阅读参考。

图书在版编目(CIP)数据

新时代党校图书馆高质量发展研究 / 常璐著．—北京：中国石化出版社，2024.1
ISBN 978-7-5114-7470-4

Ⅰ.①新… Ⅱ.①常… Ⅲ.①党校图书馆-图书馆发展-研究-中国 Ⅳ.①G259.256

中国国家版本馆CIP数据核字(2024)第060942号

中国石化出版社出版发行
地址：北京市东城区安定门外大街58号
邮编：100011　电话：(010)57512500
发行部电话：(010)57512575
http://www.sinopec-press.com
E-mail:press@sinopec.com
北京富泰印刷有限责任公司印刷
全国各地新华书店经销
*
710毫米×1000毫米 16开本 14.75印张 313千字
2024年2月第1版　2024年2月第1次印刷
定价：78.00元

前言 PREFACE

党的十八大以来，中国特色社会主义进入新时代，以习近平同志为核心的党中央对党校工作特别重视，习近平总书记发表了关于党校工作重要论述系列讲话，《干部教育培训工作条例》和《全国干部教育培训规划(2023—2027年)》相继颁布，对党校在干部教育培训工作中的主渠道主阵地作用有了更加明确的规定，对党校事业提出了新的更高的要求。图书馆工作是党校事业的重要组成部分，必须坚持目标导向和问题导向相结合，适应信息化、大数据时代要求，围绕中心、贴近大局，自觉转型、有效服务，为提高党校教学科研水平和办学质量作出新的贡献。

此外，信息技术的迅猛发展，特别是大语言模型ChatGPT的横空出世给图书馆工作带来了挑战和机遇。在这一时代背景下，党校图书馆作为党校教学、科研和决策咨询的资源保障，需要加强对自身职能定位的认识，结合干部教育培训的变化谋求自身工作上的创新，促进图书馆事业高质量发展，从而更好地为整个党校干部教育培训事业高质量发展提供助力。本书结合作者在江苏省委党校图书馆20余年的工作实践，探求党校图书馆如何通过在信息资源建设、信息服务建设、文化建设等方面守正创新实现党校图书馆高质量发展。

第一章为新时代党校图书馆发展趋向分析，主要内容包括党校图书馆的主要特征、职能定位、发展现状以及面临的问题和挑战。第二章为党校图书馆高质量发展的理论基础和实践路径，主要内容包括图书馆高质量发展的概念和内涵、党校图书馆高质量发展的内在逻辑以及现实路径。第三章为党校图书馆信息资源建设高质量发展策略，主要内容包括党校图书馆信息资源建设体系、江苏省委党校图书馆资源建设实践总结，以及党校图书馆资源建设高质量发展建议与对策。第四章为党校图书馆信息服务高质量发展策略，主要内容包括党校图书馆信息服务体系、江苏省委党校图书馆信息服务实践总结，以及党校图书馆信息服务高质量发展策略。第五章为党校图书馆文化建设高质量发展策略，主要内容包括党校图书馆文化建设体系、江苏省委党校图书馆文化建设实践，以及党校图书馆文化建设高质量发展策略。第六章为加强业务指导，推动党校图书馆高质量发展，主要介绍了全国党校系统图书馆和江苏省党校系统图书馆业务指导工作实践，提出以评促建推动党校系统图书馆高质量发展的建议。第七章为大语言模型在图书馆高质量发展中的应用构想，通过结合当下流行的大语言模型，分别阐述大语言模型在图书馆采编流传统业务方面的应用构想，建立一个基于大语言模型的智慧图书馆架构。

当前，党校图书馆在建设和发展过程中存在很多问题和不足，但同时也面临机遇，如果能抓住机遇，乘势而上，可以实现跨越式发展。本书在相关章节中，以江苏省委党校图书馆建馆70余年来的实践为例进行探讨和研究，通过研究展望党校图书馆未来可能的发展方向，以期为党校图书馆高质量发展提供建议和对策，供党校图书馆管理者和从业者参考。

在本书撰写过程中，参考和借鉴了许多相关文献资料，在此对所有相关作者表示感谢。由于作者水平有限，加之时间仓促，书中有不尽之处在所难免，欢迎各位读者批评指正，我会在日后进行修正。

目 录 CONTENTS

第一章　新时代党校图书馆发展趋向分析

第一节　党校图书馆的主要特征、地位和职能

2019年10月25日发布的《中国共产党党校(行政学院)工作条例》第二条规定，“党校(行政学院)是党领导的培养党的领导干部的学校，是党委的重要部门”。这是以党内法规的形式对党校的性质、功能的确认。

从组织体系上讲，党的组织分为中央和地方各级委员会，所以，党校也相应地分为中央党校和地方各级党校。从职能看，按照《条例》规定，党校是同级党委的重要部门，是培养党员领导干部和理论干部的学校。党校接受同级党委的领导，同时接受上级党校的业务指导。因此，业务指导是党校上下级之间的法定关系。目前，全国党校设置的基本情况是：中央党校、省级党校(含铁道党校和新疆生产建设兵团党校)、副省级党校、市(地)级党校、县级党校。各级党校的工作的目标是相同的，功能是相似的，共同服务于党的干部教育事业和党的建设的大局。

根据中国图书馆协会对中国图书馆类型的分类，按照主管部门或领导系统划分，党校图书馆属于高校图书馆，其工作特点和规律具有高校图书馆的一般属性，但因其读者和服务对象与高校有非常大的不同，从而具有与高校图书馆不一样的特征和职能。

党校图书馆与高校图书馆在性质和服务对象上有一些明显的异同(表1-1)。

表1-1　党校图书馆与高校图书馆的对比

类　别	性　质	服务对象	馆藏特点	学科重点
党校图书馆	中国共产党的培训机构	党员、干部、政府工作人员	侧重于党的理论、党史、政治学	政治理论、党史、党建、社会科学等
高校图书馆	高等教育机构	学生、教职员工、研究生	覆盖多个学科领域	高校所涉及的各种学科

一、党校图书馆的主要特征

党校图书馆作为党校的重要组成部分，具有其独特的功能和特征。具体来说主要具有政治导向鲜明、资源针对性强、服务对象具有独特性、功能综合化和系统性明显等特点。党校图书馆为党校进行党的理论研究和党性教育提供了有力的

资源保障，也是党的思想理论资源建设的重要阵地。

（一）政治导向鲜明

党校因党而立，党校姓党是党校工作的根本原则，也是做好党校工作的根本遵循。“党校姓党”的核心就是党校的一切工作都要体现党的意志，一切工作都要讲政治，党校的“姓党”特色决定了党校图书馆资源建设与高校图书馆、公共图书馆及科研院所图书馆有很大的不同。党校主要培训对象是党员干部，重点是提高党员干部的理论素养、工作能力和领导水平。而高校的教育对象主要是普通学生。党校图书馆需要坚持和贯彻“党校姓党”，紧密围绕党校的职能和任务，结合图书馆业态和党校工作条例来思考。收藏与马克思主义理论、党的历史、党的建设、革命历史、治国理政等相关的文献资源，具有非常鲜明的政治导向。

（二）资源针对性强

党校的培养目标是提高党员干部的马克思主义理论素养、党性修养和工作能力，服务党的事业发展。高校的目标是培养具有专业能力的人才。2015 年 12 月发布的《中共中央关于加强和改进新形势下党校工作的意见》中明确指出“马克思主义理论教育和党性教育是党校的主课，是党校教学最重要的任务”。由此党校图书馆资源建设必须围绕这两个方面进行，具体来说就是要特别注重收集马列经典著作、党内文件、党内法律法规、领导人著作、党史资料、党内先进人物、红色革命文献、各种红色教学基地资源等，同时根据党校设置的学科专业，建设以哲学、政治学、社会科学为主具有明显的社科特征的馆藏，以满足党校教研人员和学员的教学和研究需求。

（三）服务对象具有独特性

党校图书馆的服务对象迥异于其他类型的图书馆，以各级领导干部、公务员、全日制在校学生、在职研究生以及党校教职工为主。读者群体构成较为复杂，不同服务对象具有不同的特点：就领导干部和公务员这一“关键少数”群体来说，该读者群体思维成熟，拥有丰富的学识与阅历，有较强的社交性，在信息需求与阅读习惯上有其自身特点；全日制在校生和在职研究生这两个群体的读者需求也不一致；教职员工的文献需求因为党校的特点跟普通高校相比也具有独特性，主要体现在党校教师很多本身就是具有丰富实践经验的党政领导干部，需要既懂理论又懂实践，而高校师资主要是学术型的。

（四）功能综合化

党校图书馆除了提供文献资源服务外，还承担着特色数据库建设、学术研究、会议、展览、文化建设等多种功能。与大多数高校图书馆一样，党校图书馆一般也是党校的校园地标性建筑，拥有会议、展览等场所，近年来，党校图书馆在党校校园文化建设中的作用凸显，尤其是党的十八大以来，以中央党校图书馆为首的党校系列图书馆越来越意识到图书馆在建设书香校园，传播党校文化中的重要作用，中央党校图书馆于2018年起更名为"中央党校图书与文化馆"，其后山东、安徽、广东省委党校图书馆等六家省级党校图书馆也更名为图书与文化馆。党校图书馆是党校文化建设的重要载体，通过举办各类文化活动，传播先进文化，弘扬主旋律，营造良好的校园文化氛围。同时，党校图书馆是党校联系社会、服务社会的重要窗口，通过数字资源建设，为党政领导提供决策咨询服务。

（五）系统性明显

《中国共产党章程》第十条规定，"党是根据自己的纲领和章程，按照民主集中制组织起来的统一整体。"党是有机统一的整体，决定了党校是一个有机统一的整体，党校（行政学院）教育和党的干部教育培训事业的整体性是党的整体性的重要保证。从应然的意义讲，党校之所以应成为一个有机的系统和整体，原因在于党、党的建设、党的干部教育事业是一个有机的整体。系统论认为，系统具有其部分在孤立状态下所没有的整体特性，整体不是部分的机械相加，而是由同类事物按一定的关系组成的系统。系统的性质取决于其要素的结合方式即结构。"整体大于部分之和"这些道理同样适用于党校工作。正是从以上意义上讲，党校应该作为一个整体在干部教育事业中发挥作用。

作为党校这个整体的组成部分，各级党校之间必须建立一种科学的、合理的关系，并使这种关系制度化，才能在干部教育上达到"整体大于部分之和"的效果，否则，整体不仅不能大于，甚至可能小于部分之和。党校系统的整体建设是党校事业发展规律的要求。各级党校在教学科研上的共性决定了党校之间加强联系的必要性。

当前全国共有省级党校（行政学院）32所（北京、天津、河北、山西、内蒙古、辽宁、吉林、黑龙江、上海、江苏、浙江、安徽、福建、江西、山东、河南、湖北、湖南、广东、广西、海南、重庆、四川、贵州、云南、西藏、陕西、甘肃、青海、宁夏、新疆、兵团党委），主要承担着培训省级领导干部和中高级专业技术人才的任务；副省级党校（行政学院）15所（铁道、武汉、哈尔滨、沈阳、成都、南京、西安、长春、济南、杭州、大连、青岛、深圳、厦门、宁波），主要承担着培训县处级领导干部和中级专业技术人才的任务；市地级党校360多所，县级党校近2500所，形成了中央、省级、市地级和县级四级党校系统，是一个信息丰富、渠道通畅、特色鲜明的系统。中央党校对省级党校、省级党校对市地级党校、市地级党校对县级党校都有工作指导的职责，党校图书馆也因此具有了天然的系统性，这给党校建设带来了很大的便利，有利于资源共建共享，互通有无，合作共建。

二、党校图书馆的地位

地位是指某一个人、组织或机构在社会关系中所处的位置及起到的作用。而图书馆的地位是指在经济社会的发展中，图书馆的角色以及其能够发挥的效用。由此推及，党校图书馆的地位是指在党校发展中所占据的位置和起到的作用。

党校图书馆作为党校的重要组成部分，是党校教育资源保障、教育支持、决策参考、党建研究、文化传承和形象展示的重要载体。党校图书馆为党校的事业发展和党的思想理论建设提供了有力支持，具有极其重要的价值和意义，是党校事业发展的重要基础。在历次的党校工作条例中都对党校图书馆的建设目标做了规划：

1995 年发布的《中国共产党党校工作暂行条例》第三十九条　党校要建立相应规模的图书馆(室)。中央党校和省、自治区、直辖市委党校图书馆要逐步办成多功能现代化的综合性文献资料中心。

2008 年《中国共产党党校工作条例》第三十七条　党校要重视图书馆(室)建设。中央党校和省、自治区、直辖市委党校图书馆要办成多功能、现代化的综合性文献资料中心。要创造条件，不断提高图书馆(室)的数字化水平。

2016 年《中国共产党党校图书馆工作规程》第二条　党校图书馆工作是党校工作的重要组成部分。党校要重视图书馆工作，加强对图书馆工作的领导，从党校工作大局部署图书馆的工作，协调图书馆工作同其他工作的关系。第三条　图书馆作为党校的工作部门，是马克思主义理论和多种知识的储藏库，是以图书资料和数字信息资源等形式向党校学工人员提供理论武装和知识学习的重要平台，是负责党校的文献信息资源建设、开展信息学科研究、为党校建设提供信息保障和智力支撑的学术性机构。

2016 年《关于进一步发挥党校图书馆功能的若干意见》第三部分第六点明确新形势下党校图书馆的基本定位：为党校教学、科研与智库建设提供信息服务与资源保障。

2019 年《中国共产党党校(行政学院)工作条例》第六十二条　各级党委和政府应当重视党校(行政学院)基础设施建设。党校(行政学院)的教室、宿舍、食堂和图书馆等设施是干部教育培训必需的基础设施，相关经费由同级财政性资金等途径解决。第六十四条　党校(行政学院)应当重视图书馆(室)建设，加强图书文献、信息的采集、整理和开发，积极推进数字资源共建共享工作。

关于新时代党校“图书馆建设”的规定，2019 年的《中国共产党党校(行政学院)工作条例》与 2008 年的《中国共产党党校工作条例》不同，将图书馆建设从“科研工作”部分调整到了“办学保障”，是校园设施的重要组成部分。这一调整，充分说明新时代党校图书馆已从过去的单一服务科研工作向教学科研咨询管理等党校事业全方位保障服务转变，担负着为党校“干部培训、思想引领、理论建设、决策咨询”服务保障的功能，担负着为党的干部教育培训事业提供文献支撑和信息保障的职能。

由此可见，党校图书馆是党校的文献信息中心，是为党校教学、科研和各级党政机关、企事业单位领导提供文献信息服务的学术性机构，带有明显的学术性，而作为信息储存、传播的文化机构，具有服务型功能，是党校课堂教育的补充和延伸，是党校重要的基础设施和教学辅助单位。其地位和作用具体可以概括为四大中心。

（一）教研咨的资源中心

党校图书馆是党校教职员工、学员、学生进行政治理论学习的主要场所，党校教研人员的信息需求呈现出政治性、学术性、系统性，其需求的信息资料主要有以下几类：(1)马克思主义经典著作，毛泽东思想、邓小平理论、“三个代表”重要思想、科学发展观、习近平新时代中国特色社会主义思想；(2)党的各项路线、方针、政策、会议精神；(3)中国共产党党史、中国历史；(4)相关专业的经典著作；(5)相关学科领域的基础资料；(6)相关学科的学术研究前沿动态；(7)当前的国际国内热点、难点问题等。党校图书馆通过提供党的文件、党史、领导人讲话、现刊和过刊等文献资源和丰富的数字资源支持党内人员深入学习党的指导思想和理论体系，为党校的政治理论教学和研究提供了坚实的资源支撑。作为党校的文献信息中心，图书馆每年都会根据校内各专业的设置情况和读者特点，采购相关的图书，并有针对性地丰富数据库的内容，满足党校师生科研和教学需要。同时，在进行图书加工上架流通时，根据教学和主题学习的需要对图书的分类和设置做相应的调整，例如开辟二十大专题学习书架、四史书架、党史党建专题阅览室等。在新时期，党校图书馆不仅提供图书、期刊等传统资源，还积极探索数字化技术，提供远程访问的 VPN 系统，建设移动图书馆、微信图书馆等为党员干部提供多元化、便捷化的培训资源，以适应不同学习需求。

（二）学习交流中心

党校图书馆的主要任务就是宣传马列主义、毛泽东思想、邓小平理论、“三个代表”重要思想、科学发展观和习近平新时代中国特色社会主义思想，使党的路线方针政策和社会主义先进文化得到宣传。通过知识管理和信息服务，为党校学员和教职工的教学和研究提供文献资源、物理学习空间等服务，促进党内知识的传承与创新，为党员提供实时、准确、全面的信息支持，助力其通过学习交流、互动合作、研究创新和社交等方式提高工作能力，更好地履行职责和使命。

（三）文化活动中心

党校图书馆作为党内文化建设的重要组成部分，是党的历史文化遗产的收藏者和传播者，承担着传承党的文化、弘扬党的精神的责任，通过文献资源的整理和展示，推动党内文化的繁荣发展。通过举办学术活动、建设红色资源特色数据库、干部阅读推广等举措为传承红色文化、弘扬党的优良传统作出贡献，发挥文化育人、文化引领、文化服务的功能。在每个党校的必备要件中，图书馆或图书室（主要存在于规模较小的党校）是其中之一。同时，党校图书馆所具有的实力往往能体现出一个党校的办学水平和实力，是党校文化软实力的重要组成部分。

（四）形象展示中心

党校图书馆体现了党校的教学水平、科研能力和党建特色，是展示党校形象的重要窗口。绝大多数党校图书馆是党校地标性建筑，一方面由于需要建设藏书所需的馆舍，另一方面更是学员学习生活的第三场所。全国党校系统中不少党校的校史馆都设在图书馆内，成为学员的必经之地。党校图书馆利用现代信息技术，建立数字图书馆、移动图书馆、微信图书馆等，展示党校科研成果、发展动态以及推进书香校园建设等。

三、党校图书馆的职能

职能是人、事物或机构能够在社会中发挥的作用。其中，人的职能指人担负职责或职位的能力；事物的职能是事物具备的相关功能；机构的职能则是机构能够行使的职权和发挥的作用。图书馆的职能是指图书馆在社会中发挥的功能，在图书馆职能分类上，有学者将图书馆的职能分为基本职能和社会职能。所谓的基本职能是图书馆的基础性作用，这是图书馆存在的基础。所谓的社会职能是随着社会的变迁，图书馆发挥出来的不同作用。作为图书馆的一个分支，党校图书馆与其他类型图书馆一样，本身也具有基本职能和社会职能。

（一）基本职能：收集、保存和传播信息资源

在基本职能上，党校图书馆与其他类型图书馆是一样的。在党校图书馆的发展过程中，图书馆基本功能贯穿始终，随着社会不断发展而不断完善。在民国时期，有学者认为图书馆是图书保存的唯一机关，因此，能够间接作为保存文化的机关。图书馆一方面保存文化，一方面使文化发扬光大，传播知识，使文化知识能够传播到各地，为社会文化的发展服务。要履行保存文化的功能，图书馆需要保存好前人留下的珍贵文献材料，保存过程包括文献资料的收集、整理、加工、组织、管理；图书馆要更好地将传承文化的功能发挥出来，则需要利用已经收集、整理、加工和组织的文献信息，通过借阅、复制、检查、咨询等方式，传播给社会。随着信息技术的迅猛发展，让数字化保存、原生性保护成为可能，从而为图书馆保存文献信息资源打开了全新的局面。目前图书馆的基本功能已经实现虚拟化、数字化和智慧化提供各类信息。

（二）社会职能：知识服务，资源共享

图书馆的社会职能是指在一定的社会环境中，作为文化机构的图书馆在社会责任和义务方面所发挥的作用。随着社会的发展，图书馆的社会职能从古至今不断地发生着变化。图书馆在古代的社会职能仅是收藏图书，仅为少数人服务，随着普通大众的知识觉醒，才开始对社会开放，且成为人们学习的主要场所，因此，教育成为图书馆的社会职能。在1975年的“国际图书馆联合会”上，参与会议的学者将图书馆的职能总结为四项，分别是保存人类文化遗产、发展社会教育、传递情报信息、开发人类智力。随着现代社会技术的发展，信息内容日益丰富，传递速度快，存储量不断增大，相对于传统图书馆，现在的图书馆在信息存储量、文献信息传递方式等方面发生了天翻地覆的变化，更多的信息服务方式使得更多的读者能够从图书馆获取到知识信息，图书馆成了新时代的信息集中地和传播中心，发挥着重要职能，可以归纳为两个方面，分别是知识服务和资源共享。

图书情报学界学者威尔逊说：“图书馆的真正重要职能是促进知识的获得和新知识的产生。”图书馆是知识的海洋，具有无比丰富的文献资源，人们可以在这里尽情地获取知识。文献资源凝聚着人类的智慧精华，承载着科技的进步与发展，读者可以从中学习各种知识。党校图书馆的服务对象除学历学位研究生、在职研究生、学员和教职员工之外，还有本地区政府机关工作人员和附近居民，在日常工作中除了提供丰富的学习资源和学习设施，丰富读者的文化生活之外，还会通过组织学术会议、专家讲座、演讲、图书展览、读书沙龙、文艺演出等活动来履行其社会职能。

（三）特有职能：服务领导干部，传承红色基因

党校是培训和轮训干部的主阵地和主渠道，党校图书馆在倡导领导干部爱读书、读好书、善读书方面承担着特殊重要的使命，对领导干部增加知识储备、提升党性修养、增强执政本领具有十分重要的作用。相较于教学设施、师资队伍，图书馆更具有基础性、人文性和标志性。习近平同志担任中央党校校长期间，就曾明确要求党校要系统推荐好书、及时推荐新书、定期组织读书活动，鼓励教职员工勤奋读书，带领全体学员认真读书，推动党员干部读书。习近平总书记强调：“党性教育是共产党人修身养性的必修课，也是共产党人的‘心学’。”党校是领导干部锤炼党性的“大熔炉”，党校图书馆以具备丰富的马列经典、党史国史、传统文化等文献资源为特点，在培养党员干部党性修养方面具有突出的“红色优势”，有利于赓续红色血脉，传承红色基因。

第二节　党校图书馆发展现状

一、党校事业发展历程

党校事业是党的事业的重要组成部分，党校因党而立、因党而兴、因党而强。党自成立之初就认识到作为组织严密的马克思主义政党，需要党内的组织与训练才能完成党所担负的历史使命。党的二大通过了《关于共产党的组织章程决议案》，强调党员和干部需要组织与训练。党的三大报告指出建党初期忽略了党员的教育工作。1924 年 5 月，党提出要急于设立党校养成指导人才。1924 年 12 月，安源党校建立，这是中国共产党最早的地方党校，也是党的历史上第一所党校。1925 年 1 月，党的四大再次强调设立党校，提出要重视党校工作，于 1926 年 2 月又通过了《开办最高党校问题》的决定，提出在北京及广州各办一长期党校。1925 年至 1926 年，北方区委党校、湖南区委党校、江浙区委党校、广东区委党校、武昌高级党校、上海区委党校等同时创建。新中国成立后，党校顺应党的中心工作转变，形成了高、中、初三级党校构成的覆盖全国党校教育体系，为社会主义革命和建设培养了大批人才。党的十八大以来，在适应党的事业发展新要求中，党校根据党的事业发展新要求，培养了大批优秀干部，在推动贯彻党的政治路线、思想路线、组织路线、群众路线，推进党的事业和党的建设中发挥了重要作用。

二、党校图书馆的建设概况

1933 年 3 月 13 日，中共中央在江西瑞金创办马克思共产主义学校也就是中央党校前身，当时就建立了学校的“图书资料室”。从那时起，党校图书馆伴随着党校事业的发展由小到大，不断发展。从延安时期中央党校的“图书资料科”和红军的“流动图书馆”，到西柏坡时期的“马列学院图书馆”，再到新中国成立后，随着全国省市县各级党校逐步建立，全国党校发展成为一个系统，全国党校图书馆也发展成为一个网络。可以说，党校图书馆与党校事业相携并进，在服务党校教学科研、服务党校教职员工方面，一直扮演着重要角色，始终发挥着重要作用。

（一）党校图书馆工作政策文件梳理

党校系统图书馆事业的正规化运作始于 1982 年成立的全国党校图书资料工作联络组，其后经过 5 年的筹备，全国党校文献信息学会于 1987 年 11 月正式成立，随后，各省、自治区、直辖市党校也相继成立学会分会。学会的工作主要围绕加强党校系统图书馆之间的联系，总结和交流工作经验，促进各项工作的规范化、标准化，加强人员培训，推动学术研究和交流，协调现代化多功能建设，特别是数字图书馆建设，组织实施省级党校图书馆评估等战略性和全局性问题开展卓有成效的工作。成立近 40 年来，组织起草、制定、修订了若干条例和工作规程，尤其是《中国共产党党校图书馆工作规程》是党校系统图书馆建设的一个极为重要的法规性文件，对规范各项工作起到了积极的作用(表 1–2)。规程对党校图书馆的地位、性质、作用和任务、领导体制和组织机构、队伍建设和馆舍、经费、设备保障等关系党校图书馆事业发展的一系列重要问题做了明确规定。

表 1–2　全国党校文献信息学会发布的文件

序号	名称	时间	性质
1	全国省、市、自治区党校图书馆(图书资料室)工作试行条例	1985	制定
2	中国共产党党校图书馆工作试行条例	1987	修改
3	中国共产党党校图书馆工作规程	1991	修订
4	中国共产党党校图书馆工作规程(6 章 36 条)	1998	修订
5	中国共产党党校图书馆工作规程	2008	修订
6	关于进一步加强和改进党校图书馆工作的若干意见	2016	制定
7	中国共产党党校图书馆工作规程	2016	修订

(二) 党校图书馆馆藏数量和质量稳步提高

在党校系统图书馆中，中央党校图书与文化馆馆藏量最大，截至 2022 年底，其纸质文献的馆藏总量有 150 万册左右，中外文数据库有 70 多个，自建具有特色的数据库 16 种，超过 100TB。其他省级党校馆藏图书大多在 30 万—60 万册之间，地市县级党校较少。馆藏数量虽然不多，但都注重围绕党校特点建设具有党校特色的馆藏体系。

(三) 党校数字图书馆建设成果显著

1. 起步早

2000 年 6 月，由国家图书馆牵头的“中国数字图书馆工程”启动，2000 年 11 月，全国党校数字图书馆暨数字图书馆建设会议在海南召开，时任中共中央党校副校长王伟光在会上提出了“加快图书馆信息化、数字化、现代化建设步伐”的任务，为全国党校数字图书馆建设拉开了序幕，成为党校系统图书馆数字化、信息化、现代化建设的起点。2002 年 8 月，又在新疆召开了全国党校数字图书馆资源建设研讨会，研究如何推进全国党校系统图书馆的数字资源建设问题。海南会议和新疆会议以后，全国党校系统数字图书馆建设得到了中央和国家有关部门、地方党委和政府的高度重视和支持。各地积极行动，提出思路，制定措施，投入人力、财力和物力，特别是在网络基础设施建设、数字资源建设及人才引进和人员培训等方面加大了投资的力度，使党校数字图书馆建设迈上了新台阶。

2. 稳步推进

为了研究和解决数字图书馆建设中存在的发展不平衡、没有形成合力、重复建设、发展速度跟不上形势等实际问题，形成全国党校“一盘棋”，“全国党校数字图书馆建设工作会议”于 2005 年 11 月在湖南省委党校召开。会议总结了自 2000 年海南会议以来党校系统数字图书馆建设的基本经验，分析了面临的新形势，提出了加快发展数字图书馆的任务，讨论了《全国党校系统数字资源建设规划(2006—2010)》征求意见稿，并就数字资源建设中的许多具体问题进行了深入探讨，进一步明确了党校数字图书馆建设的理念、思路、模式和规划。时任中共中央党校副校长王伟光在会上作了题为《坚持科学发展观加快党校数字图书馆建设步伐》的主题报告，强调要坚持用以人为本、全面协调的科学发展观统领数字图书馆建设，站在科学发展观的高度做好数字图书馆的建设工作，并要求在数字资源建设中一定要贯彻相互合作的原则，把整个党校系统的力量动员起来，分工合作，形成合力，形成优势，防止重复建设，建成一批具有党校特色的共建共享的数字资源库群。

3. 党校系统一盘棋，共建共享理念始终贯穿其中

为贯彻落实湖南会议精神，2006 年 5 月在上海召开“全国党校图书馆数字资源共建共享工作会议”，专门研究全国党校图书馆数字资源共建共享工作、研究解决数字资源共建共享的相关问题。经会议研讨，完善了《全国党校图书馆数字资源建设规划(2006—2010)》，讨论通过了《全国党校图书馆数字资源共建共享工作条例(试行)》，讨论和修改了《全国党校图书馆数字资源共建共享技术操作指南(试行)》等三个文件；具体落实了北京等首批 15 家共建共享示范单位，并明确了共建任务，确定了 15 个共建共享数据库。会议要求示范单位发挥组织示范、技术示范、实施示范、运营示范等方面的示范作用，带动其他各单位参加共建共享，推动《全国党校图书馆数字资源建设规划(2006—2010)》的实施和落实，从而大量增加党校系统的数字资源。这次会议的成功召开，标志着全国党校系统数字图书馆资源共建共享工程的正式启动，对党校系统图书馆的信息化、数字化、现代化建设产生了深远的影响。

此外，中央党校图书馆与中国社会科学院图书馆联系，为全国党校系统图书馆开通国家哲学社会科学学术期刊数据库(NSSD)，目前已经有一百多家党校开通使用。全国党校系统共建共享平台已经搭建完成，并已取得建设成果——习近平系列重要讲话数据库，不仅防止重复建设，节约大量的资金，同时极大提高了数字资源的使用效益。

4. 成果斐然

数字图书馆建设的核心在于数字资源建设，党校系统图书馆在中央党校图书馆的三个规划文件——《全国党校图书馆数字资源建设规划(2006—2010)》《全国党校数字图书馆资源建设规划(2011—2015)》《全国党校系统图书馆数字资源建设规划(2016—2020年)》的指引下，建成了一批具有党校特色的数据库群。

围绕“三大文库”(中国共产党文库、马克思主义理论文库、中国国情和方志文库)和“四大专题数据库”(马克思主义理论教育专题数据库、习近平总书记系列重要讲话精神专题数据库、领导干部党性修养专题数据库、新型高端智库建设专题数据库)建设目标，中央党校和全国各地党校建设完成了上百个特色数据库。

(1) 地方党史文库中比较突出的有：中国共产党北京历史文库、八路军总部在山西数据库、中共内蒙古党史数据库、东北地方党史数据库、中国共产党历史文库·上海子库、中国共产党江苏籍领袖人物研究数据库、浙江党史研究与人物全文数据库、安徽新四军研究文库、古田会议和中央苏区教学与研究信息资源库、井冈山革命根据地和中央苏区特色数据库、中共山东党史文库、中共广东地方党史与人物专题研究数据库、百色起义数据库、毛泽东思想研究数据库、邓小平理论研究专题数据库、贵州党史文库——新民主主义革命时期、党中央在延安十三年及延安精神研究数据库、西路军研究数据库等，这些数据库为党校进行党性教育提供了珍贵的红色史料资源，从中可以提炼出“红船精神”“红岩精神”“延安精神”“龙岩精神”“井冈山精神”“西柏坡精神”“沂蒙精神”等。

(2) 国情地情数据库建设中比较突出的有：北京市情研究与地方志文库、内蒙古自治区发展决策咨询数据库、浙江省情研究与地方文献全文数据库、安徽区域经济与文化发展文库、广州市情数据库、“科学发展 富民兴渝”重庆市情研究数据库、5·12汶川特大地震抗震救灾专题数据库、成都古镇文化——客家文化数据库等，这些数据库为党校干部省情教育提供了资源保障。

(3) 马克思主义理论教育数据库有：李大钊与中国马克思主义传统(北京)、马克思主义理论教育精品课程(浙江)、马克思主义理论教育专题数据库(杭州)和党和国家领导人文献库(重庆)。

(4) 习近平总书记系列重要讲话精神专题数据库：中央党校图书馆牵头，联合陕西(习近平在梁家河)、河北(习近平在正定)、福建(习近平在福建)、浙江(习近平在浙江)、上海(习近平在上海)、重庆(习近平总书记系列重要讲话精神学习平台)等地方党校图书馆按照统一的标准共同建设，实现数字资源建设的共建共享。在该数据库建设中，其中最富有特色的内容是习近平总书记地方工作轨迹及相关思想研究。深入挖掘习近平从村、县、地(市)、省(市)直至中央的主要工作实践中的珍贵史料、照片以及走访的音视频资料，以丰富的资源全面展现习近平总书记的工作轨迹，系统揭示习近平总书记成为党中央核心、全党核心的深厚历史逻辑、实践基础与人民意愿。该库建成后在全国党校系统图书馆实现了共享。

(5) 领导干部党性修养专题数据库有：北京红色教育资源专题数据库、领导干部党性修养案例学习数据库(重庆)、平津战役精神数据库、西柏坡精神专题数据库、太行精神、右玉精神、铁道精神、东北抗联精神数据库、改革开放四十年(1978—2018)上海党性教育特色数据库、党的建设理论与实践研究暨江苏红色文化资源数据库、红色浙江——网上党性教育、安徽党校教育专题数据库、谷文昌精神、廖俊波精神、“四大摇篮在江西”专题数据库、干部政德教育专题数据库(山东)、中国共产党在南京数据库(南京)、党在济南——济南市领导干部党性修养专题数据库(济南)等。

(6) 新型高端智库建设专题数据库有：京津冀协同发展专题数据库、北京市情区情数据库、内蒙古自治区改革开放40年经济建设、红山文化研究数据库、浙江省情数据及研究专题数据库、宁波地域文化现象研究、桐城派文化数据库、长江经济带智库等。

“十二五”时期的“三大文库”和“十三五”时期的“四大专题数据库”的成功建设，为全国党校(行政学院)系统教学、科研、资政提供了丰富的数字资源保障，这些数据库的建设彰显了党校(行政学院)的红色基调，凸显了地方的人文特色，其与时俱进的数据库建设内容体现了时代特征。

(四) 党校图书馆文化建设效果明显

党校图书馆是党校校园文化建设的重要组成部分和主要阵地，党校不仅是党员干部加强理论学习与党性锻炼的熔炉，也是广大教职员工浸染其中的文化殿堂。在校园文化建设中，坚守与传承中华优秀传统文化是党校图书馆义不容辞的职责。尤其是党的十八大以来，以中央党校图书馆为首的党校系列图书馆已经越来越意识到图书馆在建设书香校园，传播党校文化中的重要作用。

文化建设成为党校图书馆工作的一个新的重要生长点，成为帮助在校学习的领导干部加强党性修养、提高文化素养、提升领导能力的“第二课堂”。一方面，党校图书馆是具有党校特色的馆藏体系，可以更好地传承党校的红色基因；另一方面，图书馆是校园文化的活动中心，通过举办读书活动、活动沙龙、名家讲座、书画展览、音乐欣赏、电影展映等活动，可以提升师生员工和学员的人文素养，彰显图书馆的文化品位，打造校园文化品牌。

第三节 新时代党校图书馆发展面临的问题与挑战

新时代科技的飞速发展，信息技术、人工智能、互联网等领域的发展和应用改变了人们的生活方式和社会运行方式，各行各业发生了革命性的变革。在图书馆领域，大数据环境下人们阅读行为和阅读方式发生重大变化，ChatGPT 的横空出世将使图书馆的工作流程和服务理念发生颠覆性改变，图书馆开始向着智能化方向迈进，服务方式不断创新。未来，党校图书馆概莫能外，由党校图书馆营造的场景也将面临不少问题与挑战，会发生多种多样的变化。

一、传统图书馆功能弱化

图书馆的一些传统功能在减弱，服务模式也发生了改变，而且产生了一些新的功能。很多图书馆已经不再需要借阅证，只需要使用身份证登记即可，通过身份证号，图书馆为每一位读者建立了信用记录，读者的每一次借阅行为都将被记录下来。在图书馆资源中，电子资源所占的比例越来越重要，图书馆的综合实力已经不能通过纸质的藏书量来表示；人工服务在图书馆的作用减弱，更多地被网络借阅、机器自主借阅代替，甚至在一些图书馆，已经开始使用机器人查阅服务；图书馆也不再仅仅局限在某一个机构或者某个单位，读者可以在街头的自助借书终端、地铁的图书借阅机上借阅图书；可以利用移动图书馆、远程 VPN 系统实现足不出户即可畅享图书馆资源等。这些便捷的工作和服务方式已经成为图书馆进行信息服务的必备工具和手段。图书馆的自动化程度不断提升，这就要求未来图书馆掌握较高的技术服务水平、大数据处理分析能力以及图书馆自身服务特色的把握能力。

二、图书馆业务智能化

如果说数字化是图书馆文献信息收藏的一次革命性变革，那么智能化将是面向服务层面的一次革新。数字化技术让图书馆从纸质文献资料的收集拓展到数据代码存储，突破了图书馆的空间限制，从有形的资料扩展到无形的内容，图书馆在文献信息的收集范围上也突破了地域限制。另外，图书馆的智能化则使图书馆能够为任何读者提供个性化和智能化的服务，而且这个服务能够被记录下来，在第二次服务中进行改进和提升。比如，读者在图书馆阅读图书之后，智能图书馆能够记录相关数据，并在之后的服务过程中向读者推荐读者喜欢或者有用的图书资料，服务从被动转为主动，而且还具有一定的交互性，这就是智能图书馆的巨大魅力。

智能图书馆也被叫作智慧图书馆，从目前的技术来看，一般情况下应当具备以下功能：与互联网保持畅通(有线或者无线 Wi-Fi 功能)、网络图书馆自助服务功能、文献信息共享、图书馆个性化服务和自主学习与服务设施等。其最终目标是实现资源(图书及信息)与读者随时随地都能够相连，方便读者利用。欧洲一些国家的图书馆首先实现了这些功能，国内的高校图书馆也在逐步普及。当前大部分省级党校都建设了数字图书馆、移动图书馆，在智慧图书馆已经初具雏形的时代，党校图书馆能否抓住机遇，搭上智慧图书馆的发展列车，是今后党校图书馆发展的重点和着力点。

三、图书馆馆员学者化复合化

图书馆功能的变化必将导致图书馆馆员的知识结构调整，否则，馆员就很难适应新技术条件下的工作要求。首先，图书馆馆员不仅需要具备基础的图书整理、检索能力，还应当了解目录学、文献学等有关图书馆管理方面的内容，为了能够顺应时代发展，图书馆馆员对于新技术方面的知识也需要有所涉及。随着智慧图书馆建设的推进，无论是图书的采购、咨询，还是读者的检索、咨询，图书馆都会发生巨大的变化，这给图书馆工作人员提出了更高要求，图书馆馆员不仅要具备一定的专业素养，还应该是掌握新型技术的信息专家或信息工程师，是信息系统的建设者，成为学者型的复合型专家。其次，在信息化时代，信息的增长速度难以想象，海量的信息无法得到人们的有效处理，因此，人们希望能够获得相关咨询服务机构的帮助，图书馆馆员既要具有学科建设方面的专业知识，还要具备新闻记者的敏锐度，能够迅速响应图书馆读者的需求。最后，图书馆馆员要具有一定的营销推广意识。对于图书馆而言，为读者服务是工作的核心，图书馆馆员应用热情饱满的心态面对工作，还要充满责任心，关注和了解不同行业的最新动态，学习不同的知识，让自己拥有更好的业务能力，不断积累相关经验。馆员是否具备良好的业务素质和综合能力，在一定程度上决定能否全面发挥出图书馆职能。

四、图书馆发展网络化联盟化

在网络环境中，图书馆将与其他行业共同结为服务联盟，成为有机整体。图书馆服务的网络化趋势表现在两个方面：一是图书馆间的合作，从最传统的馆际互借到图书馆参考咨询联盟；二是跨行业、跨地区的图书馆之间的互信互通、相互协作，不同图书馆之间的联系不会受时间与空间限制。党校图书馆系统是个天生的联盟，但是新时代要谋求更多的对外合作共建。

五、党校图书馆供给质量和能力亟须提高

近年来，各级党校图书馆主动转型，努力提高服务质量和水平，取得了一定

成效。但客观地说，党校图书馆转型升级进程还有待积极推进，其供给质量和能力亟须提高。

（一）原因探析

究其主要原因，一方面是图书馆对学员和教职员工的需求研究不够、把握不准。党校学员和教职员工的阅读需求在很大程度上受其特殊的职责和学习任务的影响。党校作为培养党员干部和提升教职员工政治素养的重要机构，要求其学员和教职员工在阅读方面具备一系列特定的特点。

一是政治性和理论性阅读需求。党校学员的首要任务是学习党的政治理论和相关政策，因此其阅读需求具有鲜明的政治性和理论性。他们需要阅读马列经典著作、习近平总书记的重要讲话等重要文献，深入理解党的指导思想，提升政治觉悟。教职员工也需关注国家政策、教育改革方案等与党校工作密切相关的政治理论文献，以保持教学与时俱进。

二是综合性阅读需求。在党校学员的学习中，他们通常需要涉及多个领域，包括政治、经济、法律、管理等，并且重点关注社会发展的热点前沿问题，关注新时代国际国内信息和本地区信息，因此，对于综合性阅读的需求十分明显。学员需要能够对多元信息进行整合，形成全面的政治素养。教职员工也需要具备跨学科的阅读能力，以更好地开展综合性的教学工作。

三是实践性阅读需求。党校学员通常需要参与各类实践活动，包括党务工作、社会服务、实地考察等，因此，他们对实践经验的总结与分享、实际问题的解决方法等方面的阅读需求十分迫切。教职员工也需要关注实践性的阅读，以更好地指导学员的实践活动，并为课程设置提供实际案例。

四是科研性阅读需求。党校的教职员工通常也承担着一定的科研任务，需要深入了解党的理论和国家政策，同时关注前沿的学术研究，因此，他们的阅读需求呈现出一定的科研性特点，需要定期阅读最新的学术论文、研究成果，以保持教学内容的学科前沿性。

五是网络化阅读需求。随着信息技术的发展，党校学员和教职员工的阅读方式也呈现出网络化的趋势。他们更倾向于通过互联网获取信息，使用电子书、在线期刊等数字化资源进行阅读，这就要求他们具备信息检索、网络资源评估和利用的能力。

六是应试性阅读需求。部分党校学员可能需要参加各类考试，包括晋升考试、党内选拔等。这就使得他们的阅读需求呈现出应试性特点，需要有针对性地进行复习、查阅相关考试资料。

总体而言，党校学员和教职员工的阅读需求呈现出多元化、复杂化的特点。这既受到党校教育的特殊性质的影响，又受到社会信息的多层次、高速度传递的影响。因此，满足他们的阅读需求不仅需要充实的资源支持，更需要注重培养他们的多方位阅读能力，使其在各种阅读场景中都能够游刃有余。在数字化时代，更要充分利用现代技术手段，提供更便捷、多样化的阅读体验，以满足不同层次、不同领域的学习需求。

另一方面是图书馆供给质量和能力存在不足。一是供需不对称，供给不及时。馆藏资源的更新速度和丰富度不能满足学员和教职工的需要，可能导致学员和教职员工在学术研究、政治理论等方面的学习受限，影响党校培养人才和提升教职员工素质的目标。二是纸质资源和数字资源之间的比例不协调。在数字化时代，图书馆的数字化技术应用对于提高服务效能至关重要。然而，一些党校图书馆可能因为经费问题未能充分利用现代数字化手段，在电子图书、电子报刊、一站式检索等资源的引入和应用不足，还是以传统纸质资源占据主导地位。这使得学员和教职员工在获取信息时面临传统纸质资源的局限，错过了数字化资源丰富性和便捷性带来的优势。三是馆员专业素养和服务水平有待提升。图书馆馆员的专业素养直接关系到图书馆服务的质量和水平。党校图书馆普遍存在馆员专业水平不高、对新技术的适应性较弱、对用户需求的敏感性不够以及应对复杂问题能力有限等问题。

（二）存在的主要问题

尽管全国党校文献信息学会为推动党校图书馆事业的发展做了大量的工作，但由于情况不同，条件有别，各地党校图书馆发展水平不一，不同程度地存在以下主要问题。

1. 图书馆的地位有待进一步提高，作用有待进一步发挥

随着数字图书馆建设的发展，图书馆的地位和作用也有了相应的提高。但在现实中，由于党校读者群的特殊性带来文献信息利用率较低等问题，导致领导对其重要地位和作用的认识不足。还有一些党校图书馆被边缘化，学校在人员配备、资金保障、政策倾斜等方面均存在问题，有的图书馆已被合并到别的部门。这种情况将难以保证数字图书馆建设持续稳定发展。

2. 图书馆数字化建设发展不平衡

由于东西部、南北方经济发展的不平衡，导致党校图书馆发展也不平衡，这种情况在经费投入方面表现尤为明显。年投入经费 50 万元以上的图书馆有 16 个，主要分布在华东、中南地区，有的馆甚至年筹集资金数百万元。而年投入 25 万元以下的省级党校图书馆有 9 个，主要分布在西北地区，最低的年投入不足 9 万元，严重制约了图书馆的发展。经费投入不平衡导致数字化建设软硬件设施、资源建设的不平衡。有的馆能紧跟时代，完成跨越式发展，而有的馆不得不维持基本生存状态。除了经费，发展水平的不同带来观念的差异也是存在的。

3. 文献利用率普遍较低

党校图书馆文献利用率呈下降趋势，这是一个严峻的问题。图书馆是依靠读者而生存的，缺乏读者支撑的图书馆必然缺乏创新发展的原动力。

4. 图书馆专业队伍的待遇问题需引起关注

近年来图书馆专业队伍建设有着可喜的变化，一支素质精良的专业技术队伍正在数字化建设中发挥着重要作用。但由于图书馆专业队伍的待遇与教研人员还有一定差距，因此人才外流现象比较严重。怎样稳定图书馆专业队伍是一个应引起高度重视的问题。

（三）解决思路

习近平总书记在中央党校建校 90 周年庆祝大会暨 2023 年春季学期开学典礼上明确提出“为党育才、为党献策”的党校初心。充分体现了习近平总书记对党领导党校工作历史经验的深邃思考，科学概括了新时代新征程上党校功能定位、价值作用，标志着党对党校功能地位、使命任务的认识上升到了新高度，为新时代党校事业发展指明了前进方向，提供了根本遵循。党校图书馆根据党校的需要，在大数据环境条件下，积极主动研究新形势，采用新技术、管理科学化，建立和完善信息资源、信息服务体系，推进图书馆文化建设，使马克思主义得到坚持和发展，使党的理论创新服务得到促进，在党校教学、科研、决策等服务中，为党和政府领导机构推进马克思主义学习型党建服务，从而促进自身的高质量发展。

第二章　党校图书馆高质量发展的理论基础和实践路径

第一节　图书馆高质量发展的概念和内涵

一、图书馆高质量发展的概念

高质量发展是指在经济、社会和环境可持续性的基础上，通过提高质量、效率和创新能力，而不仅仅关注经济增长的速度，实现发展质量和效益的整体提升的发展方式。这个概念起源于中国经济发展的新阶段，旨在应对传统增长模式面临的挑战，实现经济结构的优化和转型升级。党的十九大报告指出，我国经济已由高速增长阶段转向高质量发展阶段，高质量发展成为新时代中国经济鲜明的特征。党的二十大报告指出，高质量发展是全面建设社会主义现代化国家的首要任务，必须完整、准确、全面贯彻新发展理念，坚持以推动高质量发展为主题做好各项工作。

在国家高质量发展的新环境下，图书馆事业进入一个新的发展阶段，高质量发展成为图书馆学和图书馆事业的一个新主题。在图书馆领域，高质量发展涉及多个方面的内容和要素。图书馆高质量发展是指图书馆在社会变革和信息化浪潮中，通过不断优化资源结构、引入先进技术、提升服务水平，全面提高信息服务能力，以更好地满足读者需求，推动知识传播和学术研究的发展，达到更高层次的综合素质和社会影响力的过程。围绕图书馆如何实现高质量发展，亟待解决其路径问题。

二、图书馆高质量发展的内涵

高质量发展是对传统增长模式的超越，旨在实现经济结构的优化、转型升级和可持续发展，具有质量优先、效益导向、可持续发展、创新驱动、协调发展等特点，在实践中，需要政策引导、技术创新和制度保障等多方面的支持，以提高经济发展的质量、效益和可持续性。以此为鉴，图书馆高质量发展的内涵主要包含以下几个方面：

1. 建设高质量的馆藏资源

拓展图书馆的纸质和数字资源，提供多样化的服务，满足读者多样化的学习和研究需求。

2. 提高资源的利用效益

构建高效的信息检索系统，提高资源利用率和信息传递效率。

3. 创新读者服务的方式

创新参考咨询、阅读推广等方式，提升读者体验，增加读者黏性，加强图书馆自身制度建设(构建内部工作流程和决策机制，培养专业化、创新型的图书馆人才)。

4. 跨机构合作共赢发展

探索合作共赢的模式等，通过一系列的举措来实现图书馆高质量发展。党校图书馆作为以满足科研人员信息需求为目标的重要服务机构，应紧密围绕干部教育培训的中心任务，全方位服务于新发展格局的构建，明晰自身发展方向，把握新时代的机遇与挑战，寻求可持续发展道路。其中，核心任务就是以高质量发展为主旨。

推动高质量发展是适应图书馆主要矛盾变化的新路径，学术界围绕高质量发展进行了热烈的理论探讨，各地、各行业开展了丰富的实践探索，逐渐形成了解构背景、价值、内涵和特征等的理论体系。但高质量发展是全局主题、系统要求，所以在内涵解构的基础上，如何将高质量发展落实到图书馆行业的场域，提供以新发展理念为指引的具化解释和实践遵循，仍有待进一步深化，本书研究的理论价值主要体现于此。

第二节　党校图书馆高质量发展的内在逻辑

一、办馆质量是党校图书馆安身立命之本

质量兴则党校图书馆兴，质量高则党校图书馆强。质量立馆是由党校图书馆办馆理念决定的。习近平总书记深刻指出：“党校不是一般学校，党校教育培训对象不是一般学生。”这样的“不一般”对党校办学治校的质量提出了不一般的要求。追求一流教学和科研、一流人才和队伍、一流管理和服务、一流风气和人文环境等，确保党校在干部教育培训大格局中发挥名副其实的“主渠道”作用，必须切实提升办学质量。习近平总书记强调：“要坚持高标准办学，把质量立校作为党校工作的重要抓手，努力提高教学科研质量。”质量立校是对党校工作的全方位要求，是推动党校事业高质量发展的应有之义。党校图书馆也应将质量立馆作为工作的基本要求。

二、改革创新是推进图书馆高质量发展的强大动力

图书馆高质量发展是不断与时俱进、不断自我提高的过程。习近平总书记指出："要锐意改革，不断推动教学科研、人才队伍、管理服务、学风校风等各方面工作的创新。"要促进图书馆高质量发展就要不断总结实践经验，积极探索和运用党校教育规律、干部成长规律；加快形成以高质量发展为办馆导向的馆藏评价体系、服务质量考评机制、文化宣传体系，充分调动馆员积极性创造性，更好发挥党校图书馆特色和优势；坚持目标导向和问题导向相结合，补短板、强弱项、固根基、扬优势，把质量立馆作为全面提升党校图书馆工作水平的一项战略任务，坚持不懈抓实抓好。

第三节　党校图书馆高质量发展的现实路径

新时代以来，党和国家事业取得历史性成就、发生历史性变革，党校事业在服务大局中取得长足发展，也面临新的形势。新时代新征程，党的使命任务对党校工作提出了新的更高的要求，既要关注"量"的增加，更要突出"质"的提升。坚持质量立校，着力抓好教学科研质量，全面提高工作水平，党校发展的道路才能越走越宽广。结合图书馆行业的高质量发展模式，党校图书馆高质量发展应从资源立馆、服务兴馆和文化强馆三个高质量发展的维度来进行，落实到具体举措，分别是实现党校图书馆信息资源建设、信息服务和文化建设的高质量发展。

一、坚持"资源立馆"导向，促进信息资源建设高质量发展

（一）坚持"党校姓党"，把好信息资源建设关，建设高质量的馆藏

党校图书馆要根据教研人员的信息需求特点，在信息资源建设要上以马克思主义经典理论、毛泽东思想、邓小平理论、"三个代表"重要思想、科学发展观、习近平新时代中国特色社会主义思想等党的思想理论和党性教育及经济、社会科学和法学等相关专业方面的信息资源为主，同时注重配备一些介绍国际国内形势、社会热点、难点及各地在反映当下经济社会发展过程中问题与经验的信息资源。党校的课堂上不能有杂音、有噪声，相应地，党校图书馆的所藏和所建信息资源中既不能有反对四项基本原则和党的理论及路线方针政策的错误观点，也不能有风水、权谋等低级趣味的信息资料出现。

（二）坚持"用学术讲政治"，建设具有党校特色数据库

各级党校图书馆始终围绕"服务中心大局"以中央党校图书与文化馆建设全国党校系统数字图书馆建设为契机，在数字化馆藏的基础上，建立具有鲜明党校

特色且服务党校智库发展的专题数据库，满足教职员工和学员的需求。一是建立市情数据库。把党委政府的中心工作和重大部署，各届政府的工作热点、难点及决策者的讲话、理论要点及前期历史情况，以及政策评估、政策修正等建立数据库，随时备查。二是建立党校科研精品数据库。根据学科分类，将党校教研人员近20年来的优秀成果，包括著作、课题、论文、调研报告等电子化，以便查询。三是建立学员优秀成果数据库。各级党校近年来运用案例式教学、结构化讨论、行动学习法等多种互动式教学手段，充分发挥了学员的主体作用，产生了很多质量较高的研究成果，但都缺乏系统的整理和归纳。应充分发挥学员优势，建立学员优秀成果数据库，根据主题梳理和归纳，便于查询和利用。

二、秉承"服务兴馆"理念，促进信息服务高质量发展

整合传统信息服务与新兴信息技术，开发新型信息服务模式，如移动服务、个性化服务以及智能服务等，以此深化信息服务质量供给改革，建设"智慧图书馆"，实现从"前台服务"到"后台管理服务"，从"沉淀的资源"到"流动的资源"的转变，从而提高信息服务效能。

（一）提升技术应用，建设复合型图书馆

运用现代信息技术，如大数据、移动互联网和人工智能等，加强网络终端、移动终端建设，提高党校图书馆信息服务和管理的智能化水平。打通传统图书馆与数字图书馆之间的隔离，通过优化读者服务工作和数字图书馆网络平台，不断实现"开放式""多功能""一站式""人性化"服务，努力把图书馆建设成为具有党校特色的文献、检索、研究和服务中心，建设复合型图书馆。

（二）加强人才培养，建设研究型图书馆

加强对党校图书馆专业人才培养，提高人员素质，让图书馆馆员由"一般的图书管理员"变成"研究型图书馆馆员"，着力打造一支政治素质高、业务能力强的图书信息服务工作队伍。党校图书馆馆员不仅要懂得图书情报学知识，懂得党校学科建设方面的知识，还应当积极研究教职工和学员的知识需求规律，只有这样才能有针对性地提供优质服务。党校图书馆要提升为研究型读者提供高端信息资源的保障性服务能力，甚至应该具备参与学术研究竞争情报分析的能力、学科化信息服务的能力和共同承担并完成研究性课题项目的能力。

三、推进"文化强馆"策略，助力文化建设高质量发展

中央党校《关于进一步发挥党校图书馆功能的若干意见》中提出，"积极开展和组织各种文化活动，传播先进文化、弘扬正能量，努力营造浓厚的校园文化氛围，丰富学工人员的精神文化生活"。《党校图书馆工作规程》中明确规定，"文

化建设是图书馆工作的重要生长点”“图书馆应积极组织开展书画展、摄影展、文艺演出、电影放映等各类文化活动”。党校图书馆要在校园文化建设上发挥重要作用，通过空间改造实现文化引领的价值。加强与高校、研究机构、企业等其他行业的合作，实现资源共享，拓展图书馆的服务领域。

（一）赓续红色血脉，传承红色基因

党校因党而立，因党而兴，党校的底色天然是红色，党校图书馆作为宣传党校红色文化的重要阵地，要牢记赓续红色血脉、传承红色基因的职责。在大力建设党校红色资源库的同时，通过开展红色主题书展、红色资源阅读推广、红色主题展览等方式在党校内宣传红色文化，成为帮助在校学习的领导干部加强党性修养、提高红色文化素养的“第二课堂”。

（二）营造独特的阅读环境，打造文化空间

博尔赫斯有一句名言：“如果有天堂，天堂应该是图书馆的模样。”党校图书馆作为党校学工人员学习交流的文化空间，须进行科学合理的空间规划与功能布局，以体现出独特的党校文化特色以及厚重的历史积淀。要研究党校学员——领导干部这一关键少数群体的阅读特点，尽可能提供宁静平和的阅读环境，避免个人阅读空间的交叉，减少阅读中的各种干扰，更好地满足学员个性化、社交化、精细化的需求。

第三章　党校图书馆信息资源建设高质量发展策略

第一节　党校图书馆信息资源建设体系

图书馆信息资源建设就是依据服务任务与服务对象以及整个社会的文献信息需求，系统地规划、选择、收集、组织管理信息资源，建立具有特定功能的资源结构体系，以满足、保障社会发展和国家建设对信息资源需要的全部活动。党校图书馆因其特殊的地位和职能决定其信息资源建设具有不同于一般图书馆的建设任务和发展策略。

一、指导思想的确定

指导思想是一切行动的指南。党校图书馆资源建设工作所要达到的总体目标，是资源建设指导思想实践的必然结果。根据党校图书馆的职能和定位，以及党校信息资源建设所要达到的最终目的，把建立有效的党校信息资源保障体系、不断满足党校学工人员日益提高的文献需求作为党校图书馆资源建设的指导思想。

全国党校系统图书馆都必须坚持以马克思列宁主义、毛泽东思想、邓小平理论、“三个代表”重要思想、科学发展观、习近平新时代中国特色社会主义思想为指导，以服务于党校“干部培训、理论建设、思想引领、决策咨询”四大职能为着力点，认真研究干部成长规律和党校教育规律，适应中央党校实施教学与智库建设创新工程的要求，把握信息技术和新媒体发展的新趋势，不断增强党校图书馆信息资源建设工作的针对性、适用性和实效性，全面提升全国党校系统图书馆信息资源建设水平。

二、发展政策的制定

信息资源建设发展政策是一个体系，它的内容随着时代的发展而发展，大致包括以下内容：

1. 制定发展纲要

信息资源发展纲要是信息资源建设工作的基础和前提。因此，制定出以学科体系为基础，资源分布合理的文献资源建设发展框架是非常重要的。它首先要求划分资源的学科范围，制定一个规范统一、详略得当、学科齐全的学科框架一览表，然后根据内容和读者的不同需求层次，将各学科范围的文献相应地划分出若干层次的收藏级别，并规定各个级别所应达到的收藏目标，再结合文献的语种、类型等设计出一个“文献收藏结构一览表”，以规划文献信息资源建设的发展。

2. 制定协调方案

信息资源建设工作无论从宏观建设还是微观建设来讲，都需要国家、地区、行业系统、收藏机构之间以及收藏机构内部之间的协作、协调。因此，制定出资源发展、合作建设、资源共享的协作协调政策，确定资源合作收藏的目标、任务，参加协作的机构收藏文献的范围、应该承担的责任和共同利用等，是非常重要和关键的。

3. 资源采访政策

资源采访政策是信息资源建设发展政策中较具体的政策，它主要阐述资源采访的原则与方案，确定各类型资源选择的标准、类别、类型、语种、载体和数量等政策，以及确定资源采访工作程序及资源交换、接受捐赠的计划等。

4. 经费分配政策

确定资源购置经费、专项经费以及特殊经费的分配和使用的政策原则等。

5. 资源管理政策

第一，确定收藏资源的保存、加工、传递的程序与原则。第二，确定资源保护的原则、技术标准和措施。第三，确定资源评估政策标准和实施方案。第四，确定资源剔除与淘汰的标准、范围、频率。第五，确定信息资源储存系统的建立方案和具体运作方法。

6. 合作馆藏文献、馆际互借与资源共享政策

确定合作馆藏文献的目标、任务，参加合作的文献收藏机构入藏文献的范围、应该承担的责任、文献的报道和共同利用等。在统一的政策下，各馆都必须按照文件规定的权利与义务，对本馆分担收藏的文献完整地入藏并承担入藏文献的报道任务，以及将馆藏文献提供给他馆读者利用的义务。

7. 机读数据库文件政策

根据本馆馆藏历史和现状确定机读目录格式标准和各著录项目、字段的处理细则；确定用于采访、管理、维护数字信息资源经费的数额与比例等。确定机读数据库文件政策，确定电子出版物收藏任务及获得和提供数字文献地址的途径与方法。

三、党校信息资源建设的内容

信息资源建设是图书馆工作的核心，是图书馆开展一切工作的物质基础和前提条件。近年来，随着信息技术的发展，新时代下图书馆的信息资源建设向多元化发展，党校图书馆应当相互学习借鉴，采取科学的策略对信息资源予以整合、归类、分析与编制，确保馆藏信息资源能够有效促进党校事业发展，助力科研、决策咨询等活动的开展，满足更多读者的个性化需求，真正发挥出信息资源的价值。目前图书馆信息资源建设形式多种多样，从载体形式和归属来说主要包括纸质资源、数字资源、自建资源和数据资源等，多元化信息资源建设为提供高质量、优质化服务奠定了坚实基础。

（一）纸质资源建设

1. 资源采访的概念分析

纸质资源建设主要是指对以纸张为载体形式包括图书、报刊、资料等的采集入藏行为，在图书馆的机构设置中负责资源建设工作的岗位称为“资源采访岗”，资源采集又叫资源采访，对这一工作的概念的定义，随着时代的变化而变化。早在古代藏书楼时期，宋代郑樵在《通志・校雠略》就提出了“求书八法”即“即类以求，旁类以求，因地以求，因家以求，求之公，求之私，因人以求，因代以求”，藏书楼的图书采购都是以藏为主的基于版本和文化价值的书籍选购活动，有学者认为现代图书采访中的“访”与古代的“访求”有很深的渊源。之后随着图书馆的不断发展，出现了很多同义词，如：图书采购、图书采访、藏书补充、藏书采访，近年来又称之为藏书选择、文献选择、文献选择与采集、文献采访、信息采访等。20 世纪 80 年代以来，我国图书情报界专家提出了“文献资源建设”这一概念，并以此为核心，建立了一系列新的理论。藏书补充和藏书采访中“藏书”的概念也逐渐被“文献”所取代，其原因是藏书一词的概念已经不能科学地反映现代社会出版物的本质，而文献一词能很好地涵盖现代各种出版物的形式特征。随着信息技术的迅猛发展，大数据、网络信息铺天盖地成为图书馆资源建设的重要组成部分，文献资源建设逐渐演化为信息资源建设。但无论怎么样的提法，图书馆这项工作的实质内容都是变化不大的，都是围绕资源建设目标通过采购、交换、受赠等方式进行资源汇集的行为。

当前，图书馆藏书理念从“以藏为主”到“以用定藏”，“读者至上”“效益第一”等口号正在成为图书馆的行动指南。随着新型信息资源的不断涌现和市场经济的运作，信息资源的生产和流通呈现出激烈竞争状态，图书馆的信息资源需求也有了相应变化，这大大提升了图书馆信息资源选择的重要性和技术要求。

2. 资源采访原则

采访原则是各图书馆根据所在单位的学科布局、专业设置、教学科研需要和馆藏传统结合工作实际制定，以下是江苏省委党校图书馆的采访原则范例。

（1）坚持科学性原则。坚持以重点学科为主、适当照顾全面的原则，注意各学科最前沿、最重要以及经典的著作及时入藏。注意藏书的学科结构、层次结构、文种及载体结构的合理组配。

（2）坚持实用性原则。深入了解学校专业及课程设置，各学科教学大纲、教学计划、教科书及教学参考书选用和学校重点学科、硕士点的情况、科研动向、读者对文献信息的需求和利用等情况，提高文献采集的针对性和实用性。

（3）坚持系统性原则。保持连续出版物、丛书、多卷书的连续性、完整性，丛书、多卷书及重要的工具书等一般不出现缺漏订，复本量基本保持一致。

3. 图书采访实务

随着网络购物平台的不断兴起，图书发行的渠道模式一再被刷新，多渠道、多途径成为新时代图书发行的特征。目前，图书馆的采集来源有以下几个途径：馆配商、各类图书发行公司和图书直销公司、新华书店系统、出版社和网络书店。图书采访实质上是对图书可否被收集、入藏而作的判断。每一种图书都有涉及学科或主题范围、水平层次、读者对象、文献类型、文献载体、出版发行时间和版次、出版发行地点和国家、制作方式、文种、价格等因素，它们构成了图书采访的依据，需要综合平衡后再决定取舍。

（1）搜集并录入图书征订信息：广泛搜集图书征订信息，把握图书来源，获得作者、制作、出版、供应、发行方面的信息，并将书目信息以 Marc 或者文本的形式录入图书馆集成系统。

（2）勾选形成订购单：根据馆藏建设要求进行勾选并生成初选订购单，这是选择的第一步，其实质是对书目进行了“范围选择”。

（3）图书查重与鉴别：分别从 ISBN 标准号（图书唯一标识）、书名和责任者进行数据查重，并根据馆藏和流通数据进行分析、鉴别、比较和评判后作出取舍，对重复的确认已经入藏的文献根据流通情况判断是否需要增加复本等。这是图书采购的重要一步，旨在确保馆藏文献的独特性、防范盗版和保护知识产权。尽管图书馆集成系统提供了不同途径的高效的查重手段，但人工审核和采访馆员判断仍然是不可或缺的环节，以保障查重与鉴别工作跟馆藏的贴近度、全面性和可信度。

（4）发订与补选：经过查重和鉴别后的图书可以通过图书馆集成系统生成最终的书目订单发送给书商或者自行进行采购。在图书到馆进行加工并进入流通后，图书采访人员还须根据馆藏建设方针、读者使用频率、图书使用寿命、书库情况以及读者意见等定期对馆藏图书进行调查、分析和研究，提出调整和优化馆藏结构的建议和方案。

4. 中文报刊资料采访实务

（1）选择期刊：一般以最新版《中文核心期刊要目总览》为依据，根据本校学科设置和读者现实需求，选择发文质量高、信息含量大、被摘率、被引率和借阅率都较高，被公认为代表着学科（或专业）当代水平和发展方向的核心期刊。

（2）综合运用多种采访方式：中文期刊的发行主要有两大渠道，一是邮局，二是各编辑出版单位自办发行。大部分报刊一般一年订购一次，国内公开发行的中文期刊的预订，通常都向当地邮局办理订购手续，只有少数期刊由出版单位自行收订零售。除此两种之外，接受赠送也是报刊采访的常用方法。

（3）催缺和补齐：期刊是连续出版物，收集时必须考虑其连续性、系统性、完整性、时效性等特点，采访人员要及时关注到刊情况，对漏订、缺期报刊进行补订和催缺。

5. 外文图书报刊资料采访

外文图书报刊资料的采集一般依托中国图书进出口总公司（简称“中图公司”）和中国教育图书进出口公司（简称“教图公司”）进行，党校系统图书馆对外文图书报刊资料的需求一般较少，不是馆藏资源建设的重点。

（二）数字资源建设

传统纸质资源虽有“长期不失真、久置成文物”的独特优势，但存在价格昂贵、携带不便、印刷困难等先天不足，显然不能适应大数据时代信息资源快速交流的发展要求。随着数字图书馆与数字出版物的快速发展，数字资源已经成为图书馆资源建设的重要组成部分，国内外高校图书馆的数字资源经费远远超过纸质资源经费，甚至占了总经费的70%—80%，并且增长迅速。党校图书馆近年的数字资源建设投入也增长迅速，如江苏省委党校图书馆2018年数字资源建设经费占总经费的50%，2023年占比达到73%。

1. 数字资源采购

数字资源是以数字形式发布、存取和利用的信息资源。就数据类型来说，图书馆数字资源包括电子书、电子报刊、电子索引摘要、统计资料、政府网络信息等。全国范围内，除极少数外，几乎所有省级和大部分市级党校图书馆都采购了商业数据库。相比自建资源，商业数据资源采购数量增长更快、成效更明显。数字资源采购已成为各馆满足图书馆读者信息需求，提升数字资源服务能力的重要方式。

2. 数字资源的馆际统筹和共享

数字资源共享是数字图书馆服务中重要的内容之一，相比馆藏印本资源的共享，数字资源共享运行上优势更加明显，不受时间空间的约束，可以更便捷地为用户服务。党校图书馆一直在发挥系统优势上下功夫，积极促进党校系统内数字资源的共享，实现馆藏开发利用、提供信息服务、传承文明等职能，从整体上提高财政资金的使用效率。

（三）自建资源建设

1. 二次文献编研成果资源建设

《党校图书馆工作规程》第二十四条规定：“做好供教学、科研参考的内参与有关刊物的编辑工作，提高编选文章质量，为读者提供有价值的参考。”党校图书馆不仅要做好提供馆藏资源的工作，还要积极开展信息情报服务和参考咨询工作，发挥图书馆的情报职能。目前党校系统图书馆馆办刊物较好的有中央党校图书与文化馆承办的《党政干部参考》（1985 年创办）、中共广东省委党校图书馆主办的《教研信息》（1984 年创办）、北京市委党校图书馆承办的《观园》（2013 年创办）等。党校图书馆信息刊物的办刊方向和发展目标，立足围绕主旋律，打造服务党校教育的主业主课的品牌刊物，为传播党校声音作出贡献。此外，中央党校图书与文化馆还主办了《中国图书馆学会党校图书馆分会学会通讯》，不定期按主题报道各省市级党校图书馆工作动态，相互交流经验做法。

2. 特色数据库建设

党校图书馆作为党校教学与研究的核心支持机构，特色数据库的建设对于提升图书馆服务水平、满足党校学员和教职员工的研究需求具有重要意义。特色数据库应当紧密贴合党校的干部教育培训事业，建设具有独创性、实用性和前瞻性的党校特色数据库，诸如党史文献数据库、政治理论研究数据库、国家政策与法规数据库、智库和案例数据库等。自建资源最能体现党校馆藏和地域优势，是目前各党校图书馆开展数字资源建设的中心任务。

第二节　江苏省委党校图书馆资源建设实践总结

一、江苏省委党校图书馆馆藏溯源

（一）初创

江苏省委党校于 1953 年建校，校址设在南京市建邺路 174 号（现为 168 号），图书馆同时成立，最初的图书馆馆藏图书有三大来源：苏南区委党校、苏北区委党校和原华东人民革命大学接纳的国民政府中央政治大学的图书馆馆藏，总数约 7 万册。1956 年江苏省委党校改称为江苏省委中级党校。这一时期的图书资料工作有所发展，出现了第一个黄金时期，馆藏约为 10 万册。1960 年江苏省行政干部学校合并到江苏省委中级党校，图书资料亦随之合并过来。到 60 年代中期，馆藏已有 20 万册左右。

（二）停顿与散失

1966 年“文化大革命”开始后，党校被迫停办，图书资料大部分被封存，线装书和外文书部分移送南京图书馆，文献资料大量散失。

（三）恢复与重建

1971 年底，江苏省委党校恢复，地点设在南京卫岗南京农业大学校园内。当时收集了劫后残留的部分图书和合订期刊，经过整理重编，先后投入使用的馆藏不足 5 万册，1979 年搬回建邺路 174 号原址。1986 年独立的图书馆大楼建成，面积 3850 平方米，文献采集量大幅增长，基本满足了这一时期藏书和服务等各项功能的需求。2001 年江苏省省级机关党校、江苏省青年管理干部学院、江苏省省级机关管理干部学院并入江苏省委党校，省级机关党校图书馆的文献资料同时并入图书馆，2023 年江苏省青年管理干部学院图书馆的文献资料并入图书馆。

（四）稳步发展

2011 年图书馆搬入江苏省委党校新址（南京市水佐岗 49 号）图书信息中心大楼，新馆建筑面积 8700 平方米，建有过刊密集库，藏有珍贵的原版《东方杂志》、影印版《新青年》等；有符合国家古籍保护标准的古籍书库；建有“教研文库”“省情资料中心”，各类藏书数量大幅递增，每年有计划采集大型丛书，如《四库全书》《儒藏》《红藏》《马藏》《复兴文库》等。

通过初步梳理以及馆藏图书藏书章的揭示，江苏省委党校图书馆的馆藏图书来源错综复杂，确定的有苏南区委党校、苏北区委党校、华东人民革命大学、中央政治学校、南京干部学校、江苏省行政干部学校、苏南公学、苏北干校、中国科学院江苏分院哲学研究所等。

（五）积极参加资源协藏

1995 年 11 月，江苏省委党校图书馆同南京图书馆、南京大学图书馆、南京师范学院图书馆、江苏省社会科学院图书馆等四家图书馆签订南京地区全国省报第二收藏地的协藏协议，江苏省委党校负责收藏西北片省报，开始省内资源共建合作。南京大学图书馆将本馆已经收藏的西北五省报刊运到江苏省委党校图书馆。

2004 年 12 月，由江苏省图书馆学会、上海市图书馆学会、浙江图书馆学会主办的“长江三角洲城市图书馆发展论坛”成立，江苏省委党校图书馆出席首届论坛“图书馆与城市精神”，并参加合作协议签约。

2021 年开始跟江苏省方志办达成了合作共建协议，进行省情资源共建。

二、江苏省委图书馆馆藏体系建设

党校图书馆在党校行政管理体系中被定位为教学科研辅助部门，由此规定了图书馆资源建设的着力点应围绕党校教学和科研来开展。经过70余年的探索与建设，江苏省委党校图书馆坚持"党校姓党"原则，致力于打造具有"党校特点、时代特征和地方特色"的馆藏体系，挖掘特色馆藏为党校教研提供资源保障。

（一）资源建设彰显"党校特点"

党校的特点是由党校的职能确定的，2019年《中国共产党党校（行政学院）工作条例》中明确规定党校（行政学院）是党领导的培养党的领导干部的学校，是党委的重要部门，是培训党的各级领导干部的主渠道，是党的思想理论建设的重要阵地，是党和国家的哲学社会科学研究机构和重要智库。这就规定了党校图书馆是重点收藏有关中国共产党发展历史、思想理论、执政经验、哲学、社会科学等资源的社科型综合性图书馆。

1. 建立具有党校特点的馆藏学科五级体系

立足党校图书馆的定位，按照《中国图书馆分类法》设立图书馆馆藏学科五级收藏体系，具体来说是系统完备收藏A大类和D2大类；重点收藏B0、B2、C93、D0、D1、D33/37、D6、D8、D92、F12和K29；次重点收藏B1、B3/7、C91、D4等，具体见表3-1。

表3-1　馆藏学科分类分级收藏表

系统完备收藏	A 马克思主义、列宁主义、毛泽东思想、邓小平理论；D2 中国共产党
重点收藏	B0 哲学理论；B2 中国哲学；C93 管理学；D0 政治理论；D1 国际共产主义运动；D33/37 各国共产党；D6 中国政治；D8 外交、国际关系；D92 中国法律；F12 中国经济；K29 地方史志
次重点收藏	B1 世界哲学；B3/7 各国哲学；C91 社会学；D4 工人、农民、青年、妇女运动与组织；D5 世界政治；D90 法的理论；D91 法学各部门；E0 军事理论；E2 中国军事；F0 经济学；F11 世界经济、国际经济关系；F13/17 各国经济；F27 企业经济；F8 财政、金融；K2 中国史；K81 传记
普通收藏	B81 逻辑学；B82 伦理学；B9 宗教；C92 人口学；C95 民族学；C96 人才学；D93/97 各国法律；D99 国际法；E1 世界军事；F2 经济计划与管理；F3 农业经济；F4 工业经济；F7 贸易经济；G12 中国文化与文化事业；G2 信息与知识传播；I0 文学理论；I20 中国文学评论和研究；K0 史学理论；K1 世界史；K9 地理
相关课题、交叉学科收藏	B80 思维科学；B83 美学；B84 心理学；C0 社会学科理论与方法论；C5 社会学科丛书、文集、连续性出版物；D73/77 各国政治；E3/7 各国军事；F5 交通运输经济；G0 文化理论；G11 世界文化；G3 科学、科学研究；G4 教育；H0 语言学；J0 艺术理论；K3/7 各国历史；N4 自然科学教育与普及；X 环境科学、安全科学；Z4 论文集、全集、选集、杂著

截至2023年6月，江苏省委党校图书馆拥有各类纸质馆藏书报刊55万余种，其中包含2万多册古籍、2万余册民国文献，按照《中国图书馆分类法》一级

类目对全部馆藏图书进行对比统计(古籍和民国文献除外)，各类目图书的入藏覆盖率基本上达到100%，ABCDFGIK大类馆藏占比90%以上，D大类馆藏量排名第一，已形成具有党校特点的馆藏体系，具体见图3-1。此外，结合党校现有学科设置情况，馆藏对学科的保障率达到100%(见表3-2)。

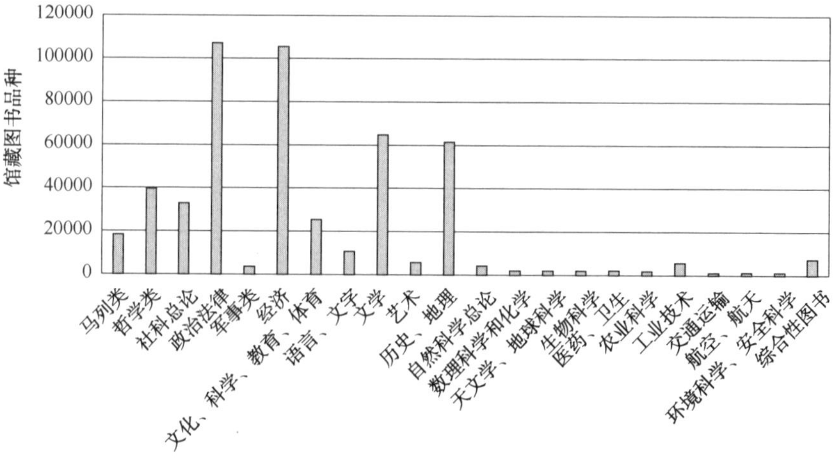

图3-1　馆藏图书类目分布

表3-2　学科设置与馆藏学科类目匹配情况

学　科	类目匹配	学　科	类目匹配
马克思主义理论(一级)	A、B	政治学(一级)	D
理论经济学(一级)	F	应用经济学(一级)	F
社会学(一级)	C	马克思主义哲学(二级)	A、B、D
宪法学与行政法学(二级)	D	行政管理(二级)	C、D

2. 建设具有党校特点的馆藏数据库群

重点采购权威发行商的商业数据库，诸如由人民出版社推出的中国共产党思想理论数据库、人民日报社研发的习近平系列重要讲话数据库、人民日报镜像版、党报党刊和党史党建等系列数据库，国家发展和改革委员会推出的中宏领导决策数据库、国研网党政版以及馆藏镜像电子图书等。除此之外，依托中央党校图书馆数字资源建设规划方案，自建具有鲜明党校特点的数据库，比如走出江苏的领袖人物库、江苏党内法律法规数据库、江苏省情数据库、党的建设理论与实践暨江苏红色文化资源数据库等。

3. 打造沉浸式党性教育阅览体验空间

党性教育是党校主业主课之一，是承载党校姓党原则的重要载体，习近平总书记在对党校工作的历次谈话中都强调了党性教育的重要性，并且指明了党校教育的内容、形式和效果评价等工作方向，图书馆应发挥资源优势和专业检索技能优势进行资源整合党性教育资源如党章、党规党纪、党性教育基地材料库、榜样模范案例库（先进人物、革命烈士、英雄人物、优秀干部）等，运用 VR 信息科技手段，结合图书馆空间改造，打造沉浸式 VR 党性教育空间，助力党校发挥党性教育主阵地功能。

（二）资源建设体现“时代特征”

党的思想理论系统是不断发展的有机生命体，党校作为党委的重要部门，是党的方针、政策的第一宣传者，要先学一步、学深一步，图书馆资源建设必须密切关注新思想、新理论的出现，按照“最新级”要求，第一时间采购相关图书、资料和数据库，充分体现时代特征。

1. 建立健全党内教育专题资源建设体系

党校与高校不一样的地方就在于“党校姓党”的“党”字招牌，党校图书馆资源建设要有大局意识、看齐意识，要体现党的各项工作的发展历史、发展动态，要时刻与党中央保持一致，及时采集马克思主义理论成果，特别是马克思主义中国化的研究，要加强党内专题教育资源的收集力度，为党校教研人员、员工、学员及时开展学习和研究提供资源基础保障。在图书馆的一楼大厅醒目处设立专题学习书架，紧跟主题教育步伐，第一时间采集学习资料，比如四史学习资料、复兴文库、党和国家领导人著作等。

2. 与时俱进，为建设红色智库提供资源保障

党校要发挥党委政府智库的功能，需要有前瞻性和对策性的研究成果，图书馆资源建设要及时提供关于经济、政治、社会等第一手的统计信息、舆情信息等，要密切关注相关领域国际和国内智库成果，了解党校系统智库研究的动态，及时提供各类信息。党校属于党委的一个部门，在内参、权威信息获取方面具有一定的优势，图书馆收集了中央党校、地方相关厅局机关以及党校系统发布的内部资料，购买了国务院发展研究中心信息网、中宏领导决策信息系统以及国别区域与全球治理数据平台等。

3. 优化馆藏资源结构，加大数字资源购买力度

江苏省委党校十分重视数字资源建设工作，在原有电子资源购置费的基础上，近三年连续拨款设立“创新工程图书馆特色数据库专项”经费。图书馆根据学校学科建设需要和创新团队需求，使用创新工程专项经费购买了相关学术数字资源。目前图书馆外购数据库已达 42 种，数据库使用点击率超过 1000 万人次。

（三）资源建设体现“地方特色”

省情资料具有特殊价值，是地方政府科学决策和经济社会情况研究的重要依

据。省级党校作为培训地方各级领导干部的主要渠道，掌握省情地情，有助于做好干部培训工作。图书馆资源建设工作应按“精准级”要求，采集反映省情、地情的各类志书、年鉴、期刊、内部资料等，充分体现“地方特色”。

1. 建设集“藏、阅、咨、研”于一体的省情资料中心

早在1996年，图书馆就成立了专门的省情资料收藏机构——江苏省省情资料中心，并开始对省情资料进行广泛系统的收集、整理、开发和利用工作，现已拥有各类省情资料1万余种。为了进一步整合利用这部分资源，图书馆进行了空间改造，将原馆藏展览室、地方文献和工具书书库合并改造为集“藏、阅、咨、研”于一体的省情资料中心，并跟江苏省方志馆签署合作共建协议，挂牌江苏省方志馆省委党校分馆，拟在资源共建共享、平台共建共推和资料共编共研方面进行省情地情研究的合作共建。目前，图书馆已接收方志馆捐赠的价值40万元的《江苏历代方志全书》530册，与江苏省地方志办公室建立了地方文献进学员宿舍机制，定期将《江苏地方志》《江苏微记录》《江苏影像志》等最新志书成果送到学员的书架上，为干部省情教育培训提供资源保障。

2. 利用系统优势，促进地方资源共建共享

积极寻求合作共建对象，与中央党校图书与文化馆、江苏省委党史工办、徐州档案馆、雨花台纪念馆、江苏省地方志办公室以及13个地级市党校图书馆等兄弟单位建立业务联系，不断获得国情、省情、校情等多方面的优质资源，盘活“省情资讯与研究”现有业务工作，建设具有地方特色的优质馆藏。进一步发挥省级党校的职能，支持下级党校图书馆资源建设，采用捐赠、联采，VPN远程访问、自建特色数据库平台共建共享项目、充分利用微信图书馆移动图书馆等，为市县党校提供资源访问、业务交流园地。

三、江苏省委党校图书馆馆藏革命历史文献整理与研究❶

（一）整理馆藏革命历史文献的意义

江苏有苏南、苏北、苏中三个抗日根据地，是淮南、淮海、淮北、渡江战役的主要参与地，从江苏大地上走出了很多党的革命家和革命领袖，如周恩来、瞿秋白、张太雷、恽代英等，在斗争中留下了大量珍贵的革命历史文献。整理这些文献有利于为党校研究人员提供第一手完整系统的资料，为党校干部教育培训提供文献依据，对于研究江苏革命史具有重要的理论价值。

江苏党校图书馆接受了中共苏南区委党校、中共苏北区委党校以及原南京市

❶本部分内容系笔者主持的中共中央党校图书馆、中国图书馆学会党校图书馆分会课题“馆藏江苏地方红色文献整理与研究”成果。

干部学校图书馆藏书，理应拥有丰富的革命历史文献馆藏，但是建馆70余年来并未对馆藏做过专门整理，对江苏地区革命历史文献的收集和整理工作更少涉及，家底情况不甚清楚。图书馆藏有的革命历史文献包括马恩列斯经典文献、毛泽东文献、解放区文献以及特色报刊等，目前分散存放于各书库中，这对文献的保存、查阅、运用造成诸多不便。因此，对馆藏革命历史文献进行整理与研究，有利于图书馆摸清家底，对发挥党校在革命历史文献的保护与传承上的作用具有现实意义。

目前，图书馆界通行的红色文献的定义为："1921年7月中国共产党成立起至1949年10月新中国成立之前由党政部门机关出版印行的各类文献资料，其中包括领导人著作、各类图书、党组织各类文件、报刊、标语、图片、档案、手稿、日记、书信、传单、票据、音视频资料等等。"为了穷尽馆藏，同时也是为了将革命历史文献包括其中，我们将文献检索的范围进行了扩大，将出版时间的区间设定为1900—1949年，除了重点整理红色文献之外，还将共产党成立之前的、由具有共产主义观念的进步人士以及后来成为共产党建党人士的介绍马恩列斯的革命历史文献著作列入其中。这些革命历史文献具有重要的文化和文献价值，随着时间的累积，还会显现其文物收藏的价值，因此，图书馆应尽快进行这类文献的整理工作。

（二）电子馆藏检索与实际馆藏对照整理

1. 检索策略

利用图书馆集成系统汇文软件进行馆藏检索：按类检索，界定出版时间，从1900年至1949年按中图法大类进行馆藏搜索，再按类号排序，得到各类号的分布情况。

2. 检索结果

表3-3　电子馆藏分类号分布表

类号	A	B	C	D	E	F	G	H	I	J	K	M
图书	542	335	111	744	27	635	57	38	1063	25	1070	3
报刊			182	231		32	158		189		59	
类号	N	O	P	Q	R	S	T	U	Z	其他	总计	
图书	22	4	10	9	12	2	27	2	271	12	5021	
报刊									109	53	1013	

3. 数据清洗

将得到的检索数据导出为Excel表格文件进行去伪存真，数据清洗，去除期刊部分以及著录明显错误的记录，得到初步的图书馆藏数据。

4. 实际馆藏分布

按图索骥，查看实际馆藏与书目馆藏之间的差异，图书馆专门制定了整理策略，将现有书库进行改造，另辟书架，用以存放这部分书籍，将全馆同志分成七个小组，分别领取了任务，每组按拿到手里的类号，到开放式书库以及密集书库查找，将目标书籍按类集中存放。经过一个星期的集中寻找，七个小组完成了任务，得到初步的实际馆藏数量。

表 3-4　实际馆藏分类号分布表

类号	A	B	C	D	E	F	G	H	I	J	K	M
图书	542	335	111	744	27	635	57	38	1063	25	1070	3
实际	211	82	33	259	7	199	7	20	954	20	539	0
类号	N	O	P	Q	R	S	T	U	Z	其他	总计	
图书	22	4	10	9	12	2	27	2	271	12	5021	
实际	16	4	10	9	8	1	21	2	35	纠错	2446	

（三）馆藏革命历史文献目录

按出版时间排序，精选 ABCDEFK 类图书，按照革命历史文献主题概念进行筛选，与国家图书馆“革命文献与民国时期文献联合目录数据库”进行比对，选取收藏单位较少、较有价值的馆藏革命历史文献，编辑成珍本目录，详见附录。

（四）部分特色馆藏简介与研究

1. 领导人著作和相关研究文献

（1）《毛泽东选集》

新中国成立前出版的《毛泽东选集》的版本有五个系统，分别是 1944 年 5 月在晋察冀根据地由晋察冀日报社编印，晋察冀新华书店出版发行的《毛泽东选集》；1945 年 7 月在苏中新四军根据地由苏中出版社出版发行的《毛泽东选集》；1947 年在山东编印出版和 1948 年在渤海重印出版的《毛泽东文选》；1948 年 5 月由东北局宣传部编辑，东北书店出版的《毛泽东选集》；1948 年 5 月由晋冀鲁豫中央局编印，只在党内发行的《毛泽东选集》。

以上五个系统，馆藏三种。

① 晋察冀日报社版。

1944 年由邓拓主持，晋察冀日报社编辑出版第一部《毛泽东选集》，编入毛泽东著作 29 篇，平装分卷（一至五卷），印数 2500 册。馆藏第一卷、第四卷。

邓拓撰写的《编者的话》，鲜明地提出了“过去革命斗争的经验教训了我们，要保证中国革命的胜利，全党同志必须彻底地团结在毛泽东思想之下”的基本观点。第一部《毛泽东选集》的出版，为加强中国共产党的理论建设以及确立毛泽东思想成为党的指导思想作出了不可磨灭的贡献。

② 苏中出版社版。

1945 年 7 月由俞铭璜组织苏中出版社人员编辑出版发行，仅出版了第一卷，编入毛泽东著作 11 篇，实际印刷 2000 余册，馆藏 4 册。该版《毛泽东选集》的特别之处在于卷首有一篇长达 2 万多字的以朱德、周恩来、刘少奇等 18 人关于毛泽东思想的论述辑录，作为代序，这是首次出现“毛泽东思想”的版本。苏中版《毛泽东选集》原计划出 4 卷，因日寇投降，抗日战争结束，苏中出版社人员机构发生变化等原因，第一卷出版之后，未能继续出版。苏中版《毛泽东选集》虽然只出了第一卷，但它以其独有的特点和风格，在《毛泽东选集》出版史上占有重要的一页。

③ 东北书店版。

1948 年，东北地区成为牵动整个战局的重要战场，为适应斗争形势发展的需要，中共中央东北局于同年 5 月在晋察冀中央局六卷续编本的基础上，由东北局宣传部编辑，东北书店出版发行了一部《毛泽东选集》合订本。编入毛泽东著作 50 篇，采用布面精装、分 1—6 卷合订，印数 20000 册，有蓝色、棕红色、墨绿、浅金黄等不同颜色封面，该版《毛泽东选集》被叶剑英赞为“建国(新中国成立)前解放区出版最好”的版本，也是发行量最大的一部。馆藏蓝色、棕红色、墨绿封面版本，存 3 册。

④ 其他版本。

在党中央的号召下，各革命根据地和解放区的中央局即刻行动起来，认真学习和宣传毛泽东思想，出版《毛泽东选集》是许多中央局的一项重要工作。

《毛泽东选集》华中新华书店版，1946 年 4 月由华中新华书店出版发行，印 4000 册。馆藏仅有第五卷，存 7 册。

《毛泽东选集》胶东新华书店版，1946 年 7 月由胶东新华书店根据大连大众版《毛泽东选集》翻印，印 5000 册。馆藏仅有第一卷、第五卷。

（2）专题汇编

为指导国内革命战争，特别是开展抗日战争，抗日根据地党的机关出版了多种专题性的毛泽东论文集。馆藏的这类专题论文集，主要有新华日报馆印行的《毛泽东救国言论选集》、北平科学社印售的《论思想》、教育出版社出版的《毛泽东论知识分子》以及苏北新华书店出版的《经济问题与财政问题》等。

（3）单行本

新中国成立前，在国统区、沦陷区和解放区都不断出版和翻印过大量毛泽东著作单行本，这部分单行本的特点是印制量大、版本多。本馆所藏《湖南农民运动考察报告》《中国革命战争的战略问题》《在延安文艺座谈会上的讲话》《论联合政府》

《农村调查》等都有由东北书店、解放社、新华书店等出版机构出版的多个版本。

（4）毛泽东研究类著作

较早开始毛泽东研究的有萧三和张如心等。馆藏萧三的主要作品有《毛泽东同志的初期革命活动》《毛泽东同志略传》《毛泽东同志的青少年时代》等。馆藏张如心的代表著作有《毛泽东论》《毛泽东的人生观和方法论》《毛泽东思想与作风》等。

（5）其他领导人著作与相关研究

这部分文献非常稀少，馆藏有由新华日报馆于1938年出版的《抗日游击战争》（朱德著）、东北书店于1947年出版的《论解放区战场》（朱德著）、由豫皖苏新华书店出版的《关于修改党章的报告》（刘少奇著）、有大连大众书店出版的《论革命家的修养》（刘少奇著）和人民出版社出版的《论共产党员的修养》（刘少奇著），其他党的早期革命领袖著作未见于馆藏目录。

2. 马恩列斯经典文献

马列主义经典著作是马列主义理论的核心，是马列主义理论的概括和体现，在中国革命中发挥了重要的指导作用。

（1）马克思恩格斯文献

1919年以前马克思主义在中国的传播主要是通过李大钊、陈独秀等革命先驱翻译介绍一些马恩著作节选、中心思想和个别理论。1920年之后，马克思主义著作开始以完整的形式在中国翻译出版，显著标志就是由陈望道翻译的首部《共产党宣言》中文全译本出版。

此后到1949年，《共产党宣言》还有五个译本，分别是华岗译本（1930年）、成仿吾、徐冰译本（1938年）、博古译本（1943年）、陈瘦石译本（1943年）和莫斯科译本（1948年）。馆藏有两种：博古译本和莫斯科译本。博古译本是中共中央为了提高干部理论水平，大量校译出版马列原著背景下，由博古根据俄文版结合成仿吾、徐冰译本重译出版的，被规定为高级干部必学书，是新中国成立前流传最广、印行最多的版本。莫斯科译本是谢唯真参考了德文原版和国内各版本进行重译后，由设在莫斯科的外国文书籍出版局出版的中文版《共产党宣言》，译文准确，语言流畅，众多译法沿用至今，在马列原著翻译史上具有重要地位。

除《共产党宣言》外，馆藏马克思恩格斯于20世纪20—30年代出版的著作较为丰富，代表性的著作有《社会主义从空想到科学的发展》《家族私有财产及国家之起源》《反杜林论》《政治经济学批判》《资本论》《德国农民战争》《拿破仑第三政变记》《法兰西阶级斗争》《哲学之贫困》《工资劳动与资本》，以及《哥达纲领批判》等。

（2）列宁斯大林文献

1939年由解放社编译出版的《马克思恩格斯丛书》《列宁选集》《斯大林选集》

是我国第一次系统地出版多卷本的马恩列斯著作选集，是我国马列著作出版史上的一件大事。这三套选集的译文水平高，书中参考资料多，校对质量好，错字少，所以影响很大。当时的各个抗日根据地及解放战争时的解放区、国统区都以它为蓝本大量翻印再版。

馆藏有解放社编译出版的《列宁选集》第 9 卷，《斯大林选集》第 1、2、4、5 卷和一些著作单行本如 1929 年出版的《帝国主义论》，新中国成立前出版的《国家与革命》《社会民主党在民主革命中的两个策略》《俄国资本主义发展》《无产阶级革命与叛徒考茨基》《列宁主义的几个问题》《斯大林论中国革命问题》《马克思主义与民族问题》《列宁主义概论》和《斯大林论列宁》等，馆藏中有一本《叛徒考茨基》疑似为孤本，国图革命历史文献目录系统里著录为上海春江书店出版，本馆为上海浦江书店出版。

（3）马恩列斯研究类著作

研究马恩列斯生平、事业、思想的著作，馆藏代表性的有《伟大而质朴的人物》《斯大林传——从一个人看一个新世界》《马克思传》《卡尔·马克思——人·思想家·革命者》《论马恩列斯》《列宁生平事业简史》以及《列宁传》等。

3. 解放区文献

抗日战争和解放战争时期，解放区印刷出版了大量文献作品，涉及政治、经济、文化教育诸方面，为宣传党内思想、党的自身建设、发动群众以及记录解放区生活，发挥了巨大作用。随着时间的推移，这些文献的史料价值越来越大。

（1）政治、理论类

馆藏代表著作有旨在宣传发动群众，揭露敌人罪行的《中国法西斯特务真相》《蒋党真相》《现中国的两种社会》和《蒋管区真相》等；有宣传党的方针政策类作品，如《怎样进行土地改革》《内战时期的反革命与革命》《中共中央抗战宣言集》《目前党的政策汇编》《抗战以来重要文件汇集》《打倒蒋介石　建立新中国》《论解放区战争》等；有关党的建设的著作，如《无产阶级的政党》《为无产阶级政党的革命路线而斗争》《阶级立场与建党路线》《关于修改党章的报告》《中国共产党党章教材》《欧洲九国共产党报告》《九国共产党情报局文献》等；有关政权建设类，如《平分土地与整顿队伍》《土地复查参考材料》《土改整党》《正确进行土改整党》等。

（2）文化、教育类

馆藏代表著作有解放社编辑的《社会发展史》、伊林和谢加尔的《人怎样变成巨人》、（苏）茵古洛夫的《政治常识》、吕振羽的《中国社会史纲》和《中国政治思想》、垄稷编辑的《中国政治思想史料》以及华岗的《中国近代史》和《中国历史的翻案》等。

（3）文学、艺术类

在毛泽东发表《在延安文艺座谈会上的讲话》后，各战线的文艺工作者们纷纷奔赴延安和深入各大解放区，践行“从延安出发，到人民中去”这一伟大号召，这一时期文艺领域空前繁盛，涌现了很多红色经典作品。馆藏文学类著作最多，占总藏书量的39%，也体现了这一时代特征。代表著作有《太阳照在桑乾河上》《马克思主义与文艺》《地覆天翻记》《解放区短篇创作选》《朱德司令的故事》《人民解放军将领印象记》《吴玉章同志革命故事》《论赵树理的创作》《朝着毛泽东鲁迅指示的方向前进》等。

4. 特色报刊

革命历史文献包含记录萌芽于1919年的马克思主义早期在中国的传播这一历史时期的文献，进步报刊是这类文献的典型代表，馆藏有这方面的特色报刊，虽然大多是影印版，但是随着时间的流逝，其历史和文化价值凸显。

（1）《东方杂志》

1904年3月创刊，1948年12月停刊，共44卷819号(期)，历时近46年。是影响最大的全景式百科老期刊，被誉为20世纪世界和中国社会发展的资料库，探索中国发展模式的思想库，中国现代社会发展的人才库，世界杂志发行史上的样本库。有“民国十大善本之一”“历史的忠实记录者”等盛誉，影响较大，是研究民国史不可或缺的第一手资料。馆藏原版，最早为1905年第2期，最晚为1948年第5期，共收藏125册，355期。

（2）《晨钟报》

1916年8月由梁启超、林长民等人创刊于北京，李大钊任第一任主编，并为之撰写发刊词《晨钟之使命》。经历查封、改名《晨报》、更名《新晨报)、复名《晨报》后，于1944年停刊，历经新文化运动、五四运动、社会改造运动，《晨报》为马克思主义的早期传播作出了特殊贡献。馆藏影印版。

（3）《新青年》

初名《青年杂志》，1915年9月15日由陈独秀在上海创立，第2卷起改名为《新青年》，杂志最初宗旨为科学传播和文学革命，推动新文化运动。后受十月革命影响，开始马克思主义的引介宣传，逐渐发展成为中国共产党理论刊物。1926年7月停刊，共出9卷54号。馆藏影印版。

（4）《向导》周报

1922年9月13日创办于上海，最初由陈独秀筹办并担任主要撰稿人，蔡和森任主编，很多耳熟能详的早期共产党人如向警予、张太雷、赵世炎等都曾担任过编辑并发表文章，1927年因国民党叛变革命而被迫停刊，共出201期，是中国共产党创办的第一个公开发行的中央机关报。馆藏影印版。

(5)《中央日报》

1928年2月1日创办于上海，是中国国民党机关报，一年后迁至南京，1949年迁往台湾，2006年6月1日停刊改出电子报。馆藏影印刊，1949年以后为原版。

(6)《群众》周刊

1937年12月由周恩来领导筹建，创刊于武汉，后迁往重庆、上海、香港等地，1947年3月被国民党政府查封，1949年10月20日在香港停刊，共出143期。是抗日战争和解放战争时期中国共产党在国民党统治区唯一公开出版的理论刊物，在宣传党的抗日主张，引导民众抗日方面极具影响力。馆藏影印版。

(7)《新华日报》

1938年1月11日创办于武汉，是中国共产党第一份在全国公开发行的机关报，由周恩来等创办。1947年2月28日停刊，1949年4月复刊，成为中共南京市委机关报，1952年11月1日，《新华日报》合并《苏北日报》和《苏南日报》，成为中共江苏省委机关报。馆藏较完整，1948年前为影印版。

(8)《八路军军政杂志》

1939年1月15日创刊，1942年3月25日停刊，共出4卷39期，是八路军总政治部机关刊物。由八路军军政杂志社编辑，在毛泽东、郭沫若、王稼祥、萧劲光、萧向荣五人组成的编委会领导下工作，萧向荣兼任主编。办刊宗旨是坚持党的抗战政策，介绍八路军的抗战事迹和作战经验，为争取抗战最后胜利而斗争。馆藏影印版。

(五)馆藏革命历史文献特点分析

1. 出版时间较为集中

馆藏革命历史文献最早的为恽代英于1926年所著《中国国民党与农民运动》讲义。从出版时间上看，解放战争时期出版的书籍占大多数，抗日战争时期的也占有一定比例，1931年至1938年期间的图书最少，究其原因，主要是时局动荡造成文献资料毁损较多，即使有部分存留的出版物也由于印刷技艺粗糙、纸张质量差，变得残缺不堪，不可考证其出版机构和出版年代。

2. 出版单位较为零散

出版革命历史文献最多的是新华书店系统，共出版123种，接下来为解放社(120种)、东北书店(35种)等。新华书店由创立于1937年4月的陕西延安县新华书局易名而来，虽然建制几经变革，但名称沿用至今，仍然是全国最大的出版发行机构之一。东北书店于1945年11月在沈阳成立，1947年4月迁至哈尔滨，1948年初出版东北版《毛泽东选集》，在东北解放战争期间，东北书店建成201个分支点，发行网点遍布东北全区城镇，1949年7月改名为东北新华书店，1951年东北新华书店改组为东北人民政府出版局。在4年多的时间里出版了1000多种宣传马列主义、毛泽东思想和革命文学类的红色文献。解放社于 1938 年 1 月在延安创立，前身为成立于 1937 年 1 月的解放周刊社，1950 年 12 月并入人民出版社。编辑出版《解放》周刊、“抗日战争丛书”、“马克思恩格斯丛书”以及各类党中央的文献，最早的毛泽东《论持久战》单行本以及著名的 12 种《干部必读》由解放社出版。

3. 文献内容范围广、版本多

在 2000 余种革命历史文献中，所占比重前四的品种分别是：文学类(39%)、历史地理类(22%)、马恩列斯毛著作及研究类(19%)和政治法律类(10%)，其他类别的藏书数量占比虽小，但都有所收藏。尤为突出的是不少重要文献不仅数量可观而且版本丰富，为研究人员进行版本比较、甄别奠定了基础。

4. 文献品相不佳，损毁严重

革命历史文献历经战火的洗礼，大多品相不佳，加上所用纸张大都质量不好，装帧简单，酸化、风化、脆化严重，脱页、破页更是比比皆是。馆藏革命历史文献除极少部分品相上佳、少部分品相尚可外，约 60%以上的文献都存在不同程度的瑕疵。

（六）后续工作设想

1. 革命历史文献集中管理

过去我馆的革命历史文献主要散藏在密集书库和各个开放式书库，虽然经过本次整理已经将大部分文献单独陈列，但是还没有进行更深程度的搜查，有近一半的馆藏文献处于“不在馆”状态。因此，应该因地制宜成立“馆藏革命历史文献中心”，将分散于各处的相关革命历史文献进行全面的清点，集中收藏。

2. 重新编目摸家底

制定馆藏革命历史文献编目规则，对这批文献进行重新编目，分配标识性强的特定的索书号，如在索书号之后加上 GM(表示革命之意)及馆藏地，特别要注明版本。预计还需要经过几年的持续整理，才能做到摸清家底，有据可查。

3. 加强革命历史特色馆藏建设力度

按图索骥对特别必要、重要的革命历史文献资源，采用从旧书网购买、校友征集、交换、按需印刷等途径进行增补。联合江苏省地方志办公室、各党史办、各区县党校图书馆以及各革命纪念馆等，整合现有资源，建立包括图书、报刊、图片、实物、档案资料等多元化的馆藏体系。

4. 进行革命历史特色馆藏研究工作

党校图书馆在革命历史文献收集和建设方面具有天然的历史责任，应做到应收尽收，立足本馆馆藏实际，做好革命历史文献的研究工作，诸如版本研究、革命人物索引研究、藏书章研究等，研究过程中，要特别注意对文献的保护，做好事前、事中、事后拍照留存。

5. 建设馆藏革命历史文献数据库

将馆藏革命历史文献进行数字化加工，除详尽著录文献的题名、责任者、出版情况、日期之外，还应提供文献的原貌图片，有特殊藏书章的扉页也要标注一下。

我馆对革命历史文献的整理工作还处于起步阶段，还没有制定规范的整理工作计划，从初步整理的结果来看，还是发现了不少有价值的革命历史文献。时间的推移会让这部分文献凸显其历史价值，其整理、保护、加工工作越来越紧迫，应尽快制定整理工作方案，发挥其革命性、红色和史料性的文献价值。

四、党的建设理论与实践研究暨江苏红色文化资源数据库建设情况❶

（一）数据库建设目的和意义

1. 目的

根据《全国党校系统图书馆数字资源建设规划(2016—2020年)》和《全国党校系统图书馆“四大专题数据库”建设实施方案》的统一部署和要求，立足江苏资源、党校资源加大开发和利用力度，加强党校系统图书馆合作力度，将史料转化为图书资料、音像制品等多种形式的“红色产品”和“特色产品”，建设具有江苏特色、江苏省委党校特色、江苏省党校系统特色的专题数据库，发挥在党性教育、干部教育中的应有作用。

2. 意义

为反映我校江苏省重点培育智库——党的建设理论与实践创新研究院以及“四中心一论坛”的相关研究成果和学术影响力，并结合我省红色文化资源建设宣传需要，图书馆邀请本校党史党建教研部专家进行相关论证，确定专题数据库子库名称为：党的建设理论与实践研究暨江苏红色文化资源数据库。建成这个专题数据库，可以充分发挥我校的主业主课的学科特色和资源优势，扩大我校学术影响力和成果使用率，进一步提高数字资源建设的针对性和实用性。

（二）数据库建设内容

1. 设计思路

以“党的建设理论与实践研究暨江苏红色文化资源”为主线，重点收集我校江苏党的建设理论与实践创新研究院研究成果及其社会影响、江苏地域红色文化资源内容(主要是指与江苏有关的无产阶级革命家和革命精神)和江苏省口述历

❶本部分内容为“全国党校系统图书馆‘四大专题数据库’”项目成果。

史研究会等单位提供的革命口述史三方面内容。系统地收集整理经典著作、代表人物、思想理念、现代研究、遗迹史料、人文环境等多方面资源进行数据库建设，形成集文字、图片、音频、视频于一体的多媒体数据库，以多种媒体形式，较为全面地展示江苏党的建设理论与实践研究的发展历程、人物、著述、研究机构、专家学者等。

2. 内容框架结构

设七个一级专题，三十个二级专题(表3-5)。

表3-5 党的建设理论与实践研究暨江苏红色文化资源框架结构

	一级专题	二级专题	
党的建设理论与实践研究暨江苏红色文化资源	江苏党的建设理论与实践创新研究院	组织机构	会议活动
		研究团队	学习课堂
		学术研究	社会影响
	党的建设理论研究	政治建设	作风建设
		思想建设	纪律建设
		组织建设	制度建设
		反腐败斗争	
	党的建设实践创新	机关党建	社会组织党建
		事业单位党建	社区党建
		国企党建	农村基层党建
		非公党建	
	江苏籍早期优秀共产党人	周恩来	瞿秋白
		张太雷	恽代英
	江苏四种革命精神	周恩来精神	雨花英烈精神
		新四军铁军精神	淮海战役精神
	红色文献资源	馆藏革命历史文献	
	江苏革命口述史		

3. 资源类型

数据库的资源类型主要有文本数字资源、图像数字资源、音频数字资源、视频数字资源等。文本资源采用PDF格式，图像资源采用JPG、JPEG格式，音频资源文件采用MP3格式，视频资源文件采用FLV格式。

(三) 数据库建设方案

1. 团队配备

图书馆成立了专题数据库建设工作小组，由馆长担任第一负责人，副馆长担任第二负责人，参考咨询部、技术保障部和资源建设部主任等为小组成员，邀请校领导、校党史党建教研部知名专家担任数据库建设指导专家。数据库建设日常工作由参考咨询部统一组织协调，由技术保障部提供技术支持，由资源建设部提供资源保障。

2. 设备配置和软件选择

江苏省委党校信息化基础设施较为完善，配置了专门的服务器和存储设施，实现了校园有线和无线两个网络全覆盖，拥有千兆互联网出口带宽，在建设平台、数据存储、资源共享等方面均能达到建库的要求。

考虑到数据库建设所需平台技术稳定性和相关数字资源采集加工能力，以及跟中央党校图书与文化馆特色数据库的共享，经过前期深入调研和比较，图书馆专题数据库建设平台决定采用“同方知网（北京）技术有限公司”TPI 软件平台。基于我馆在“三大库”建设时已采用过 TPI 平台，此次建设“四大专题数据库”子库项目可在原有基础上采取升级扩容方式，所需平台升级费用及购买建库资源费用比新购建设平台要优惠得多，由此提高资金利用率。

（四）数据库建设实施步骤

1. 大纲设计

特色数据库大纲框架主要为：代表人物、历史文献、现代研究、影像资料、资源导航。

2. 文献采集

围绕数据库主题内容广泛征集资源。子库中党建理论及实践内容主要依托我校相关学科理论研究成果及现有馆藏资源，同时搜集整理我校兼职研究员的研究成果。江苏红色文化资源主要围绕体现江苏地域特色的四种革命精神（周恩来精神、雨花英烈精神、新四军铁军精神、淮海战役精神）和四位革命家（周恩来、瞿秋白、张太雷、恽代英）与相关单位进行资源共享，开展协作共建。为保证收集到尽可能多的建库资源，图书馆近年来先后多次专程赴盐城、淮安、常州等市级党校，沟通专题数据库建设合作意向，收集相关地方红色文化资源研究资料。图书馆还专程赴南京雨花台烈士陵园管理局、淮海战役纪念馆、常州“三杰”纪念馆等单位征集数据库建设资料，并取得相关单位的大力支持和合作。

录入文本主要有书名索引、全文两种，前者是只提供文献线索和摘要的地方文献书目索引数据库，揭示文献深度浅，服务范围小；后者是既提供文献线索，又提供原文献内容的地方文献全文数据库，揭示文献内容深，满足用户的多层次检索需求。

3. 数据加工

在特色数据库建设中，数据加工是一个关键环节，它涉及对原始数据的整理、清洗、格式转换和标准化加工，以便为用户提供更准确、有用的信息。数据整理主要是指对数据进行格式调整、字段命名规范化等，以便后续的分析和使用。数据清洗是确保数据库中数据质量的重要步骤，它包括去除重复数据、填补缺失值、解决异常值等操作。通过数据清洗，确保数据库中的数据准确可靠，提高数据的可用性和可信度。数据转换包括将不同格式的数据转化为统一的格式，以确保数据的一致性。标准化则是指对数据进行标准化处理，例如单位的统一、日期格式的规范等，使得数据更易于理解和比较，这有助于提高数据库的整体效能。除此之外，在数据加工过程中还要特别注意质量控制，建立质量控制机制，监测数据加工过程中可能存在的错误或异常，及时进行纠正。确保数据质量。

4. 结构设计

选择合适的数据库类型是结构设计的首要任务。根据特色数据库的实际需求，需确定数据库的类型。关系型数据库（如 MySQL、PostgreSQL）通常用于结构化数据，而面向文档、图形或键值对的 NoSQL 数据库（如 MongoDB、Redis）则适用于非结构化或半结构化数据。数据库表是结构设计的核心，需要明确定义每张表的字段、数据类型、主键、外键等。合理的表设计能够规范数据存储，确保数据的完整性和一致性。表之间的关系也需要被精确地定义，以支持数据的关联和查询。此外需要根据实际的查询需求和数据量大小，选择合适的字段建立索引，合理设计索引能够加速数据的检索和查询操作。最后要通过合理设置访问权限、加密敏感数据、定期备份等措施，确保数据库在安全方面具备可靠性。

5. 页面设计

数据库在版面上力争简洁、清爽，以求速度和风格兼具。适应用户在不同带宽情况下尽快获取信息的需求，适配不同浏览器，采用适合大信息量、下载速度快的图文版，由专业的网站平面设计师以灵活的色彩搭配来表现网站特色。

6. 数据标引

数据库收入的全部为文本、图像、视频等对象数据。标引工作由数据库编辑人员承担。检索字段的设置要求简明实用，主要标引题名、责任者、文献出处、图片出处、时间等要项，基本可以满足用户对文献的检索需求。

7. 数据发布

采用 TPI 软件平台进行 Web 端发布，并调试反馈，对标引数据进行发布前后的修正工作。

（五）建设周期与进度安排

数据库建设在三年内完成，具体进度如下：子库项目申报（2017 年初对数据库建设工作进行前期需求调研和分析，并在此基础上完成了子库和子课题的申报立项工作）；成立数据库建设小组并制定项目全面实施方案（2017 年中期）；与同方知网技术有限公司达成专题数据库软件平台购置及内容建设协议，并进一步完善优化了数据库网站框架及内容设置（2018 年）；收集建库文献资料，进行数据加工（2017—2019 年）；数据库发布（2019 年 11 月）；数据库验收结项（2021 年 6 月）。

（六）数据库成果内容展示

1. 江苏党的建设理论与实践创新研究院学术成果

为认真贯彻落实中央《关于加强中国特色新型智库建设的意见》《关于加强和改进新形势下党校工作的意见》以及江苏省委实施意见，在原江苏党的建设研究基地和省决策咨询研究基地的基础上，江苏省委党校成立了党的建设理论与实践创新研究院（以下简称研究院）。2016 年 7 月，经省委宣传部组织专家评审，研究院被批准为江苏省重点培育智库。研究院以深入研究江苏党的建设重大理论与实践问题为己任，主要研究方向包括：党的建设理论与实践、党的思想建设与制度建设、基层党的建设、干部队伍建设、党风廉政建设、国有企业党的建设、非公企业党的建设以及江苏党的建设实践创新等。近年来，研究院已举办十届"江苏党的建设高层论坛"，邀请全国知名专家和党建实际工作部门的领导同志，为新形势下深入推进江苏各级党组织全面从严治党提供高端决策咨询，并在相关研究领域生产出丰硕的理论和实践成果，有力地扩大了江苏省委党校的学术影响和社会影响。为更有效地搜集、保存、展示和利用好这些散落的宝贵研究成果，决定采用自建数据库方式对其加以全面收集、系统梳理、集中存放、标引展示、检索利用。

此类资源主要包括研究院 50 余位专兼职学者和相关职能部门领导同志的学术研究成果，展示成果以论文为主。在"学习课堂"栏目中还整合提供了江苏省干部在线学习中心的部分学习视频。

2. 具有江苏地域特点的红色文化资源内容（有关无产阶级革命家和革命精神的研究成果和史料）

2014 年 12 月，习近平总书记在江苏视察时列举了周恩来、瞿秋白、张太雷、恽代英等江苏籍的优秀共产党人，指出："坚持和发扬党的光荣传统和优良作风，能够为培育和践行社会主义核心价值观提供丰厚营养，使社会主义核心价值观更加具有震撼人心、塑造灵魂的力量。"以周恩来和瞿秋白等"常州三杰"为代表的党史人物资源，是江苏的红色家谱，是江苏的思想根基、文化血脉和精神力量。孕育于江苏大地的周恩来精神、雨花英烈精神、新四军铁军精神、淮海战役精神等四种革命精神，是江苏众多红色文化遗产资源的突出代表，是中国共产党精神谱系中的"江苏符号"，也是涵养中国共产党人初心使命和为民情怀的宝贵精神财富，历来受到党和国家领导人的高度评价。这四位革命家和四种革命精神，不仅属于江苏，更是全党乃至全国的宝贵精神财富。把这些带有鲜明地域特点的红色文化资源进行统一的数字化整合并加以有效揭示、宣传和利用也是党校专题数据库建设内容的应有之义。

此类资源主要包括四位革命家和四种革命精神的相关史料、作品、研究成果，成果类型有论文、电子书、视频和图片。

3. 革命口述史

口述史是以口述实录、访谈录、回忆录、老照片以及有关原始文档为基本内容的史料集成，是一种新的史实记述方式。本数据库依据现有资源，以亲历者、当事人、知情者的回忆来补充革命史中的历史重点和历史细节，还原历史事件，来呈现中国共产党人英勇事迹和艰苦历程，这也是本数据库一种新的尝试和补充。此类资源主要是江苏省口述历史研究会和南京雨花台烈士陵园管理局提供的相关视频。

（七）数据库特色功能展示

“党的建设理论与实践研究暨江苏红色文化资源数据库”采用“同方知网（北京）技术有限公司”TPI 软件平台建设，提供了主题、题名、作者、关键词、全文五种检索途径，全部数据可在线浏览和下载。其特色功能主要体现在以下三个方面：

1. 展示校重点特色学科、研究力量和学术成果

党的学说与党的建设是我校的传统学科，也是我校的特色学科和优势学科，同时也是省重点学科。江苏党的建设理论与实践创新研究院以江苏省委党校相关优势学科和办学资源为依托，充分发挥党校系统教师和学员两支队伍作用，积极开展江苏党的建设重大理论与实践问题研究。省委党校（江苏行政学院）常务副校（院）长桑学成教授兼任研究院院长、首席专家，聘请李君如、卢先福、郭广银、赵湘江、彭立兵、张志明、祝灵君、姚桓等全国知名党建研究领导和专家，分别担任顾问和学术委员会委员。研究院主办直报省内刊《研究报告》，获省领导肯定性批示近百篇；创办“江苏党的建设高层论坛”，至 2023 年 8 月先后举办了十二届，2016 年该论坛被列入江苏省社科强省计划，2019 年被评为江苏智库十佳案例。研究院 50 余位专兼职学者和相关职能部门领导同志的学术研究成果十分丰富，值得认真梳理，并加以集中展示宣传。

党的建设理论与实践研究素来是党校主业主课的教研内容，此方面的研究成果和信息资料也是图书馆的重点收藏内容。经过多年长期的历史积累，涉及党的建设理论与实践研究的馆藏内容十分丰富，通过数据库建设对此方面内容加以重新梳理、揭示，也可以更有效地对此类馆藏资源进行开发和利用。

2. 展示具有江苏地域特点的红色文化资源内容

周恩来、瞿秋白、张太雷、恽代英四位革命家，以及周恩来精神、雨花英烈精神、新四军铁军精神、淮海战役精神等四种革命精神，是江苏众多红色文化资源的突出代表。整理、展示、宣传这四位革命家和四种革命精神相关内容，不仅是党校数据库建设的需要，更是传播中国共产党宝贵精神财富的需要。红色主题现场教学是党性教育的一种重要形式，承载“周恩来精神”的淮安市周恩来纪念馆、承载“雨花英烈精神”的南京雨花台烈士陵园、承载“新四军铁军精神”的盐城市新四军纪念馆和镇江市茅山新四军革命纪念馆、承载“淮海战役精神”的淮海战役纪念馆等我校红色主题现场教学基地都系统收藏和整理了大量的革命史料和音频视频资料，把这些分散各处带有鲜明地域特点的红色文化资源进行数字化整合并加以有效揭示、宣传和利用也是党校数据库建设内容的应有之义。

3. 引入革命口述史内容

根据江苏省口述历史研究会等单位提供的资源，以亲历者、当事人、知情者的回忆来补充革命史中的历史重点和历史细节，还原历史事件，呈现中国共产党人英勇事迹和艰苦历程，也是本数据库一种新的尝试和补充。

（八）数据库使用情况

经过前期资源征集、网站设计、数字加工、数据发布等工作流程，子库于2019年底初步建成。2020年因突发新冠疫情，扰乱了子库发布使用和结项验收计划。此后，本着精益求精的态度，子库的使用处于边补充完善边调试服务状态。截至2023年8月，子库使用情况为登录次数达数万次，下载次数近万次。

（九）经验总结

1. 领导重视

在2017年初，我校自接到全国党校系统图书馆“四大专题数据库”建设任务和实施方案后，图书馆工作分管校领导即指示图书馆严格遵照实施方案的工作任务和时间安排组织申报子库项目和子课题，并指示校党史党建教研部专家学者与图书馆紧密配合，积极参与子库项目的内容选题研究和相关内容资源的收集。在经过几轮调研和科学论证的基础上，确定我校申报并建设“四大专题数据库”子库项目为“党的建设理论与实践研究暨江苏红色文化资源数据库”。在子库项目获得中央党校图书馆立项后，分管副校长又及时指示我校党史党建教研部专家学者积极参与数据库网站建设工作。2017年12月4日，图书馆邀请校党史党建教研部专家莅临图书馆，就子库网页设计事项征求改进意见。党史党建教研部主任及教研部的其他专家踊跃发言、献计献策，对网页的布局框架、栏目定位、数据内容及用语规范等提出宝贵意见和建议，为进一步优化子库网页质量打下了扎实基础。

近年来，财政计划和预算编制都强调政府部门要过紧日子，许多部门的行政事业经费也普遍缩减。在此大背景下，2018 年底，我校常务副校长特批图书馆专题数据库所需软件平台升级及内容建设费用作为专项经费加以保障。

2. 组织保障

图书馆成立了专题数据库建设工作小组，指定专人专职负责数据库建设工作。馆长担任第一负责人，副馆长担任第二负责人，参考咨询部、技术保障部、资源建设部主任等为小组成员。分馆校领导大力支持专题数据库建设工作，馆里不仅将数据库建设工作列入各年度、月度工作计划，而且多次安排相关人员外出调研，寻求合作共建机会和获取相关建库资源。

3. 合作共建

为保证收集到尽可能多的数据库建设资源，图书馆先后多次专程赴盐城、淮安、常州、徐州等地，收集相关地方红色文化资源研究资料。图书馆还专程赴南京雨花台烈士陵园管理局、淮海战役纪念馆、常州“三杰”纪念馆等单位征集数据库建设资料，并取得相关单位的大力支持和合作。通过与相关单位建立合作关系，能够整合南京雨花台烈士陵园管理局、淮海战役烈士纪念塔管理局相关资源以及“常州三杰特色资源库”“新四军研究数据库”等相关数据库的内容进行共建。这些合作成果为完善充实专题数据库结构和内容起到了很好的效果。

4. 队伍建设

为了保证数据库建设任务的有效落实，图书馆制定年度、月度工作计划时，都将子库建设列入主要工作目标；组织相关人员多次深入市县调查研究、学习考察、收集资料、寻求合作共建意向；派送相关工作人员参加全国党校图书馆业务培训班。参考咨询部作为图书馆特色资源建设工作的常设职能部门，具体负责建库工作中的组织协调、对外联络、业务指导，其工作人员认真负责，勇于担当，从而保证了图书馆专题数据库建设工作整体有序进行。

（十）展望

在完成子库建库任务后，为保证此专题数据库得到持续发展和应用，图书馆拟在后续年度里每年编制一定的经费预算，用于专题数据库的数据更新和维护，使之更好地反映我校相关学科建设最新研究成果和江苏红色文化资源深入发掘状况，力求数据库常用常新、持续发展。

为提高党校特色资源建设成效，解决建设中普遍存在的问题，希望中央党校图书与文化馆可以借力新技术，通过系统顶层设计搭建全国党校系统数字资源综合服务平台，实现特色资源的共建共知共享，其他地方党校可以在云平台上建设自己的特色数据库，克服目前各自为政、分散管理的弊端，使特色资源建设工作不断走向规模化、集约化、实用化。这种模式，可以让各个图书馆节省大笔平台软件购置、维护费用，将有限的财力、物力和人力投入读者服务，这也符合中央关于厉行节约反对浪费的精神。这种模式还有助于实现资源组织的规范化和标准化。在条件成熟时，党校系统还可实现更大范围的信息资源共享，让不同系统的图书馆用户能够方便地接入全国党校系统图书馆特色数据库门户网站，共享党校建设的特色数字资源。

第三节 党校图书馆资源建设高质量发展建议与对策

经过70余年的发展，江苏省委党校图书馆资源建设工作取得了长足的进步，逐渐形成了具有明显党校特色的资源体系，为江苏省委党校教学科研工作提供了稳定、有效的文献保障。但是上文提及的党校图书馆资源建设存在的不足与困境在整个党校系统图书馆具有共性，党校图书馆资源建设应以“党校姓党”原则为根本遵循，以保障党校教学与科研、学员阅读推广、校园文化建设为重点方向，以建立资源一体化管理服务体系为发展策略。

2009年5月13日，习近平总书记在原中央党校春季学期第二批进修班暨专题研讨班开学典礼上对领导干部读书提出明确要求，领导干部要爱读书、读好书、善读书。习近平总书记指出，领导干部的读书原则和读书范围就是要坚持干什么学什么、缺什么补什么的原则，并明确提出了领导干部的读书重点：当代中国马克思主义理论著作，做好领导工作必需的各种知识书籍，以及古今中外优秀传统文化书籍。因此，这三个重点，就是党校（行政学院）图书馆资源建设必须坚持的原则。

一、秉承“资源保障”初心，打造“姓党”本色的馆藏体系

支持教学科研、满足学员资源需求，是党校图书馆信息资源建设的“初心”。党校信息资源建设工作需牢记“姓党”本色，建成服务党校干部教育培训的“资源库”。

（一）坚持“党校姓党”，加强“马字号”“党字号”红色资源建设

党史党建学科是党校（行政学院）的传统优势学科，要保持好这个优势，就得更主动地深化研究，把党在本领域理论与实践的历史作为重要的研究对象，不断推进学科建设。党校图书馆要通过不同的方式和渠道，最大限度地搜集“马字号”“党字号”特色学科书籍和学术成果，为遵循论从史出、理在事中的学术规范提供文献保障。有条件的党校要建立红色文献中心，使图书馆成为展示党的创新理论成果的重要窗口。要善于从史料中挖掘潜藏的学术增长点，开展各种形式的学术活动，加强与学术界的沟通交流，着力提升研究水平和创新能力，不断为校

(院)学术发展注入新的动力。

(二) 持续优化馆藏结构，完善馆藏评价体系

馆藏结构是图书馆纸质资源与数字资源的比例。目前，各级党校图书馆经过多年的发展，都积累了丰富的馆藏，但是大都面临着馆藏图书陈旧、利用率低的问题。为解决此类问题，可以将陈旧、利用率低的图书下架保存至密集书库，节省出足够的空间补充读者借阅率高的新版图书，使纸本馆藏充分发挥作用；同时，加强对读者利用率高的文献的数字化采购和建设，增加读者获取资源的方式和途径。除此之外，还要制定合理的馆藏评价体系指标，对馆藏评价的目的、原则、标准和方法都要有切实可行的依据。随着党校学科建设的发展，评价体系的细化指标也要调整，通过读者满意度、图书借阅情况、相关专业文献的覆盖率等的有效评价，为面向党校学科建设的信息资源建设提供有力支撑。

(三) 拓宽信息资源来源，加大资源保障力度

加强与馆配商、出版社、书店等上游供应商的合作，开发馆店合作、馆社合作的共享共赢采购模式。以命名、专藏或纪念活动等多种方式引导读者或其他组织捐赠，积极开展读者易书、互荐等活动，广泛与档案馆、博物馆、纪念馆等其他文化单位进行沟通，互换文献资源的重复件、复制件等举措入藏其中有价值的信息资源，从而多方位多途径为党校教研咨提供资源保障。

二、为党校智库建设提供资源保障

党校智库建设是党校在推动马克思主义理论研究、党的政策研究、智力支持等方面的重要举措。图书馆作为知识的存储和传播中心，可以为党校智库建设提供丰富的资源和全方位的服务，从而为理论创新和决策咨询提供坚实的支撑。

(一) 构建智库数字图书馆

党校图书馆应根据党校智库的研究方向，着力构建面向智库建设的数字资源保障的数据库群，通过异构检索平台统一整合到一个页面。目前党校智库的研究内容主要包含三个方面，一是党史党建类，二是政治理论研究类，三是地方研究类，各级党校图书馆依托中央党校“三大文库”和“四大专题库”自建数据库项目，都或多或少地建有这类契合党校智库需要的数据库。此外，图书馆可以建立实践经验与典型案例数据库，为智库提供可借鉴的实践案例，促进研究更贴近实际、更具操作性。要利用现代数字化信息技术，构建一个内容齐全(包括党建、政治理论和国情地情党情研究的)、可检索、可浏览的智库数字图书馆，方便智库研究人员随时随地获取所需资料。

(二) 提供文献检索与引文分析服务

党校图书馆应通过提供高级文献检索服务，帮助党校智库研究人员精准、迅

速地获取相关领域的文献信息。通过开展引文分析，帮助智库人员深入了解文献之间的引用关系，把握学术研究的研究热点和前沿动态，为智库的前瞻性研究提供有力支持。

（三）整合外部资源，开展专业化培训与学术交流活动

图书馆可以积极与其他高校、研究机构建立合作伙伴关系，共享党建资源、研究成果和学术经验。通过组织专业化的培训与学术交流活动，邀请相关领域的专家学者为党校智库研究人员进行培训和学术交流。这有助于拓宽研究视野、提高研究水平，为党校智库的学术研究提供更广泛的资源支持。

（四）建设智库成果数据库，推动开放获取和资源共享

图书馆可以倡导开放获取（Open Access）的理念，推动党校智库的研究成果向社会开放。收集整理本校智库研究成果，建设数字化开放平台，采取多种宣传方式，为智库建设提供动态简报、趋势分析和竞争力评价等信息，支持党校智库将研究成果向社会开放，更广泛地分享智库研究成果，

（五）打造高素质的智库服务馆员队伍

图书馆通过建立专业化的智库人才培训计划，培养高素质的智库服务馆员，为智库研究人员提供关于信息检索、文献分析、数据处理等方面的培训。这不仅有助于提高智库人员的信息素养和研究能力，也有助于图书馆自身队伍的建设。

三、构建党校系统信息资源保障体系

信息资源保障体制就是指一个地区、一个国家乃至国际间众多文献情报机构对现有信息资源的规划和协作、协调收集和收藏，突出各自优势，形成比较完备的收藏，并将其作为集体的资源，共同享用，从而建立起一定范围内的信息资源保障体制。党校（行政学院）图书馆不同于公共馆、高校馆，以党校（行政学院）图书馆目前的人力、物力与财力，不可能成为百科全书式的图书馆。全国党校系统图书馆具有天然的系统优势，应发挥系统优势，统筹商业数据库的采购，在馆际合作共建共享的同时，走特色发展之路，有利于防止重复建设过多、浪费资金，从而提高整体效益。

（一）增强协作协调，推进信息资源共建

自 1998 年开始，我国先后启动或建成了“全国图书馆信息咨询协作网”“中国高等教育文献保障体系（CALIS）”“国家科技图书文献中心（NSTL）”“全国文化信息资源共享工程”“中美百万册书数字图书馆合作计划（CADAL）”“中国高校人文社会科学文献中心（CASHL）”等全国性的信息资源共建共享项目及“江苏省高等学校文献信息保障系统（JALIS）”“上海市文献资源共建共享协作网”等地方性

信息资源共建共享网络。由中央党校图书与文化馆牵头建设的“全国党校数字图书馆”系统已经初具雏形，但目前还只是部分自建数据库实现了共建和部分共享，后续应扩大资源共建共享的受众面。

（二）整合党校系统信息资源，实现资源共享

中央党校牵头建设党校系统统一的信息资源建设标准、资源管理平台和各项相关制度，促进全国党校系统的资源整合和利用。各级党校要积极行动起来，建设全国党校网站联盟，形成高端引领、共建共享、协调联动、共同发展的网站联合体，进一步发挥党校系统整体优势。将中央党校和省级党校的优秀课件资源和数字图书资源进行整合，供省、市、县三级党校共用共享。要走特色资源发展之路，抓住全国党校（行政学院）与生俱来的红色基因，拥有大量的红色文献典籍、文化资源这个特色，在深度挖掘和整理馆藏及地方红色文献资源的基础上，汇集党的历史文献、党建理论研究成果，充分发挥全国党校（行政学院）的整体力量与集体优势，建设一个完整、系统、全面、权威，集党史文献、资料征集、学术研究于一体的红色文献资源数据库。

（三）收集保存学员研究成果，建设党校教研咨成果资源库

党校学员来自各地区各行业，专业背景多元，工作经历多样，实践经验丰富，对现实问题有着敏锐的感知，对解决问题有着现实的思考，是决策咨询的天然富矿。各地党校（行政学院）注重挖掘学员资源，推动学员以撰写文章、参与调研访谈等多种形式参与重大课题研究，创新学员参与决策咨询的制度机制。坚持教研咨一体化，建立教学、科研、学员管理各部门相互协同的工作机制。以课题为纽带推动研究式学习，引导教师和学员、学员与学员之间共同研讨、相互启发，实现教学相长、学学相长。打通学员学习与研究的壁垒，实现学员研究报告、毕业论文与决策咨询报告之间的相互转化。图书馆要重视学员成果的收集工作，为党校教研咨和智库建设做好资源保障。

（四）建立馆际资源共享平台，优化馆藏资源配置

1. 推广馆际协作机制

基于“互联网+”时代背景，党校图书馆要主动变革传统孤立的管理与发展模式，与地方公共图书馆、高校图书馆建立沟通协作机制，由上级党校牵头成立党校图书馆联盟，整合各级图书馆资源，搭建信息共享平台，以馆际资源共建、共享为主题，最大限度地实现各类人文社会科学、党史等文献资源的开发利用。在此基础上，基于党校图书馆属性特征，在平台内部开设专门学科数据库，根据党校不同学员的研究范围、所属学科等情况建立针对性读者服务机制，为读者提供24 小时嵌入式信息服务，打破以往图书文献资源获取的时空局限，最终形成特色图书馆品牌，满足读者个性化信息需求。

2. 系统整合内外资源

一方面，为弥补党校图书馆资金投入不足的短板，应充分利用馆际协作机制提供的各类图书及文献资源丰富现有馆藏资源，依托前期周密调研工作掌握合作对象的馆藏资源存量、结构、特征及其优势，从中选择自身所需的资源完成置换，实现互惠互利的目标。同时，党校图书馆应树立知识产权、信息产权保护意识，主动利用“互联网+”身份认证、网络防火墙及监控保护馆藏资源，协调电子出版物与印刷文献间的配置比例，拓宽图书馆读者服务渠道。另一方面，党校图书馆需严格把控资金使用关，秉持专款专用原则设立专项资金，编制图书采购预算，加大图书资源购置力度，改善办公条件，并鼓励社会团体组织及企业参与到党校图书馆建设工作中，更好地丰富馆藏信息资源，为读者提供优质服务。与此同时，应对内盘活现有馆藏资源，运用问卷调查、专家访谈等方法对读者需求进行调研，核对馆藏资源情况，填写缺书登记单，广泛收集读者提交的图书资源购置意见。在此基础上编制书籍、文献资料的订购计划，并与图书出版社、发行单位等建立长期合作，争取最低折扣，简化中间环节，保证馆藏资源能够满足党校教学、科研及咨政等实际需求，提高有限经费的利用率及馆藏资源质量。

3. 推动服务成果转化

图书馆工作人员要聚焦决策服务维度，整合馆藏资源，建立特色资源库及数据库，根据领导干部的决策将相关文献资料整理成专题及分录，对党校教研人员的各类课题研究成果、科研成果、技术创新专利等进行全面收录，以数字资源形式录入平台中，并将专题会议记录、政府文件、科研报告、市场调研信息等文献资料分类上传。这样既能够满足党校学员的资源利用需求，为党校教研项目方案设计、案例式教学资源补充等提供资源支持，满足教学服务需求，夯实党校师资力量，同时也能够为地方党委及政府决策提供重要参考，提高党校图书馆综合服务水平。

结合《中国共产党党校（行政学院）工作条例》最新修订背景与党校图书馆实际建设情况，明确党校图书馆的功能定位与发展思路，依托领导层工作理念的重塑肯定图书馆在党校建设与发展中的重要地位，借助馆际资源共享平台建设解决资金投入、资源配置不足问题，凭借基础设施建设落地实现读者服务模式创新，并基于专业管理队伍建设加快服务成果转化。未来还应面向服务智库建设要求，积极引进 5G、RFID、云服务等先进技术，探索 VPN 总分馆共建共享模式，引进业务自动化系统提升服务效率与管理智能化水平，为党校图书馆服务质量的提升及转型发展提供良好示范。

四、基于 Web Service 的数字图书馆资源共建共享模型[7]

（一）研究背景

网络时代的信息资源正呈指数级增长，对传统的信息机构——图书馆来说，无论是传统的书目数据资源，还是专业数据库，都以迅猛的速度增加着，这种改变给图书馆带来了极大的挑战。在数字资源激增的同时，图书馆工作人员没有增加，如果不利用网络平台进行资源的共建共享活动，则要么会淹没在信息海洋中，无所适从；要么需要增加资源的采集经费支出，重复建设。

一般来说，信息资源共建共享可以有三种方式：第一种方式就是集中式，也可以看作星型拓扑结构，即大家都把数据建到一个数据库中。好处就是减少各处保存，节约硬件设备；坏处是一处出问题，则全部出问题，依赖性强；而且一种方式减少了异样性和灵活性，比如 OCLC 等。第二种方式则是分散式，也可以看作网络型拓扑结构，即各图书馆有自己的数据库，需要别人的数字资源才共享。这种方式的好处是较为灵活，可以量身定做。第三种方式是分散集中相结合，也就是各信息机构分散建设，集中保存，统一共享。这种方式要求各信息机构联系要紧密，有相应的组织机构，比如 Calis、Jalis 等行业内系统。

可以看到，在当前环境下，采用第一种方式较少，而且这种依赖性太大。而第三种方式虽然一直在提，但是更多的是在侧重于图书馆资源采集的管理上，比如集团采购、联合目录等，并没有真正达到共建共享的目的。因此，目前在我国国情下，还是以第二种方式为主。下面讨论在单机环境和网络环境下实现数字资源共建共享的集中模型。

（二）图书馆资源共建共享的方式

图书馆的数字资源共建共享的发展离不开计算机技术与通信技术的发展。数字图书馆资源按照其来源可以分为三大类：一类是图书馆馆藏书目数据资源；另一类是各类通过购买获得的专业数据库资源；第三类是自建特色数据库资源。与计算机资源的共享相同，图书馆数字资源的共建共享可以分为以下几个阶段：

1. 单机时代资源共享——文件型共享（单机版）

在单机版年代，基于文件的共建共享是比较通用的一种共享方式，图书馆的数字资源最初的共享也是基于这种方式实现。一家编目中心完成资源的著录标引工作以后，可以将标引数据存为文档。如其他单位需要该单位已经完成的标引数据，则必须将该文件（或文件的某一部分）利用物理存储介质进行文件复制，再导入自己的编目文件系统或者数据库中即可。为了使共享资源具有通用性，美国国会图书馆在 1970 年提出了机读编目格式标准——MARC，在此基础上，ANSI 组织提出了 MARC21 格式。这种格式的确定，不仅提供了标引数据的标准化，同时也为不同国家地区图书馆之间的共享书目数据提供了标准格式。因此，在 20 世纪，大部分数字资源的共享都是以 MARC 文件作为交换单元，在多个图书馆之间利用第三方软件进行数据的导入导出，从而实现数据的共享。其共享方式见图 3-2。

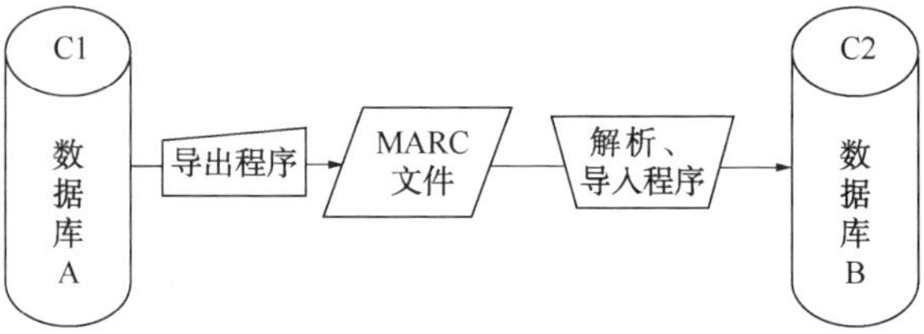

图 3-2　文件型共享模型

注：C 代表计算机终端(computer)

这种以 MARC 文件作为交换介质，在不同的数据库之间进行共享的方式存在了很长时间，并且现在还广泛作为各个图书馆与书目提供商之间数据交换的主要方式。其优点在于 MARC 数据结构已经成为标准，因此共建共享十分方便，只要能够解析 MARC 数据就好。而且，目前 MARC 文件在经过 50 多年的发展后，已经成了图书馆界的标准，只要能够对 MARC 文件进行解析，就可以实现数字资源的共享。而缺点是 MARC 数据可读性较差，因此很难用于查询、展现。

2. 网络时代基于专有协议的资源共享——基于 Z39. 50 的资源共享(C/S 网络版)

随着计算机技术和通信技术的发展，C/S 模式架构开始出现，人们开始使用网络资源进行资源的共享。正是基于这种背景，图书馆界开始研究自己的应用协议——Z39. 50，这是一种以 TCP 协议作为资源共建共享的通道的协议，各个编目中心之间利用 Z39. 50 进行数字资源的共建共享。目前在常用的图书馆集成系统中都内嵌了 Z39. 50 模块，用来进行 MARC 数据的交换共享。其共享方式见图 3-3。

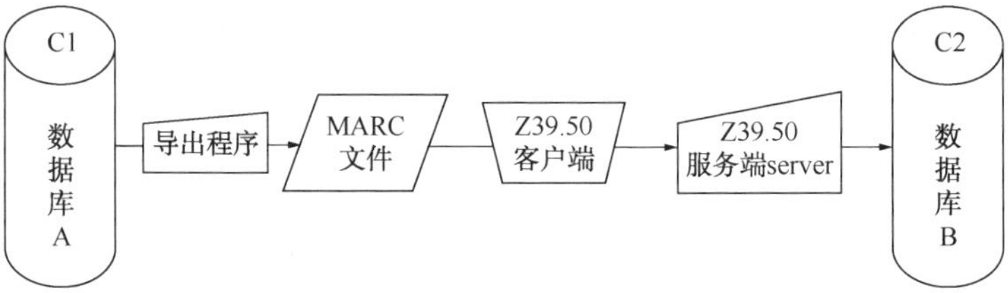

图 3-3　C/S 网络型共享模型

这种共享方式的优点是能够在网络上进行资源共建共享，缺点是 Z39. 50 协议实现复杂，而且需要开一个 TCP 端口，安全性较差。

3. 基于 Web Service 方式的资源共建共享模型(网络版)

网络的发展使得数字资源共建共享成为可能，但同时也带来了很多的问题，在使用 Z39. 50 协议的过程中，要另开端口，这就给计算机带来了安全问题；而 WWW 协议的盛行，使得 HTTP 协议的应用越来越广泛，甚至一些私有的应用协议，也可以采用 HTTP 来实现。因此，可以采用 Web Service 技术，使用通用的基于 HTTP 的 SOAP 协议来实现图书馆资源的共建与共享。

Web Service 是一种以 SOAP 协议(一种运行于 HTTP 之上的协议)作为通信协议，以 XML 文件作为传输介质的高层协议，其出现本身就是希望能够解决异构数据的交互问题。Web 服务被看作第三代分布式计算模式，基于 Web 服务技术，人们能在任何时间、任何地点获得所需要的信息资源。Web 服务具有互操作性、通用性、易用性，开发人员可以利用常见的技术工具构造出各类综合信息管理平台等，是目前实现信息共享行之有效的技术手段。Web Service 是 Web 2.0 的技术之一，MicroSoft、Google、IBM 等主流软件公司都在推广这种技术。其共享方式见图 3-4。

图 3-4 基于 Web Service 方式的共享模型

可以看出，该共享方式大大缩短了数字资源之间进行转换的流程，依托 Web 服务，直接通过网络发布，可获得性大大增强，并且解决了异构数据库兼容共享的问题。

(三) 基于 Web Service 的共建共享系统框架

1. 传输对象

无论是在传统的基于文件格式的共享系统，还是在基于 Z39.50 协议的网络式共享系统，其共享的传输对象都是 MARC 文件或者 MARC 数据。而 MARC 格式的定义是在 1970 年，距今已经 50 多年了，其字段定义复杂、可读性差，掌握难度大，因此，本系统不采用 MARC 的实例化对象作为传输对象。

DC 元数据作为描述资源的元数据，自 20 世纪末开始应用以来，经过 20 多年的发展，已经较为成熟。另外，其 17 个字段通过实践证明，可以作为描述对象资源的很好的例子，因此，本系统将 DC 元数据作为传输对象在共建共享系统中使用。

DC 元数据在数字图书馆中应用较为成熟与稳定，作为通信格式较为稳妥。因此，可以将 DC 元数据的 17 个字段作为传输对象，将设计的对象序列化，可以成为传输对象。

以下为 Java 版本元数据对象伪码：

```
public DCMetaData implements Serieable{
    public String author;
    pubic String titile;
    public String abstract;
    ……
}
```

在上面的伪码中，这儿只列出了题目、作者等字段。其他 15 个字段也可以以此类推。可以看出，以 DC 元数据定义的对象可读性强，而且 17 个字段基本可以包括数字资源的特征，采用以 DC 元数据实例化作为传输对象，比 MARC 文件或者 MARC 数据具有极大的优势。

2. 数字图书馆共建共享系统核心接口定义

对于一个共建共享系统来说，其核心接口无非是对资源的查询、增加、删除和修改。下面给出了一个 Java 版本的核心接口的伪码：

```
public interface WSDigitalLibInf
{
public DCMetaData [ ] queryResources(DCMetaData condition);
pubic void insertResource(DCMetaData [ ] arrayNewResource);
public void deleteResource(DCMetaData condition);
public void modifyResource(DCMetaData src, DCMetaData des);
}
```

对于 queryResources 接口来说，只要属于用户的元数据的 condition 来进行查询，比如，如果 condition 的 author 字段为 A，则可以将所有作者为 A 的元数据返回给查询客户端；当然，对于高级查询，也可以根据构造不同的 condition 对象实现。

对于 insertResource 接口来说，其作用就是将属于用户的元数据数组，进行转换插入到自己的数据库中。对于 deleteResource 接口来说，其结果就是将满足 condition 条件的元数据删除掉。对于 modifyResource 来说，可以先调用 deleteResource(src)，再调用 insertResource(des)来实现。

3. 数字图书馆共建共享系统核心接口的实现

作为数字图书馆软件提供商，只要实现以上接口，再以 Web Service 的方式进行发布，即可以在不同的系统间进行数字资源的共建共享。

这部分可以说是数字图书馆共建共享系统的核心，但由于目前各数字图书馆采用的不同的数字存储方式，在图书馆集成系统方面有汇文、ILAS 等软件，其对应的数据格式是 MARC；在自建特色数据库方面有 TRS、TPI 等软件，其内核有 ACCESS、ORACAL、SQLSERVER 等，往往有自己定义的数据格式，有基于纯文本的，有基于图片的；而在购买的商业数据库方面就更多了，其内核涉及商业机密，往往不提供接口。这种差异性就必须要求采用不同的方式来访问数字资源存储文件或者数据库服务器。这儿无法展开叙述取数据的过程，可以说明的是，实现取数据的业务逻辑无非是把存储的数字资源使用 DC 元数据的方式进行表示，实现一些简单的增加、删除、修改以及查询操作。这些步骤应该与 Z39.50 协议取数据或者插入数据的步骤是一致的。

因此，不管数字图书馆采用的是 Oracle，还是 Marc 文件，抑或是 SQL Server，只要能够将数字资源转化为 DC 元数据描述的对象，并且都实现了前面定义的接口的核心方法，即可以通过 Web Service 发布，实现共享。

4. 基于 Web Service 数字图书馆资源共建共享系统的发布

不同的 Web 服务器对于 Web Service 采用的方法是不同的。比如对于基于.NET 架构的 IIS 来说，其不需要进行任何的配置，只要用户在开发中指定其是 Web Service 即可。而对于基于 Java 架构的 Web Server 来说，支持 Web Service 需要一些第三方库的支持。以 Tomcat 为例，通常将 Axis 作为 Tomcat 支持 Web Service 的第三方库，只要修改一些配置文件即可。

检查一个 Web Service 是否发布成功，可以直接使用浏览器输入其 WSDL，如果 Web 服务器可以返回该接口的 WSDL，则表明发布成功。

5. 基于 Web Service 的数字图书馆共建共享系统 Client 端的设计

一般来说，只要客户端能够调用某个 Web Service 的 WSDL 文件，一些高级编程工具，比如 VC.NET、JBuilder+Axis，即可以自动生成调用 Web Service 的客户端代码。因为接口定义的标准化，其调用相当简单以及标准化。

对于调用的流程来说，客户端可以先利用查询的 Web Service 看某编目中心是否有自己需要的数字资源，若返回的元数据数组个数大于 0，则将数组转换为自己数据库的格式，再插入数据库即可。

（四）三种数字资源共享模型之间的比较（表 3-6）

表 3-6 几种共享模式的比较

项 目	单机版	Z39.50	Web Service
网络支持	否	支持；但需要开 TCP 端口来实现 Server	支持；由于 SOAP 可运行于 HTTP 之上，因此可使用 Web Server 发布
传输单元	文本文件	文本文件	XML 文件
接口介质	Marc	Marc	DC 元数据抽象的序列化对象
数据库	书目数据库	书目数据库	一切可以被 DC 元数据描述的数字资源数据库

续表

项　目	单机版	Z39.50	Web Service
人工可读性	差	差	较好
效率	最差	好	较好
用户实现	较难；需要实现MARC文件的解析器	很难；既要实现MARC文件解析器，又必须实现传输协议	较易；传输对象是DC元数据对象，传输协议由Web Service规范完成，不需要另外的动作

（五）结语

我们提出了一种以XML作为传输单元，以DC元数据的数据抽象作为接口之间的介质，以Web Service作为系统架构的一种数字图书馆的资源共建共享系统。这种系统的好处就是只要实现了文中提出的WSDigitalLibInf的四种方法，并将这四种方法以Web Service的方式进行Web发布，则可以在Internet上以SOPA/HTTP协议进行访问，只要有一个Web Service的Client端即可实现资源的共建共享。该基于Web Service的共建共享系统实现简单，是Web2.0的典型应用。但是，如何对这些接口进行权限限制也是亟待解决的问题。今后的研究方向是采用SOA架构，结合区块链技术建立一个分布式的去中心化的数据库，并采取订阅-发布式将数字资源以异步方式进行共享。

第四章　党校图书馆信息服务高质量发展策略

党校图书馆信息服务的目标是满足党校教研人员和学员的信息需求，支持他们在学术研究、学习和工作中更好地获取和利用信息资源，从而促进知识的传播和创新。党校图书馆信息服务的高质量发展为党校教学、科学研究以及决策咨询提供关键性的支持。本章首先介绍了党校图书馆信息服务体系的主要内容；其次，总结了江苏省委党校图书馆信息服务实践；最后，在此基础上提出党校图书馆信息服务高质量发展策略。

第一节　党校图书馆信息服务体系

党校图书馆信息服务体系的构建是在信息资源建设的基础上，通过制定信息服务的规则、构建功能完备的信息服务平台、开展文献借阅、参考咨询、数字阅读等信息服务和建设一支高质量的党校图书馆馆员团队等举措，以建立起一个功能完善、服务高效、符合党校特点的信息服务体系，为党校的教学、科研和决策提供强大的信息支持。

一、制定党校信息服务原则

（一）以人为本原则

"以人为本"是图书馆一切服务的出发点和落脚点。图书馆既要了解读者的心理特征和年龄特点，以优化本馆资源配置，又要提高资源的多样化和层次性；为读者提供服务时，既要秉持积极、认真、负责的态度和精神，又要统筹一切可能的途径和力量，为读者使用和调度图书馆信息资源创造条件。"以人为本"集中体现"一切为了读者"的服务理念和长远的战略发展眼光，是贯穿图书馆服务内容全过程的重要因素。

（二）坚持开放原则

作为图书馆服务的基本原则，开放与服务是唇齿相依的关系，没有开放，服务便无从谈起。坚持对外开放是现代图书馆建设的重要内容，也是时代发展对现代图书馆的必然要求。全方位的开放主要体现在资源、时间、人员、管理等方面。

(1) 资源开放。图书馆资源主要包括馆藏资源、设施资源、人力资源。资源开放主要包括两方面：①揭示馆藏资源，通过开架借阅、强化图书宣传、建设完善的检索体系等方式，保障读者开放共享、平等利用所有馆藏资源的权利；②秉持资源共享的基本理念，强化馆际合作，满足读者的多种资源需求。

(2) 时间开放。改变传统读者在利用图书馆获取信息方面的时间局限，提升图书馆开放时间的延展性、连续性和完整性水平。比如，实体图书馆应在节假日进行调休，保障读者节假日图书馆资源利用的权利，虚拟图书馆应做到全天候开放服务。

(3) 人员开放。所谓“人员开放”，是图书馆要接纳一切有图书馆资源需求的读者，保障和尊重他们的基本权利，不因国籍、性别、身份、地位、种族等不同而区别对待。

(4) 管理开放。开放的管理体系的基本特征在于，为读者开放参与图书馆管理和决策的权限，比如设立“读者监督委员会”“馆长信箱”“读者意见箱”等，鼓励读者表达自主观念，广泛接纳读者对图书馆管理方面的建议和意见，并在读者公开、透明监督下，积极进行图书馆服务的革新升级和结果反馈；在特定情况下，允许读者参与管理决策。

(三) 坚持平等原则

平等原则是图书馆信息服务的基本原则，是现代图书馆服务的基本方向，主要体现在两个方面：

(1) 平等享有权利。平等意味着对人的基本权利的尊重，这种尊重不因富贵贫贱、身份高低等而转移。平等享有权利是图书馆“以人为本”原则的基本体现和核心内容，表现为对用户的关爱和尊重，以及对用户基本合法权利的保障。具体来讲，图书馆用户的合法权利主要体现在：用户资格获得方面的平等权利、信息资源阅读方面的平等权利、个人隐私安全和人格不受践踏和侮辱的平等权利、问题咨询的平等权利、参与图书馆管理与监督和决策的平等权利、享有遵守图书馆规章制度的权利和履行应尽义务的平等权利、对图书馆建设和服务提出合理化整改建议的平等权利、享有辅助性服务的平等权利、对图书馆管理和服务工作进行客观评价的平等权利、依法追究侵权行为并要求相应合理赔偿的平等权利。

(2) 平等享有机会。所谓平等享有机会，本质是保障用户在图书馆的基本权利，并做到对用户态度上的尊重，保障用户可以在图书馆平等地利用图书馆资源。这种平等并不是停留在表面上的平等，而是要落实到具体的人群，如阅读能力较低的群体，要切实保障他们的平等权利，强化对特色群体的现代化信息技术培训，正视他们在能力方面的差异，并进行针对性的能力提升服务。只有保障社会弱势群体的权利，使他们平等利用和共享图书馆信息资源，才能确保图书馆服务实质上的平等。

（四）坚持满意服务原则

平等是图书馆服务众多原则中的核心理念，满意服务是衡量图书馆服务质量的重要标准，集中体现读者对图书馆服务的满意度和图书馆服务的未来整改方向。从本质上来讲，“满意服务”是读者在实际感受过图书馆的文献资源、工作人员、基础设施和服务方式后，所获得的真实体验与心理预期之间的差距。以现代企业管理 CS(Customer Satisfaction)理论理解图书馆服务的满意原则，主要包括三方面：服务理念满意度、服务行为满意度、服务视觉满意度。

（1）服务理念满意度。读者从心理层面对图书馆开馆宗旨和管理策略的满意程度。

（2）服务行为满意度。图书馆思想层面的服务理念通过外部表现出来的行为状态，带给读者的心理满意程度，比如图书馆的业务建设、规章制度、服务内容设计、服务态度和效果等。

（3）服务视觉满意度。“服务视觉”是图书馆一切可视化的外在形象，如图书馆的基础设施、环境氛围、阅读气氛、工作人员的职业形象等，而服务视觉满意度指显性因素给读者带来的心理感受和满意程度，是图书馆理念的视觉化呈现形式。

图书馆管理应始终贯彻落实满意服务的基本理念，坚持“一切为了读者”原则，只有明确认识到这一点，才能在满足读者需求方面拓展渠道，创新措施，不断完善评价指标，提高反映读者满意度的层次性和精准度，为图书馆的服务升级提供更为科学和客观的数据支撑。

（五）坚持资源共享原则

对于图书信息资源而言，在社会进步和科技发展的带动下，文献出版数量逐渐增加、信息种类更加多元化，而全面搜集和存储各种信息资源则会浪费经费。因此，资源共享理念的提出和在图书馆管理中的应用，是与读者不断增长和扩大的信息需求相适应的必然选择，这样一来，多个图书馆之间的信息资源实现共享，一定程度上减轻单个图书馆在信息资源搜集和存储等方面的压力，确保图书馆充分发挥信息资源的原有功能，可以满足读者日渐多样化的知识诉求和信息需求。

图书馆资源共享职能在弘扬和继承人类知识，带动人类社会进步与发展方面发挥重要作用，因此需要不断强化和引导，促成不同级别和层次图书馆的馆际合作，只有这样，才能确保真正实现信息资源共享，使图书馆建设得更好、发展更快，为社会主义建设和发展以及人类宝贵知识体系的建设提供动力保障。

二、构建功能完备的信息服务平台

（一）构建图书馆统一检索平台

整合纸质资源、数字资源和特色资源，如馆藏图书、报刊资料、电子图书、数据库、电子期刊、党校教材、教学案例、教研成果等，实现统一检索。很多国内外知名的数据库商都推出了图书馆一站式建设平台软件，国外的有 EBSCO Discovery Service（EDS）：这是一款强大的图书馆资源发现平台，支持多种资料格式，提供复杂的检索功能；Ex Libris Primo：Ex Libris 公司推出的一站式搜索与获取平台，整合了图书馆的各种资源，提供灵活的自定义功能；ProQuest Summon：ProQuest 公司推出的图书馆资源发现服务，支持多语种检索，具备强大的数据分析功能；WorldCat Discovery：OCLC 公司推出的图书馆资源发现服务，整合了 WorldCat 数据库和图书馆馆藏资源，提供丰富的检索功能等。国内的有读秀学术搜索：北京超星公司推出的图书馆资源发现平台，专注于学术资源的搜索、获取和共享；CNKI 学术搜索：中国知网(CNKI)推出的学术资源搜索平台，专注于中文学术资源的发现和获取；万方数据知识服务平台：万方公司推出的图书馆资源发现平台，专注于中文学术资源的发现和获取；维普资讯发现平台：维普公司推出的图书馆资源发现平台，专注于中文学术资源的发现和获取等。

这些软件通常提供免费试用或演示服务，图书馆可以根据自身需求和预算选择合适的解决方案。在购买之前，图书馆应进行全面的评估，包括功能、价格、技术支持等方面的比较。

（二）建立移动服务平台，提供移动终端访问和信息服务

图书馆移动服务平台允许用户通过手机、平板等移动设备访问图书馆资源和服务。国外知名的图书馆移动服务平台有 EBSCO Mobile、ProQuest Mobile、WorldCat Mobile 等，分别由 EBSCO、Proquest 和 OCLC 公司推出。国内有超星移动图书馆、全球学术快报、百度文库等，分别由超星公司、知网公司和百度公司推出。这些移动服务平台通常提供免费的下载和安装，但是需要机构账号才能真正使用。在选用移动服务平台时，图书馆应关注平台的兼容性、功能丰富度以及与图书馆资源的整合程度。

（三）利用社交媒体和网络工具，拓展信息服务的渠道和形式

目前图书馆界常用的社交媒体平台主要包括微信、微博、抖音/快手、知乎/豆瓣、博客/论坛等，其主要的服务方式包含：利用微信公众号发布图书馆资讯、资源推荐、活动预告等信息；利用微博发布信息，与读者实时互动，扩大图书馆的影响力；利用短视频平台，发布图书馆推广视频，吸引年轻读者；在问答知

乎/豆瓣社区，发布图书馆相关问题、回答读者疑问，提高图书馆知名度；利用微博/论坛平台，发起话题讨论，增加读者参与度。常用的网络工具有电子邮件系统、RSS 订阅、线上讲座与研讨会、微信小程序、QQ 群/微信群和云存储空间等，其主要的服务方式包括定期向读者发送电子邮件通信，内容包括图书馆最新资讯、资源推荐、活动预告等；很多数据库提供了 RSS 订阅服务，读者可以方便快捷地获取最新信息；图书馆还利用 Zoom、腾讯会议等在线平台，举办线上讲座、研讨会等活动，为读者提供实时互动的学习机会；开发图书馆微信小程序，提供图书检索、预约、续借等功能，方便读者随时随地使用图书馆服务；建立图书馆的 QQ 群或微信群，方便读者交流、咨询、反馈，提高读者满意度；开发图书馆移动应用程序，为读者提供丰富的移动服务，如图书检索、在线阅读、活动报名等；利用 Google Analytics、百度统计等数据分析工具，了解读者行为，优化图书馆服务和推广策略；使用百度云、腾讯微云等云存储空间，发布图书馆资源，方便读者随时随地访问、下载。

通过利用这些社交媒体和网络工具，图书馆可以拓展信息服务的渠道和形式，提高服务质量，吸引更多读者。

三、充分发挥信息服务功能

传统文献信息服务是文献外借、文献阅览、文献视听、文献复印及馆际互借等，是图书馆能够提供的最基本的直接服务，也是读者普遍使用的服务。这些服务方式也是图书馆和读者之间连接的纽带，能否做好传统文献信息服务，关系到图书馆工作质量的高低。随着信息技术的发展，数字阅读逐渐成为主流，数字阅读服务也相应地成为图书馆发挥信息服务职能的重要方面。

（一）提供文献借阅服务

（1）文献外借服务。图书馆收藏大量文献（主要是印刷型文献），读者需要用较长的时间才能通读完。因此，图书馆允许读者通过办理必要手续后，将馆藏文献带出馆外，并在一定时期内归还。读者在规定的期限内享受自由使用的权利并承担保管、保护义务。文献外借满足读者在阅读时间、阅读方式、阅读范围等方面的需求。图书馆通常外借的图书为有复本的普通书刊；对无复本或按规定不允许外借的文献，则采用其他方式提供服务。

（2）文献阅览服务。这是图书馆另一项最基本、最受欢迎的读者服务，主要是指利用图书馆的文献、建筑、设备等条件，吸引读者利用图书馆资源的一种服务方式。各级各类图书馆都设有不同类型的阅览室，配备一定数量的服务人员，开展阅览服务。文献阅览服务的方式主要有三种：①闭架阅览（文献不直接提供给读者，由工作人员提取后在阅览室内阅览）；②开架阅览（读者自由进入书库或阅读室阅览）；③半开架阅览（读者通过可视书架浏览挑选后，由图书馆馆员提取后阅览）。

（二）开展参考咨询服务

（1）嵌入式服务。与教学部门合作，开展课程嵌入服务，将图书馆信息素养教育纳入教学体系，为教研部有国家和省部级课题的教研人员提供文献检索、学术不端查重服务、科研成果评价服务等。

（2）读者培训服务。对新读者进行入馆培训，主要包括图书馆读者守则、馆藏介绍、阅览空间介绍、借阅规则等。

（3）资源推介服务。不定期举办读者使用图书馆、馆藏数字资源检索、网络资源查询的培训。

（三）开展数字阅读服务

（1）阅读导航。阅读导航是图书馆数字阅读服务的第一步，阅读导航指深层次、多角度地组织和揭示信息内容，以读者容易使用的方式展示馆藏，让读者轻松发现所需内容，即帮助读者更有效地找到所需资源。图书馆网站栏目设计和布局体现阅读导航功能，为读者发现馆藏和检索资源提供导航服务。

（2）阅读提供。阅读导航是帮助读者快速寻找资源的服务，而阅读提供则是为读者解决“如何读”的问题。传统阅读载体是纸质文献，数字阅读载体则是数字化资源，图书馆数字阅读提供在线阅读、资源下载和数字阅读器借阅等阅读资源提供服务。

（3）阅读互动。图书馆阅读互动服务是指读者参与到图书馆开展的活动中，实现读者与图书馆馆员、读者与读者之间互动交流。图书馆论坛是读者与图书馆馆员进行交流、评书荐书的平台，论坛是一种随意性较强的虚拟空间，读者可以自由地在论坛上发表自己的想法和建议，而图书馆馆员则需要做好管理和引导工作，保障论坛“杂而不乱”，为读者创建一个良好的阅读交流空间。

（4）移动阅读服务。移动阅读方式的兴起，给图书馆的发展带来新机遇和挑战。移动阅读服务是指图书馆针对移动终端推出数字图书馆 APP 软件或者数字阅读平台，读者在移动终端上可以利用图书馆资源，了解图书馆动态等。移动阅读服务具有移动性与即时性。数字阅读平台在资源整合和共享方面具有优势。

（5）“微”服务。“微”服务是指图书馆利用“微博”和“微信”平台提供阅读服务。“微”服务不仅在宣传推广图书馆方面具有优势，在与读者互动、提供咨询服务方面也具有优势。“微服务”是数字阅读推广活动宣传的有效方式，结合线上线下宣传，引导更多读者学会阅读、利用图书馆资源学习，提升个人素养和能力。

（6）数字阅读推广活动。图书馆数字阅读推广是利用网络平台提供阅读活动服务，解决了传统阅读服务时期服务受众、服务时间受限的问题，使不能到馆的读者可以通过数字阅读推广活动享受图书馆阅读服务。数字阅读推广活动已经由“网络书香”主题活动发展到了视频、讲座、征文比赛、信息检索等内容丰富的服务。

四、建设一支高质量的党校图书馆馆员团队

人是生产力中最活跃、最具有革命性的因素，各个行业兴衰成败的一个共同因素就是人才，人才是事业发展的第一资源。没有馆员水平的现代化，就没有图书馆服务的现代化，没有馆员水平的创新，就没有图书馆服务的创新。图书馆人才队伍建设始终是图书馆的头等大事，是提高服务质量、提高办馆水平的核心问题。建设一支高质量的党校图书馆馆员队伍是提高党校图书馆服务质量，促进党校图书馆信息服务高质量发展的关键。党校图书馆要制定一系列的人员引进、管理和激励办法。

（一）招聘优秀人才

在招聘过程中，注重候选人的学历、专业知识、沟通能力、服务意识等方面。对于关键岗位，如参考咨询、馆藏开发、信息技术等，可以考虑招聘具有相关经验的专业馆员。

（二）培训与发展，提高馆员地位

定期为馆员提供职业培训和发展机会，包括专业知识、技能培训、领导力发展等。鼓励馆员参加国内外学术会议、研修班、在线课程等，以提高业务能力和综合素质。提高馆员在图书馆内部的地位，使他们更多地参与决策过程。这将有助于提高馆员的工作积极性和责任感，并为他们提供更大的发展空间。

（三）建立岗位轮换制度

有计划地安排馆员进行岗位轮换，以便他们可以全面了解图书馆的各项业务。这不仅有助于提高馆员的综合素质，还能为他们的职业发展提供更多机会。

（四）建立绩效评估体系，制定激励机制

建立完善的绩效评估体系，定期对馆员的工作表现进行评估。评估结果可以作为调整岗位、确定培训需求、实施激励措施等的依据。建立公平、合理的激励机制，表彰和奖励在服务质量、创新、团队协作等方面表现优秀的馆员。通过激励机制，激发馆员的工作积极性和创造性。

（五）团队建设

组织团队建设活动，增强馆员之间的沟通与协作。这有助于营造积极向上的团队氛围，提高馆员的工作满意度和团队凝聚力。

（六）引进专家顾问

邀请行业内的专家学者担任顾问，为馆员提供专业指导。专家顾问可以为馆员传授专业知识，帮助他们解决实际问题，提高图书馆的业务水平。

第二节　江苏省委党校图书馆信息服务实践总结

办好党校，离不开图书馆提供强有力的信息服务和知识支撑。为党校干部教育培训事业提供高质量服务是党校图书服务的宗旨。江苏省委党校图书馆立足自身使命和职责，不断深化对党校图书馆工作规律的认识，牢牢坚守教学科研这一主线，建立健全信息服务体系，为推动党校中心工作的正常运行与创新发展提供必备保障。明确工作重点、提升服务能力、优化管理服务平台，是党校图书馆做好信息服务，能够更好地发挥作用的三项基础性工作。

一、围绕中心，服务大局，明确信息服务目标

（一）建立健全信息服务规章制度

1. 首问负责制度

为落实“读者第一，服务至上”的办馆理念，提高图书馆信息服务水平和质量。图书馆在一楼大厅设置总咨询服务台，制定总咨询台值班制度，全体馆员参与咨询台的值班工作，让每位馆员都有直接面对读者的机会，了解读者的需求。同时还对咨询台的服务工作实行首问负责制，为到馆人员答疑解惑、协调各种关系，充分听取读者对图书馆文献资源建设及各项服务的意见和建议，及时解决各种突发事件和争议，要求馆员做到“有问必答，有求必应，有应必果”，全过程服务到底。

2. 学科馆员制度

简单地说，学科馆员就是具有相应专业背景、以学科为对象提供对口服务的图书馆馆员。学科馆员制度肇始于美国大学图书馆，随后在 20 世纪 80 年代广泛流行。其基本职责是负责与服务对象的沟通交流，掌握相应学科的学术研究动态，收集和分析热点问题、前沿问题。江苏省委党校图书馆与全校 12 个教研部门对口建立学科馆员制度，学科馆员的主要职责是为联络的教研部有针对性地收集教研部需求和提供信息服务。

3. 先阅后藏制度

先阅后藏制度是江苏省委党校图书馆根据多年读者服务实践经验制定的，其服务对象主要为党校教研人员，起源于“你选书，我买单”的选书模式，主要是

指新书到馆后，暂不进行加工，开辟绿色通道，先办理特殊借阅手续提供给教研人员使用，在其使用归还图书馆后，图书馆再行加工入藏的制度。该项举措是践行“以读者为中心”“一切为了读者”的图书馆职业理念的典型做法，一直以来得到党校教研人员的赞赏和支持。

（二）研究服务对象特点，精准服务增效

1. 设立学科专题书架，进行个性化服务

每年邀请教研部老师参加一年两次的南京春、秋季馆藏图书展销会，通过事前点对点给各教研部主任发现采通知，做好需求征集工作，事中采用馆员教师“一对一服务”的模式，以教师自主选购为主，馆员现场审核为辅，事后开辟绿色通道直接将教研部作为馆藏地，以集体借阅模式将文献直接送到教研部，相当于直接将学科主题书架建到了教研部。全程以教研部老师需求为导向，共建面向学科群的专题类图书资源，以此来提升文献资源利用率，实现“为人找书”与“为书找人”的精准匹配，满足了不同教研部不同老师的个性化需求。

2. 开展信息推送服务，进行主动服务

为新晋教职员工、入学新生、入校新学员开展入馆培训，介绍图书馆的基本情况、借阅规则、馆藏特色、书库位置和数据库资源，帮助新读者快速进入角色。学科馆员定时向所联系的教研部发送相关学科的新书、新购数字库等信息，有效节约教研人员寻找资料的时间成本。将本馆购买的专业资料，通过 QQ 等即时通信软件点对点推送给相关专业的教研人员，并及时提供相关学科的讲座培训信息等。

3. 问需读者，匹配学科建设，提高数字资源建设精准度

为使得数据库的订购、使用更加合理、充分，数字资源建设要与学科需求、读者需求相匹配。图书馆分步骤了解读者需求：首先采用问卷调查、上门走访的方式对各教研部数据库需求做了调研统计，然后通过对上一年数据库浏览、下载量进行评估，最后通过了解学科动态、紧跟热点的方式对数据库需求有了更精准的认识。同时，馆内还多次召开馆务会，综合分析、探讨调研数据，并结合使用者反馈信息，进而决定数据库的续订和新增，以确保购置数据库内容与学校教学、科研和决策咨询需要相适应，且符合采购项目的民主决策和程序合规要求。

4. 开展数字资源推介活动，提高数字资源的利用率和使用效果

2023 年，图书馆以“学雷锋见行动，让数字资源插上翅膀飞进教研部”为主题开展 9 场数字资源推介活动。针对教研部门的学科特点以及科研需求，精选针对性强、操作性佳、实用性高的数字资源，灵活采用讲解演示和交流互动等多种形式，力求让教研部老师们了解掌握数字资源使用方法，全方位助力学

校教学科研和决策咨询。同时，还针对硕士研究生和学员，以“走进图书馆——青春做伴　学海畅游”为主题开展数据库资源使用系列培训，引导学生走进图书馆，更好地认识图书馆、利用图书馆，提高信息检索和自主学习能力，激发科研积极性。

二、利用技术赋能，提升信息服务能力

（一）搭建互动交流的平台，多途径提供信息服务

在传统的服务模式下，教研人员主要通过图书馆网站查询和检索所需信息，但由于网站不具备信息自动提醒和自动推送功能，馆员与教师间的互动少，服务周期长，教师很可能因未及时获取相关信息错过机会。针对这一情况，为了更好地交流和沟通，图书馆建立了QQ交流群，为教师之间、教师和馆员之间架起良好的沟通桥梁，可以及时进行信息交流、阅读分享等共享共建活动。

（二）建设移动服务平台，提升服务质量

1. 建设图书馆一站式检索门户网站

2022年图书馆引进超星发现系统，致力于打造图书馆一站式检索门户网站，整合所有购买资源。截至2023年6月，图书馆网站总访问量4.1万余次，数据库使用点击率超过1000万人次。

2. 建设微信图书馆

针对当前国民阅读趋于数字化的现状，江苏省委党校图书馆十分重视移动阅读服务。早在2013年就购买了超星移动图书馆系列产品和方正Apabi电子阅报机，2020年拓展并升级原有移动图书馆的服务功能，开通微信公众号，推出“江苏省委党校微信图书馆”，设置了“服务大厅”“文献资源”“活动交流”三个主栏目，涵盖了“读者借阅服务”“书刊在线阅读”等13个子栏目。整合了各种阅读资源，截至2023年6月，移动图书馆APP总用户数已达4000余人，访问量千万余人次，微信图书馆总关注人数达两千余人，访问量上万次。

三、推进干部阅读推广，提高信息服务效能

党校是轮训和培训领导干部的主渠道、主阵地，引导干部阅读，培养干部的阅读能力是党校干部教育培训的战略要求也是长期目标。干部阅读推广工作因其推广对象为“关键少数”从而具有强大的社会效应和巨大的文化价值。党校图书馆为干部提供阅读服务，是提升干部文化素质、党性修养、执政能力的重要途径，也是创建学习型政党的客观需要。江苏省委图书馆利用微信公众号、学员读书沙龙、学员共享阅读空间、漂流书架以及校园多媒体设备，多渠道多途径多形式进行干部阅读推荐，提高资源利用率，提升信息服务效能。

（一）阅读空间再造

空间再造是图书馆转型发展的趋势，也是引导阅读行为的重要举措。近年来，通过不断探索和尝试，在广泛借鉴图书馆建设的新理念和新思路的基础上，江苏省委党校图书馆以优化馆藏布局、完善服务功能、美化阅读环境为设计思路，完成阅读环境改造。开辟一楼开放式大书架，专门用来陈列马恩经典著作、党的最新理论成果。另常设文化展厅，长期开展展览等文化交流活动。在建设江苏省方志馆省委党校分馆的同时打造了集收藏、阅读、学习、研讨、分享、交流于一体的研学共享空间。

（二）丰富阅读内容

习近平总书记早在中央党校 2009 年春季学期第二批进修班暨专题研讨班开学典礼上指出："就一般情况而言，领导干部普遍应当读下列三个方面的书。第一，当代中国马克思主义理论著作。第二，做好领导工作必需的各种知识书籍。第三，古今中外优秀传统文化书籍。"近年来，江苏省委党校图书馆以"党校姓党"为原则，优化图书馆馆藏结构，在满足教学、科研，服务主业主课的基础上，形成具有党校特点的资源体系。目前，图书馆藏书 53 万余册，其中马列主义、毛泽东思想、邓小平理论类和哲学、政治、社会科学、法律类共 13 万余册，约占整个馆藏的 1/4。图书馆一楼核心位置长期陈列习近平新时代中国特色社会主义思想主旋律图书，并随着主题教育的深入开展不断更新，为党员干部提供阅读学习资料。

（三）编制阅读书目

通过书目推荐，为读者提供有效的书目信息，不仅是提高馆藏书目流通率的途径，更使读者更加便利找到适合阅读的书目。江苏省委党校图书馆自 2013 年起每年编制"推荐书目"，不仅发放到各教研部、学员手中，而且还寄送到兄弟党校图书馆和江苏省 13 个地市党校图书馆供分享。推荐书目紧扣中央最新精神，内容涵盖哲学人生、社会管理、政治经济、文学艺术、历史传记、科普综合等类 200 余种图书，既体现了马克思主义中国化的最新成果，又契合干部阅读需要，为轮训干部"以学益智，以学修身"提供了系统权威的阅读书目。同时图书馆还在《江苏党校报》、江苏党校官网上开辟"世界读书日"纪念专版、"新书推荐"以及在图书馆微信图书馆上设置"到馆新书"栏目，按不同频次为读者推荐到馆新书。

（四）开展阅读活动

近年来，图书馆一直围绕党校主业主课，以线上线下相结合的方式，开展各类阅读活动，每年举办 4・23 读书节系列活动，评选表彰优秀读者，举办"世界读书日”主题图片展，打造阅读推广品牌，目前已经举办这类活动50多场次。如线上联合超星公司推出“21天，每天30分钟一讲座”的中华优秀经典名师讲座、“大美中国，每天30分钟一讲座——21天打卡计划”等，线下邀请专家到馆开展“经典阅读与中华文化新辉煌”专题讲座、举行“品读红色家书 传承革命精神”朗读比赛决赛和举办“学习宣传贯彻党的二十大精神 弘扬中华优秀传统文化”——中华优秀经典阅读推广活动等，累计参与人数数千人。吸引教职工和学员关注阅读，提高阅读兴趣，推动在校园形成多读书、读好书的良好风气。

四、干部阅读状况调查报告——以江苏省委党校学员为例

（一）调查背景

在建设学习型社会的今天，阅读，无论对一个人、一座城市、一个社会、一个民族，都具有非常重大的意义。领导干部是一个特色鲜明的阅读群体，其阅读状况不仅反映其自身的素质和修养，也会影响全党乃至全社会的读书学习风气。党的十八大以来，习近平总书记多次提出领导干部要与时俱进，要“爱读书 读好书 善读书”，用学习克服“本领恐慌”。

党校是轮训和培训领导干部的主渠道、主阵地。以江苏省委党校学员为调查对象，对掌握江苏干部阅读状况具有代表性，对于促进党校在引导干部阅读方面具有现实意义。

（二）调查基本情况

此次调查的范围是江苏省委党校主体班和在职研究生班的学员，共发放调查问卷670份，收回有效问卷663份，问卷有效率为98.9%。其中主体班学员298份，在职研究生班学员365份，数据处理使用STATA软件，制图、制表使用Excel软件。

主要调研以下几个方面：①学员的基本情况，包括性别、年龄、行政级别以及学历等；②当前阅读状况，包括阅读数量、阅读时间、阅读方式、阅读主题、阅读载体、阅读目的、阅读障碍、理想的阅读场所等方面；③党校开展干部阅读推广工作的反馈情况，包括对党校提供的现有阅读服务知晓度、对党校阅读推广工作的意见和建议等。

（三）调查结果分析

1. 被访者的基本情况

在有效样本中，男性为478名，女性为179名，男女比率约为2.67∶1，年龄集中在45岁以下，其中“35岁及以下”的占40.2%，“36—45岁”的占33.9%，

“46—55 岁”的占 24.2%。研究生班和主体班的年龄差别较为明显，前者“35 岁及以下”的占比 65.2%，后者只有 9.5%；而“46—55 岁”这个年龄段则相反。在被访者中，“厅级”干部有 43 人，占比 14.4%，这主要是由于本次调查中有一个师职班，处级干部有 212 人，科级 278 人，同时也可以看出研究生班大都为科级干部，而主体班学员则多数为处级干部，这是党校主体班学员和研究生班学员的定位决定的。此外，被访者的学历大多为本科，占比达到了 68.9%，主体班学员中，拥有研究生学历的有 176 人，还有 24 名博士，这说明江苏省干部队伍的高学历化趋势，并且某种程度上学历越高，其行政级别也越高(详见图 4-1、图 4-2)。

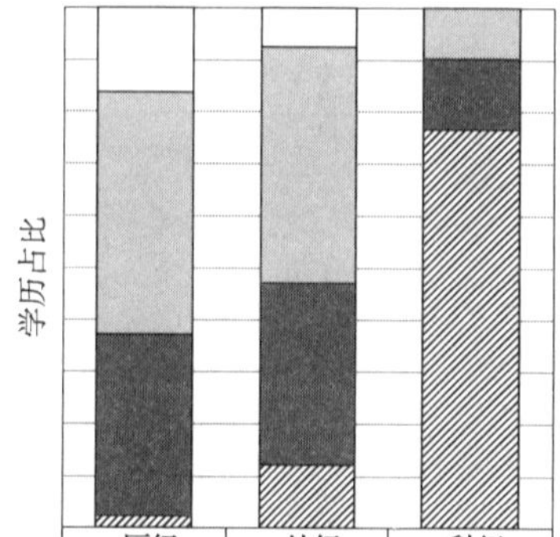

	厅级	处级	科级
□博士	7	16	0
▨研究生	20	96	27
■本科	15	74	38
▨高中与专科	1	26	213

图 4-1　行政级别及学历分布

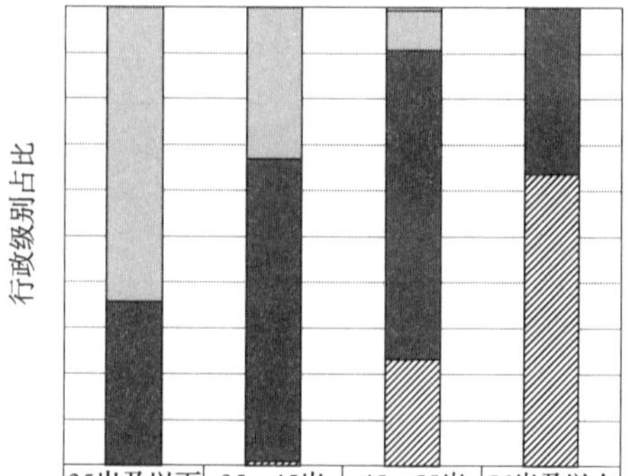

	35岁及以下	35—45岁	45—55岁	56岁及以上
□其他	0	0	1	0
▨科级	18	35	13	0
■处级	10	70	102	4
▨厅级	0	1	35	7

图 4-2　年龄及行政级别分布

2. 被访者的阅读状况

(1)大多数领导干部都喜欢读书，但总体上阅读量不大，且阅读时间较少。

64.4%的人喜欢读书，回答“非常喜欢”和“一般”的人数相当，分别占 16.4%和 18.9%，只有三人明确回答“不喜欢”，说明领导干部都意识到阅读的重要性并爱上阅读。但是在“读书数量”方面，呈现阅读量普遍不高的态势，年读书量在“6—10 本”的占比 47.5%，其次是“0—5 本”，占比 29.1%，而“11—15 本”的只有 14%，“15 本以上”的就更少了，不到 10%。2016 年 4 月发布的《第十三次全国国民阅读调查结果》显示，我国国民整体的人均纸质图书阅读量为 4.58 本，可见在这点上领导干部这一群体是远超普通国民的，但是跟日本的 40 本，犹太人的 64 本以及韩国的 11 本相比，还有很大的差距。

从年龄来看，45 岁以下的人群读书量最大，读书量集中在“6—10 本”，但是值得注意的是，在“35 岁及以下”人群中阅读量为“0—5 本”，占比达到了 39. 8%，这可能跟年轻的领导干部多忙于事务性工作以及其正处于人生的成家生子阶段有关；“46 岁及以上”人群读书量逐渐减少，但是达到“11—15 本”及“15 本以上”的占比 30. 6%，远高于平均数，这说明年龄越大，其阅读的需求越发强烈(见图 4-3)。

从行政级别来看，阅读量的绝对数值最大的是科级干部，处级次之，厅级及科级以下的干部阅读量最少，这跟样本的年龄和班次分布有很大关系。通过对同级人群进行横向比较后发现，处级和厅级阅读量在 15 本以上的占比远高于科级的 5%，分别达到了 13%和 19%，处级干部的整体阅读量要优于厅级干部和科级干部(见图 4-4 至图 4-7)。

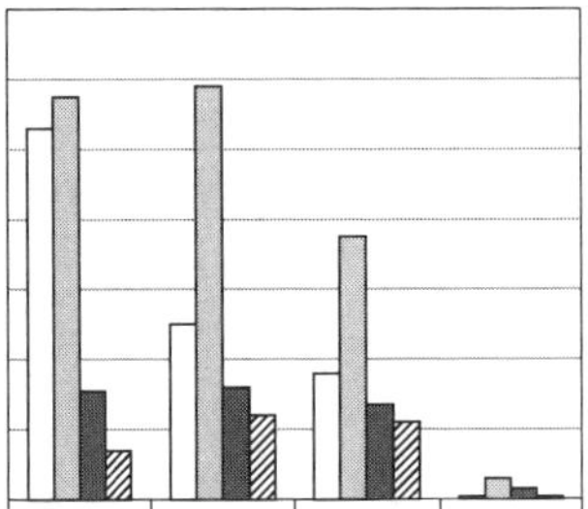

	35岁及以下	36—45岁	46—55岁	56岁及以上
□0—5本	106	50	36	1
▨6—10本	115	118	75	6
■11—15本	31	32	27	3
▨15本以上	14	24	22	1

图 4-3 不同年龄段的阅读数量比较

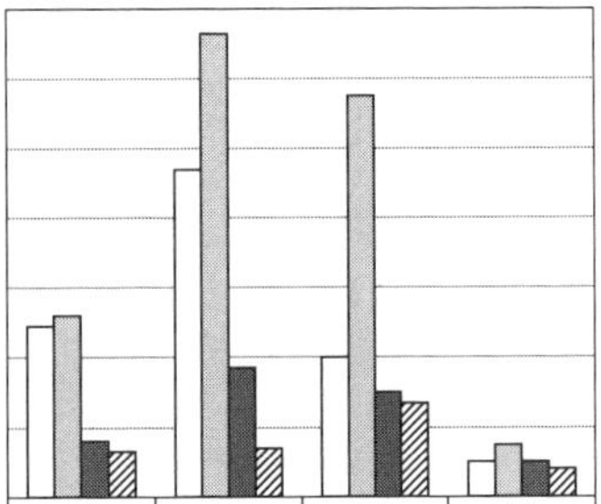

	其他	科级	处级	厅级
□0—5本	49	94	40	10
▨6—10本	52	133	115	15
■11—15本	16	37	30	10
▨15本以上	13	14	27	8

图 4-4 不同行政级别的阅读数量比较

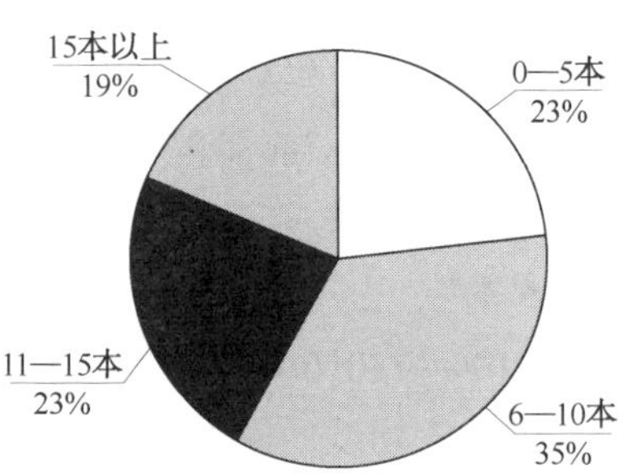

图 4-5 厅级干部

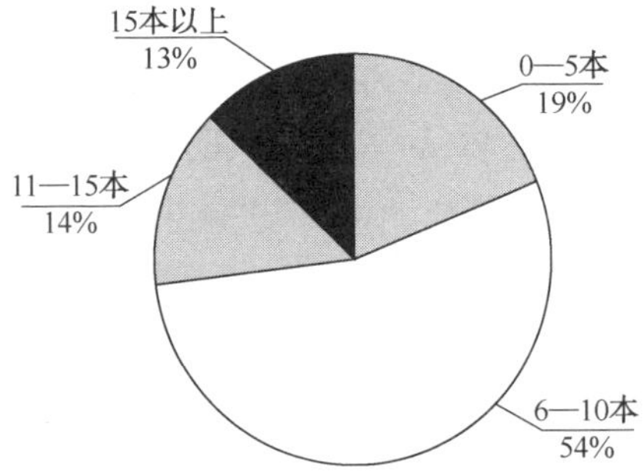

图 4-6 处级干部

在“每周阅读时间”方面，调查结果跟阅读量相似。总体来看，“0—5 小时”的占比 32.6%，“5—10 小时”占比 42.9%，不同于阅读量的 15 本以上的超低数值，有 13.6%的人选择了“不定时间”，也许可以理解为其阅读时间较为零碎。从年龄分布来看，“56 岁及以上”的人群读书时间最少，“36—45 岁”的人群读书的平均时间最长，读书时间“10 小时以上”的随年龄增长呈下降趋势。从行政级别分布来看，科级干部读书时间最多，处级干部次之，但是读书时间“10 小时以上”的人群中，处级干部和科级干部持平（见图 4-8）。

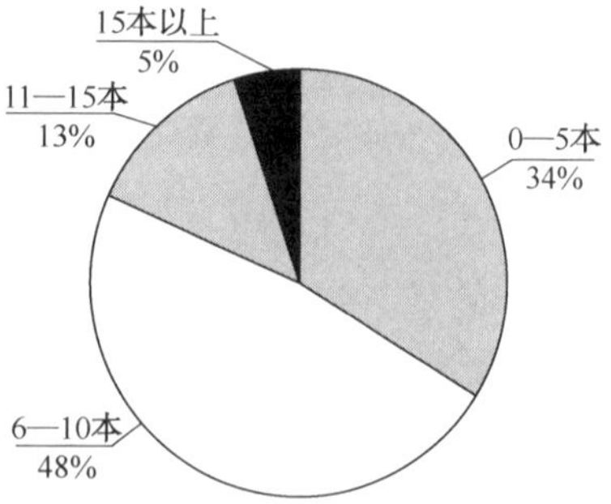

图 4-7　科级干部

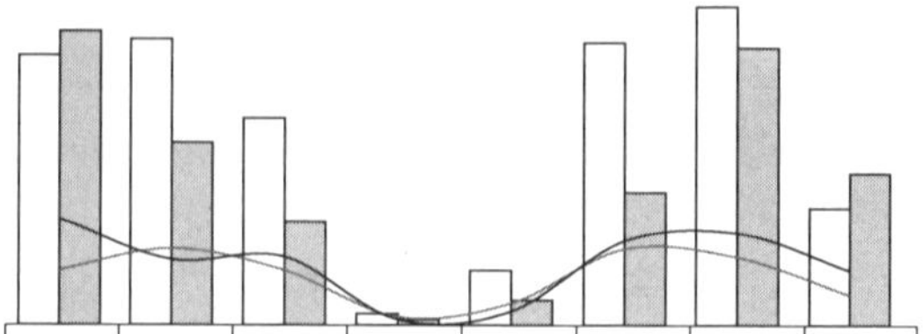

	35岁及以下	36—45岁	46—55岁	56岁及以上	厅级	处级	科级	其他
□ 5—10小时	99	105	76	4	20	104	117	43
■ 0—5小时	108	67	38	2	9	49	102	56
—— 10小时以上	20	28	20	3	8	28	25	11
—— 不定时间	39	24	25	2	5	31	34	20

图 4-8　各年龄段和各行政级别的阅读时间分布

（2）各级党组织在干部阅读推广中发挥了一定的作用，渐有成效。

在关于阅读的来源调查方面，总体上“单位发放”占到 28.9%，而在主体班群体中这一占比达到了 32.5%，这说明了我党高度重视领导干部的读书问题，并且各级党组织也执行得很好，按照中组部、中宣部的推荐阅读书单，各单位发放的图书成为干部阅读的一个重要来源。“自己购买”占比 47.1%，读书已逐渐成为领导干部日常生活消费的一个组成部分。比较遗憾的是，选择“图书馆借阅”的占比只有 16.8%（见图 4-9），这一方面是因为很多机关事业单位没有图书馆或者图书室，另一方面是各级图书馆在干部阅读推广上没有发挥作用，有角色缺失之嫌。

（3）干部阅读以个人兴趣为主，关注时政和历史，随着年龄和级别的变化，关注的主题有所不同。

在“阅读目的”方面，“个人兴趣”占比第一位达到 47.2%，“工作需求”占比第二位为 26.2%，“组织要求”和“社会热点”各占 10.3%和 16.3%，这说明干部

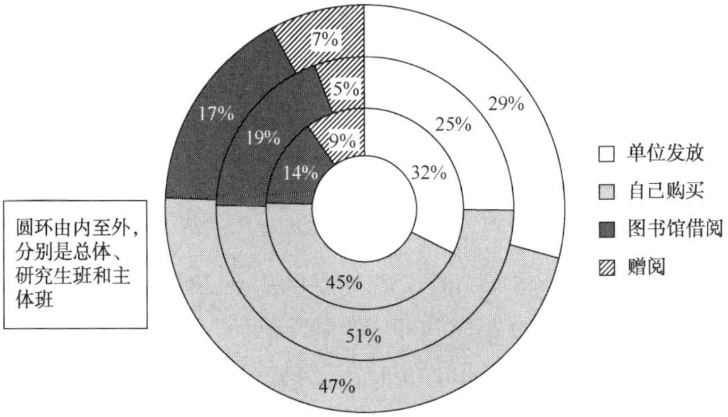

图 4-9　阅读来源分布

阅读倾向于自主阅读，以个人兴趣为主，工作需求为辅。在对不同班级的横向比较中可以发现，在“组织需求”和“工作需求”两方面，两个班次的学员差异性很大，主体班学员这两项占比分别为 12% 和 31%，而研究生班则为 8% 和 21%（见图 4-10）。可以看到，主体班学员为履行岗位职责而进行的阅读占比达到了 43%，因而不断进行干部阅读推广是提升干部工作能力的重要途径。

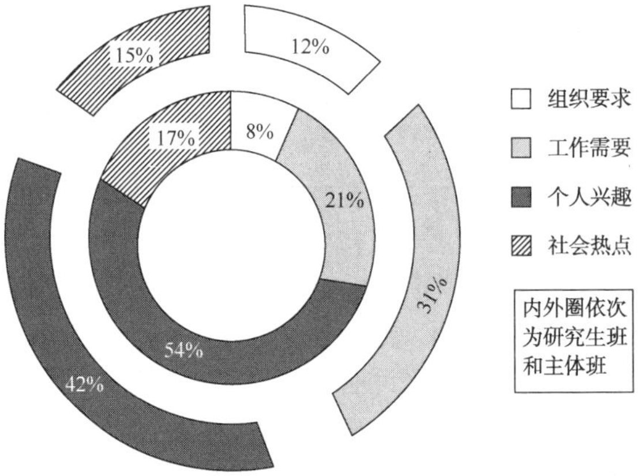

图 4-10　研究生班和主体班的阅读目的比较

在“阅读主题”方面，由于调查选项稍多，因而结果分布也较为分散，总体来看呈现两两梯队的格局：“新闻时政”和“传记历史”平分秋色，分别为 23.6% 和 23.5%，其次的是“政治哲学”和“经济管理”不相上下，分别为 13.4% 和 13.6%，最后的是“文化艺术”和“保健养生”稍有不同，分别为 15.6% 和 10.3%（见图 4-11）。仔细看来，领导干部都关注于新闻时政和政治历史类阅读主题，主体班的学员在政治哲学和经济管理方面则多有涉猎，这与其行政级别以及从事的岗位应有诸多联系。

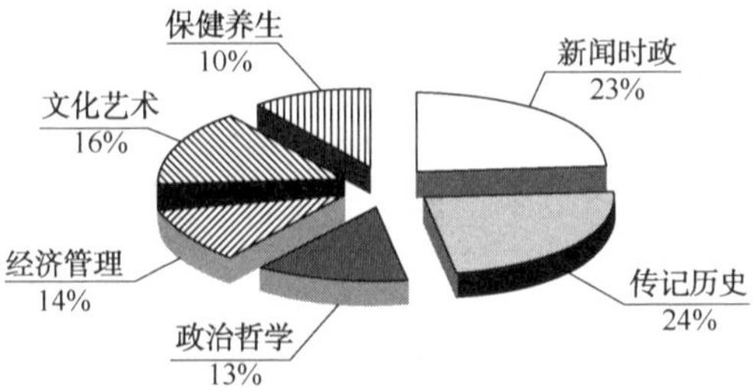

图 4-11 阅读主题分布

从年龄来看，比较明显的变化在于“文化艺术”和“保健养生”这两大主题，随着年龄的增长，“文化艺术”类递减，而“保健养生”类递增，这符合人的自然性的特点；其次是对“经济管理”类的关注在 36—45 岁阶段达到峰值，随后降低，而其他类主题在各个年龄段几乎保持一致，都保持了持久的关注度。从行政级别来看，比较明显的区别在于对“政治哲学”的关注，级别越高，关注越多，而科级以下的干部更关注“文化艺术”，整体来看，科级以上的干部各“阅读主题”的差异性不大(详见图 4-12、图 4-13)。

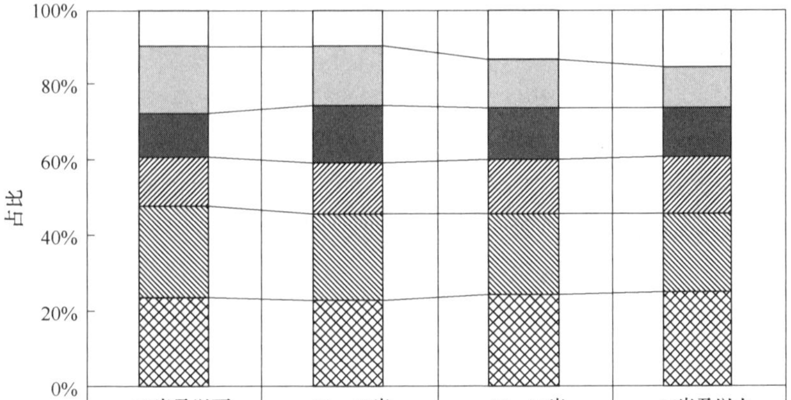

	35岁及以下	36—45岁	46—55岁	56岁及以上
□保健养生	64	61	66	6
▨文化艺术	121	106	67	4
■经济管理	77	102	75	5
▨政治哲学	87	88	73	6
▧传记历史	169	155	116	8
⊠新闻时政	161	153	127	10

⊠ 新闻时政 ▧ 传记历史 ▨ 政治哲学 ■ 经济管理 ▨ 文化艺术 □ 保健养生

图 4-12 各年龄段的阅读主题分布

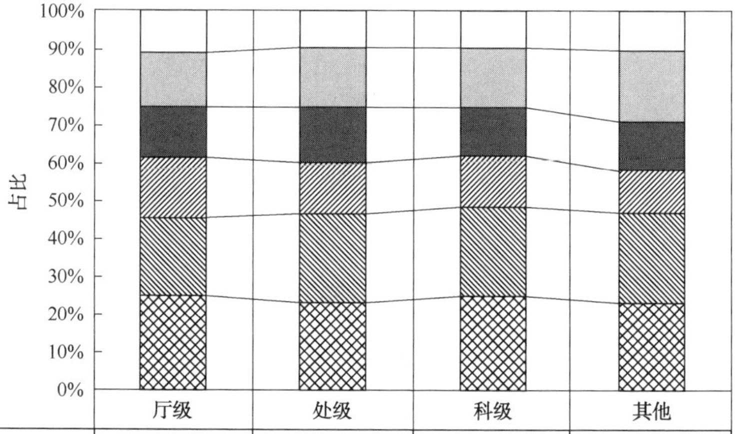

	厅级	处级	科级	其他
□ 保健养生	16	71	76	34
▨ 文化艺术	20	100	117	61
■ 经济管理	19	102	98	42
▨ 政治哲学	23	94	100	36
▧ 传记历史	29	162	181	78
⊠ 新闻时政	35	156	187	74

⊠ 新闻时政 ▧ 传记历史 ▨ 政治哲学 ■ 经济管理 ▨ 文化艺术 □ 保健养生

图 4-13 各行政级别的阅读主题分布

（4）数字阅读成为干部阅读新趋势，网络手机等自媒体成为主要阅读载体。

在“阅读载体”方面，“报纸杂志”“纸质图书”和“网络手机”三足鼎立，分别占比 30.4%、32.3%以及 37.4%，可以看到“网络手机”超过了传统的纸质报刊、图书，成为阅读的第一载体。这一代表未来阅读趋势的变化也在“是否倾向于数字阅读”这一调查结果中得到佐证：选择“倾向于数字阅读”的达到了 56.5%，并且在主体班学员中占比达到了 57.7%。这说明手机阅读、移动阅读不仅影响了年轻的领导干部，年龄稍大的干部人群也紧跟时代，接受了这一阅读方式。

在随后的关于“阅读工具”的调查方面，选择“智能手机”的高达 48.4%，“台式电脑”和“平板电脑(IPAD 等)”则分别占比 24%和 18.2%(见图 4-14)。众所周知，手机阅读中最常见的是微信阅读，通过朋友圈的分享文章以及订阅公众号等进行碎片化阅读，也称之为“社交阅读”，在我国“微信读者”在网民中的占比已经达到 6 成以上。从图中黄线的走势，也可以非常明显地看到这一趋势。这些调查结果为开展干部阅读推广提供了明确的思路。

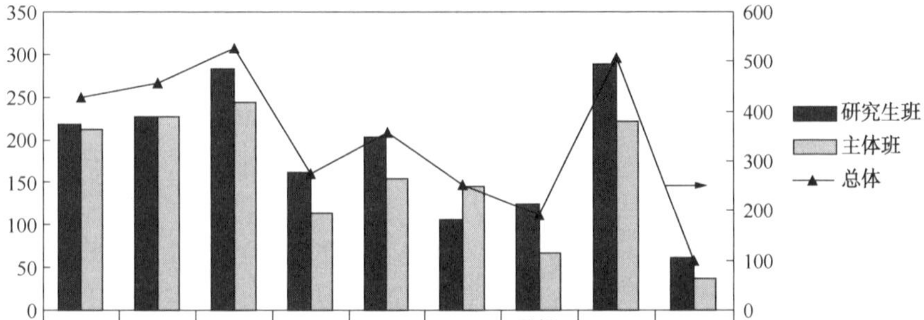

	报纸杂志	纸质图书	网络手机	不倾向于数字阅读	倾向于数字阅读	台式电脑	平板电脑（IPAD等）	智能手机	手持阅读器
研究生班	217	228	283	162	203	107	124	288	61
主体班	212	227	244	113	154	145	67	221	38
总体	429	455	527	275	357	252	191	509	99

图 4-14　阅读载体与阅读工具调查

（5）没时间成为影响干部阅读的最大障碍，家庭是最理想阅读场所。

在“影响干部阅读的障碍”方面，总体而言，“没时间”占比达到了 46%，“没有兴趣”仅仅占 6%，“没有阅读环境”和“没有获得好书的渠道”则分别占比 25. 9%和 21. 7%。具体来看，在主体班学员中“没时间”占到了 48. 4%，而环境和渠道方面则平分秋色，仅有 3. 4%的人选择“没兴趣”。这一方面说明领导干部普遍工作繁忙，没有阅读时间，另一方面说明关于干部阅读还没有专门的推荐阅读机构，干部阅读缺乏引导机制，单位内外没有形成良好的阅读环境。

在“理想的阅读场所”方面，“家庭”成为干部的最理想阅读场所，占比 45. 2%，“办公室”次之，占比 30. 6%，而“图书馆”成为仅仅高于书店的场所，占比只有 15. 2%（见图 4-15），可见图书馆在干部阅读中没有发挥其应有的作用，这一结果也跟“阅读来源”调查结果相佐证。

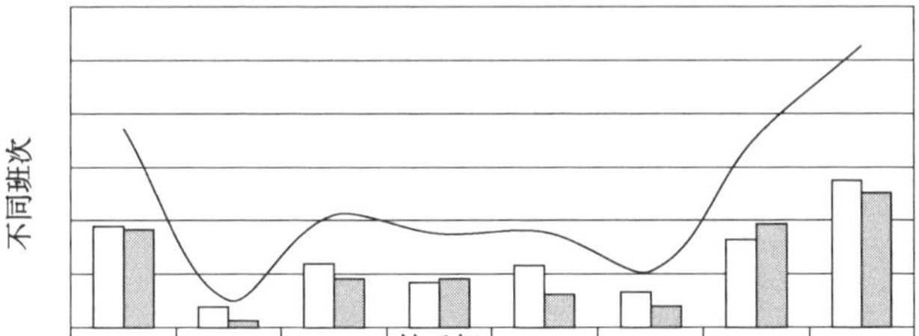

	没时间	没兴趣	无阅读环境	缺乏好书获得渠道	图书馆	书店	办公室	家里
研究生班	189	38	119	84	116	66	164	275
主体班	183	13	91	91	62	39	193	252
总体	372	51	210	175	178	105	357	527

图 4-15　阅读障碍和阅读环境分析

3. 党校开展干部阅读推广工作的反馈情况

（1）学员对党校提供的现有阅读服务知晓度情况。

在党校图书馆提供的服务中，学员获知的仍然是传统的书刊借阅，占比达到33%，但这绝大程度上只是反映了学员对于图书馆的基本功能的认识，实际上学员们到馆借阅图书非常少。大多数学员对图书馆提供的数字资源了解较少，对学术论文检索服务的需求只有17.3%，这是由学员的特点造成的，短期的轮训班大多不需要学术类研究，更多的是文件精神的学习与领会。值得注意的是，学员们对图书馆制作的推荐书目和安装移动图书馆服务的获知率都达到了20%以上（见图4-16），这说明图书馆在学员房间以及报到袋里发放图书馆推荐书目，以及举办图书馆日和教学楼安装超星移动图书馆是有成效的。

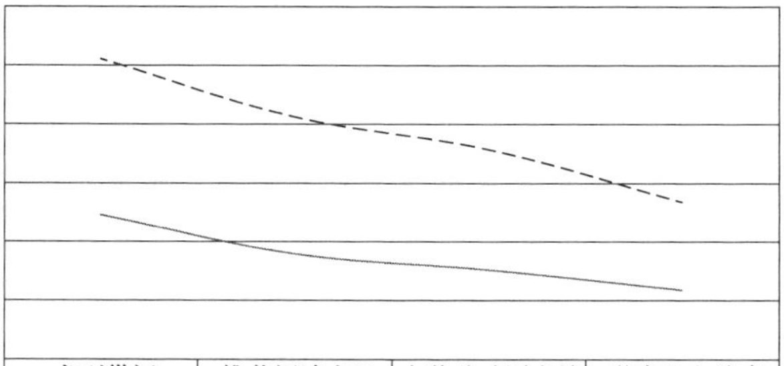

	书刊借阅	推荐阅读书目	安装移动图书馆	学术论文检索
---- 主体班	265	233	205	150
—— 研究生班	246	179	152	118

图4-16　图书馆服务知晓度调查

（2）对党校阅读推广工作的意见和建议。

为了更好地开展干部阅读推广工作，调查组设定了“希望举办哪些读书活动”问题，调查结果表明“书展”和“读书沙龙”受到学员们的喜欢，占比分别达到了35.6%和30.1%，“征文”则遭到排斥，占比仅10%，此外“数字阅读体验”占24.2%（见图4-17）。

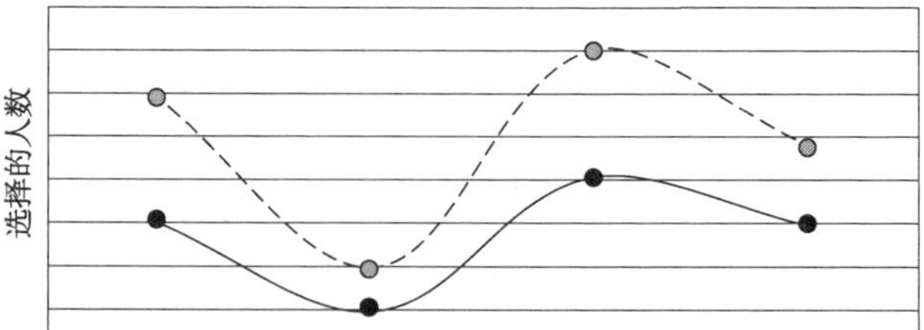

	读书沙龙	读书征文	书展	数字阅读体验
主体班	146	51	148	92
研究生班	151	48	203	147

图4-17　理想的读书活动调查

共有92名学员填写了“哪些书对自己产生了重要影响”的问题，归纳如下：《毛泽东选集》《资本论》《之江新语》《共产党宣言》《苦难辉煌》《平凡的世界》以及《大国崛起》均出现4次以上，中国传统文化类，四书五经、《论语》等也出现了3次，其他推荐则侧重在历史、传记以及科普类图书，诸如《西藏生死书》《万历五十年》《明朝那些事》均出现3次以上，还有一些《家庭医生》《黄帝内经》等医疗保健类图书。此外，有几名学员特别赞扬了“超星移动图书馆”，认为这类资源非常好，同时还推荐了另外一款杂志类手机应用软件(博看期刊)。在图书馆的服务方面，研究生班学员提出由于上课时间都安排在周末，不能到图书馆借阅图书，希望学校能考虑在职研究生班的学员需要，安排合适的阅览方式。

(四) 调查结论与建议

1. 提高干部阅读能力应成为党校干部教育培训的战略任务

参加党校培训已成为各级领导干部终身学习的重要组成部分，而所有的学习能力都是通过阅读获得的。习近平总书记曾说“各级领导干部一定要深刻认识现代领导活动与读书学习的密切关系，深刻认识领导干部的读书学习水平在很大程度上决定着工作水平和领导水平”，因此某种程度上说阅读能力决定了领导干部的精神高度、执政能力。调查结果显示，我党高度重视干部阅读，在干部阅读的来源中“组织发放”占比30%以上，“组织要求”和“工作需求”成为干部阅读的两大目的。

当前，各级党校虽然已经了解干部阅读的重要性，推出了领导干部读原著、读经典等活动，并开出了阅读书单，但还应该加大阅读时间方面的投入，以减轻干部阅读最大的障碍“没时间”，比如适当利用学员晚间的时间，举行一些类似“围炉夜话”的品读活动，营造一个可以静心的阅读氛围。还可以采纳调查结果中的学员建议，举办书展和读书沙龙，提供好书的获得渠道。党校应将干部阅读推广活动列入教学培训计划，将提高干部阅读能力作为干部教育培训的战略任务，达到习近平总书记提出的“使阅读成为领导干部的一种政治责任、一种精神追求、一种生活方式、一种自觉行为。”

2. 党校图书馆应成为干部阅读推广的主要力量

图书馆是全校的阅读中心，拥有丰富的阅读资源，除了服务党校自身教研人员，图书馆人应当转变观念，以人为本，变藏为用，积极为来校参加培训的领导干部们提供阅读服务。本次调查结果显示图书馆在干部阅读推广中的作用弱化，这一方面是学员的短期培训性质决定的，另一方面则是图书馆在资源的宣传推广方面做得不够。图书馆应根据调查结果，了解各年龄层、各行政级别学员的阅读特点，及时购置相关图书，通过党校APP平台和短信平台推送相关信息，主动服务，这不仅有利于提高资源的利用率，而且也丰富了自身的馆藏建设，可以说是一举两得。

具体来说，针对干部阅读以组织和工作需求为主的阅读目的，图书馆应随时关注中组部、中宣部以及其他阅读推广机构发布的推荐书目，致力于满足干部行政工作方面的需求(如公文写作、媒体应对、演讲口才等)，及时采购相应图书资料，开辟专门的陈列书架以供借阅，同时加大宣传，充分利用教学楼、学员宿舍甚至食堂餐厅等公共场所的信息发布大屏幕，进行滚动播放图书信息。同时，根据“干部阅读主题”调查结果，对图书馆馆藏进行分类梳理，重点采购新闻时政、传记历史、政治哲学、经济管理类图书，同时要补充相对薄弱的种类，从而让图书馆成为干部阅读的“好书推荐的渠道”。此外，图书馆还应营造整洁舒适的阅读环境，甚至可以开辟专门的学员阅览室，创造可阅读、可交流的相对独立的阅读空间，让学员们愿意来，来了还想来，让阅读成为学员们闲暇时间的选择之一，让图书馆成为除“家庭”外的第二理想的阅读场所。

3. 借助移动阅读平台打造全省党校系统的干部阅读资源共建共享库

调查结果显示，手机阅读、移动阅读已经成为不同年龄段、不同行政级别的干部阅读的主要形式了。相比传统阅读，以手机等移动终端为载体的数字阅读具有省时、便利、环保等优点，读者可以充分利用零碎时间进行阅读。但《中国网民数字阅读状况调查报告(2016)》显示超过三成的网民不读电子书，大多为“微信读者”，人均使用微信每天超过40分钟，除聊天外，排名前三的应用分别为看新闻、查看朋友圈、阅读公众号，阅读内容以碎片化、浅阅读为主。再加上当前手机阅读产品良莠不齐，大量的真假莫辨的信息轰炸让读者无所适从，时间浪费在朋友圈的零零碎碎、家长里短以及各种微商广告上。因此，数字阅读不能取代传统阅读在内容上的深刻性和系统性的特点。

据此，一方面党校应顺应趋势，大力发展移动阅读服务模式，打造移动阅读平台作为干部阅读推广的重要载体，另一方面，可以利用图书馆的资源优势，建立党校干部阅读推广微信公众号，专人打理，推荐可供下载阅读的高质量的电子书刊，引导读者由“浅阅读”向“深阅读”转变。从调查结果来看，超星移动图书馆丰富的图书、视频以及报刊等数字资源深得学员认可，目前注册用户已经达到1500余人，这大大拓展了图书馆的服务时间和空间，有助于打造“无围墙图书馆”，从“等读者来”向“到读者中”去。在此基础上，党校还可以借助移动阅读平台实现全省党校系统数字资源的共建共享，服务全省领导干部，比如江苏省委党校图书馆就将已经购买的超星移动图书馆账号分发到各地级市党校，通过该账号，可以访问省委党校图书馆的所有数字资源。

4. 建立干部阅读推广机制，从组织架构上保证阅读推广的持续性

干部阅读推广活动是一项长期的工作，应将干部的阅读状况作为干部在党校

培训学习期间的一个重要的考核内容，保证其持续性。具体来说，可以成立阅读推广小组，由党校相关职能部门分工协作，从干部阅读的内容、阅读推广的活动策划以及阅读推广的反馈等方面进行组织架构，建立一个包括组织、内容、实施以及反馈与评估机制的阅读推广机制(见图 4-18)。

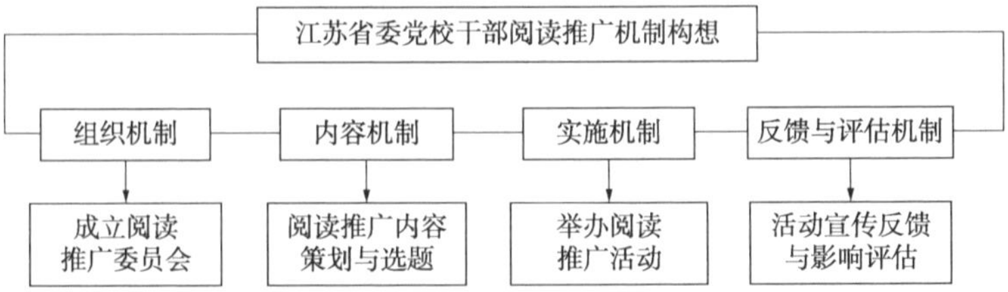

图 4-18　江苏省委党校干部阅读推广机制构想

在阅读推广过程中要特别注意收集干部阅读成果，挖掘阅读典型，通过新闻媒体、微信平台等进行宣传，使其产生广泛的社会影响，以点带面，促进其所在厅局、系统乃至城市的读书活动，从而使得阅读推广活动有反馈有实效。同时，还应该对干部阅读状况进行阶段性调查，根据调查结果，分析其阅读偏好的变化，及时调整阅读推广活动的内容和形式，从而让阅读推广的机制形成一个良性发展的闭合生态链。在本校阅读推广机制成熟的基础上实时吸纳各市委党校、区委党校加入，“一个核心，多方合作”，以打造一个辐射全江苏的领导干部阅读推广机制。

附表 4-1

干部阅读调查问卷

尊敬的学员：

您好！为了解我省干部阅读状况，江苏省委党校学员处和图书馆联合调研组设计了这份问卷。请在符合您的真实情况或想法选项后□内画“√”，如果选项没有您要表达的意思，请在该题后面的空白处填写您的具体想法。衷心感谢您对我们工作的支持！

一、您的基本情况

1. 您的性别　　A. 男□　　B. 女□

2. 您的年龄

　A. 35 岁及以下□　B. 36—45 岁□　C. 46—55 岁□　D. 56 岁及以上□

3. 您的最高学历

　A. 高中□　B. 专科□　C. 本科□　D. 研究生□

　E. 博士□

4. 您现在的行政级别是：

A. 厅级及以上□　B. 处级□　C. 科级□　D. 其他□

二、您的阅读状况

1. 您喜欢阅读吗？

A. 非常喜欢□　B. 喜欢□　C. 一般□　D. 不喜欢□

2. 您一年时间内的读书数量是？（包含电子书）

A. 0—5 本□　B. 6—10 本□　C. 11—15 本□　D. 15 本以上□

3. 每周阅读时间(包含数字阅读)

A. 0—5 小时□　B. 5—10 小时□　C. 10 小时以上□　D. 不定□

4. 您读书的来源有哪些？（多选）

A. 单位发放□　B. 自己购买□　C. 图书馆借阅□　D. 赠阅□

5. 您日常关注的阅读主题有哪些？（多选）

A. 新闻时政□　B. 传记历史□　C. 政治哲学□　D. 经济管理□

E. 文化艺术□　F. 保健养生□　G. 育儿理财□

6. 您经常通过何种载体来阅读？（多选）

A. 报纸、杂志□　B. 纸质图书□　C. 网络、手机等阅读设备□

7. 相比纸质阅读，您更倾向于数字阅读吗？　A. 是□　B. 否□

8. 您平时使用何种阅读工具进行数字阅读？（多选）

A. 台式电脑□　B. 平板电脑(IPAD 等)□

C. 智能手机□　D. 手持阅读器□

9. 您进行数字阅读的途径有哪些？（多选）

A. 微博□　B. 微信公众号□

C. 微信朋友圈□　D. 电子图书 APP□

10. 您阅读是因为什么？

A. 组织要求□　B. 工作需要□　C. 个人兴趣□　D. 社会热点□

11. 您的理想阅读场所有哪些？（多选）

A. 图书馆□　B. 书店□　C. 办公室□　D. 家里□

12. 影响您阅读的最大障碍是什么？

A. 没时间□　B. 没兴趣□

C. 没有阅读环境□　D. 缺乏好书的获得渠道□

13. 您希望党校举办哪些读书活动？（多选，可补充）

A. 读书沙龙□　B. 读书征文□

C. 书展□　D. 数字阅读体验□

建议：

14. 您知道党校图书馆为您提供的这些服务吗？（多选）
　A. 报刊阅览，图书借阅□　　B. 推荐阅读书目□
　C. 安装手机移动图书馆□　　D. 学术论文检索□
15. 您想给大家推荐哪些书或数字资源？请不吝笔墨，非常感谢！

附表 4–2

调查数据一览表

一、总体（分班级）调查数据表

班级	年龄				行政级别			
	35 岁及以下	36—45 岁	46—55 岁	56 岁及以上	厅级及以上	处级	科级	其他
研究生班	238/65. 21%	118/32. 33%	9/2. 47%	0	0	25/6. 85	211/57. 81	129/35. 34
主体班	28/9. 46%	106/35. 81%	151/51. 01%	11	43/14. 43	187/62. 75	67/22. 48	1/0. 34
总　体	266/40. 24%	224/33. 89%	160/24. 21%	11/1. 66%	43/6. 49	212/31. 98	278/41. 93	130/19. 61

班级	学历					读书喜好			
	高中	专科	本科	研究生	博士	非常喜欢	喜欢	一般	不喜欢
研究生班	0	2	326	33	0	55/15. 07	229/62. 74	79/21. 64	2/0. 55
主体班	1	3	127	143	24	53/17. 79	198/66. 44	46/15. 44	1/0. 34
总　体	1	5	453	176	24	108/16. 29	427/64. 4	125/18. 85	3/0. 45

班级	阅读数量				阅读时间			
	0—5 本	6—10 本	11—15 本	15 本以上	0—5 小时	5—10 小时	10 小时以上	不定
研究生班	119/32. 6	170/46. 58	52/14. 25	24/6. 58	137/37. 53	145/39. 73	36/9. 86	47/12. 88
主体班	74/24. 83	145/48. 66	41/13. 76	38/12. 75	79/26. 6	139/46. 8	36/12. 12	43/14. 48
总　体	193/29. 11	315/47. 51	93/14. 03	62/9. 35	216/32. 63	284/42. 9	72/10. 88	90/13. 6

班级	阅读来源				阅读目的			
	单位发放	自己购买	图书馆借阅	赠阅	组织要求	工作需要	个人兴趣	社会热点
研究生班	147/25. 39	291/50. 26	112/19. 34	29/5. 01	47/7. 98	125/21. 22	314/53. 31	103/17. 49
主体班	189/32. 47	256/43. 99	83/14. 26	54/9. 28	80/12. 46	198/30. 84	267/41. 59	97/15. 11
总　体	336/28. 94	547/47. 11	195/16. 8	83/7. 15	127/10. 32	323/26. 24	581/47. 2	200/16. 25

班级	阅读主题						是否倾向数字阅读	
	新闻时政	传记历史	政治哲学	经济管理	文化艺术	保健养生	不倾向于	倾向于
研究生班	234/24. 48	238/24. 90	116/12. 13	109/11. 4	164/17. 15	95/9. 94	162/44. 38	203/55. 62
主体班	218/22. 76	212/22. 13	140/14. 61	152/15. 87	134/13. 99	102/10. 65	113/42. 32	154/57. 68
总　体	452/23. 62	450/23. 51	256/13. 38	261/13. 64	298/15. 57	197/10. 29	275/43. 51	357/56. 49

续表

班　级	阅读障碍				理想的阅读场所			
	没时间	没兴趣	没有阅读环境	缺乏好书的获得渠道	图书馆	书店	办公室	家里
研究生班	189/43.95	38/8.84	119/27.67	84/19.53	116/18.68	66/10.63	164/26.41	275/44.28
主体班	183/48.41	13/3.44	91/24.07	91/24.07	62/11.36	39/7.14	193/35.35	252/46.15
总　体	372/46.04	51/6.31	210/25.99	175/21.66	178/15.25	105/9.00	357/30.59	527/45.16

班　级	阅读载体			阅读工具			
	报纸杂志	纸质图书	网络手机	台式电脑	平板电脑	智能手机	手持阅读器
研究生班	217/29.81	228/31.32	283/38.87	107/18.45	124/21.38	288/49.66	61/10.52
主体班	212/31.04	227/33.24	244/35.72	145/30.79	67/14.23	221/46.92	38/8.07
总　体	429/30.4	455/32.25	527/37.35	252/23.98	191/18.17	509/48.43	99/9.42

班　级	了解图书馆提供的哪些服务				希望举办哪些活动			
	书刊借阅	阅读书目	移动图书馆	论文检索	读书沙龙	读书征文	书展	数字阅读体验
研究生班	246/35.4	179/25.76	152/21.87	118/16.98	151/27.50	48/8.74	203/36.98	147/26.78
主体班	265/31.07	233/27.32	205/24.03	150/17.58	146/33.41	51/11.67	148/33.87	92/21.05
总　体	511/33.01	412/26.61	357/23.06	268/17.31	297/30.12	99/10.04	351/35.6	239/24.24

二、不同年龄的调查数据表

年　龄	阅读数量				阅读时间			
	0—5 本	6—10 本	11—15 本	15 本以上	0—5 小时	5—10 小时	10 小时以上	不定
35 岁及以下	106	115	31	14	108	99	20	39
36—45 岁	50	118	32	24	67	105	28	24
46—55 岁	36	75	27	22	38	76	20	25
56 岁及以上	1	6	3	1	2	4	3	2
总　体	193	315	93	62	216	284	72	90

年　龄	阅读来源			阅读障碍				
	单位发放	自己购买	图书馆借阅	赠阅	没时间	没兴趣	没环境	缺乏渠道
35 岁及以下	111	216	72	18	132	26	57	95
36—45 岁	104	192	73	29	131	18	68	102
46—55 岁	111	127	45	31	101	7	46	94
56 岁及以上	9	10	4	4	7	0	3	6
总　体	336	547	195	83	372	51	210	175

续表

年龄	阅读主题						是否倾向数字阅读	
	新闻时政	传记历史	政治哲学	经济管理	文化艺术	保健养生	否	是
35 岁及以下	161	169	87	77	121	64	106	137
36—45 岁	153	155	88	102	106	61	91	126
46—55 岁	127	116	73	75	67	66	72	88
56 岁及以上	10	8	6	5	4	6	5	6
总　体	452	450	256	261	298	197	274	357

三、不同行政级别的阅读状况

级别	阅读数量				阅读时间				阅读来源				数字阅读	
	0—5 本	6—10 本	11—15 本	15 本以上	0—5 小时	5—10 小时	10 小时以上	不定	单位发放	自己购买	借阅	赠阅	否	是
厅级	10	15	10	8	9	20	8	5	28	36	15	10	16	27
处级	40	115	30	27	49	104	28	31	137	186	62	37	90	111
科级	94	133	37	14	102	117	25	34	128	220	74	28	120	138
其他	49	52	16	13	56	43	11	20	43	105	44	8	49	81
总体	193	315	93	62	216	284	72	90	336	547	195	83		

级别	阅读主题						阅读障碍				阅读工具			
	新闻时政	传记历史	政治哲学	经济管理	文化艺术	保健养生	没时间	没兴趣	没环境	缺乏渠道	台式	平板	手机	手持
厅级	35	29	23	19	20	16	28	0	7	10	27	11	31	7
处级	156	162	94	102	100	71	127	15	66	63	105	59	168	31
科级	187	181	100	98	117	76	152	17	95	76	85	70	212	42
其他	74	78	36	42	61	34	65	19	42	26	35	51	98	19
总体	452	450	256	261	298	197	372	51	210	175	172	191	509	99

四、不同年龄的学历和行政级别分布

年　龄	学　历				行政级别			
	高中与专科	本科	研究生	博士	厅级	处级	科级	其他
35 岁及以下	0	14	14	0	0	10	18	0
35—45 岁	0	37	61	8	1	70	35	0
45—55 岁	2	69	64	16	35	102	13	1
56 岁及以上	3	5	4	0	7	4	0	0

五、不同学历的行政级别分布

学　历	厅级	处级	科级	其他
高中与专科	1	1	2	0
本　科	15	74	38	0
研究生	20	96	27	0
博　士	7	16	0	1

注：本部分内容系江苏省哲学社会科学界联合会课题“江苏省干部阅读状况调查研究”（项目号16SYC—044）成果。

第三节　党校图书馆信息服务高质量发展策略

党校的主业主课是党的理论教育和党性教育，这也是一切教学科研工作的重心所在。党校图书馆工作也同样要围绕这个重心来展开。党校图书馆工作具体来说，是马克思主义理论和多种知识的储藏库，是以图书资料和数字信息资源等形式向教职员工提供理论武装和知识学习的重要平台，是为党校教学和科研提供资料信息保障与重要支撑的工作基础。简而言之，是教学的“大后方”，是科研的“大本营”，是智库建设的“大参谋”，是主业主课的“奠基石”。所以党校图书馆的工作模式应是以服务为根本，把“服务”摆在首要位置，服务好党校中心工作，服务好主业主课；服务好党校教师，做教学科研的耳目；服务好在校学员，当读书学习的助手；服务好科研人员，做智库建设的参谋。

党校图书馆信息服务高质量发展策略要围绕中心工作、党校教师、在校学员和科研人员来规划，要立足中央党校干部教育、理论建设、思想引领和决策咨询的职能定位，认真研究技术发展规律和知识创新规律，通过优化信息资源配置、加强信息化建设、开展信息素养教育、创新信息服务模式、提高信息服务能力、做好宣传与推广以及进行服务评估和改进等方面形成党校图书馆信息服务高质量发展的策略闭环。

一、优化信息资源配置

信息资源是信息服务之本，优化党校图书馆资源配置是提高党校图书馆信息服务水平的关键。优化资源配置虽然属于资源建设，但是也是信息服务结果的反馈，所以跟信息服务密不可分，互为补充。

（一）明确资源需求

通过调查问卷、访谈、馆藏分析以及读者借阅情况分析等方式，了解党校教研人员、学员领导干部和在校研究生对图书馆信息资源的不同需求。根据需求分析结果，制定相应的资源配置策略。

（二）优化纸质资源，丰富数字资源

定期对馆藏纸质资源进行利用率评价，根据使用频率和需求，调整纸质资源采购计划，发挥党校优势，彰显“马”字号、“党”字号特色，适当增加热门领域和前沿领域的图书、期刊、报纸等，满足读者需求。采购品种齐备的数字资源，如电子图书、电子报刊、网络数据库等，增加资源种类和数量，定期评估数字资源利用率，及时调整采购策略。

（三）持续建设特色资源

根据党校的特色和需求，持续建设特色资源库。当前全国省市级党校图书馆中的大多数都参加了中央党校图书与文化馆牵头的“三大文库”和“四大专题库”，大多建有党史类、地情类特色数据库，这是党校系统图书馆的宝贵财富，具有独特的价值，要持续投入，建大做强。

二、加强信息化建设

利用现代信息技术，加强党校图书馆信息化建设，可以有效提高信息服务的效率和质量。

（一）建设功能强大的党校图书馆网站

设计易于使用的党校图书馆网站，提供丰富的数字资源、在线服务等功能。网站应具备良好的兼容性，支持多种设备访问。党校图书馆的网站一般依托党校门户网站建设，在建设过程中要特别注意跟建站人员沟通，提出符合图书馆需要的建设意见，实现图书馆的信息服务功能。

（二）打造移动应用程序，开发个性化推荐服务

通过数据库商的定制化服务，打造适合本馆的功能丰富的移动应用程序，如移动图书馆、微信图书馆，读者可以随时随地访问图书馆资源、获取信息、预约图书等。利用社交媒体平台，如微信公众号、微博等，发布图书馆资讯、推广活动、互动交流。运用大数据、人工智能等技术，根据读者的阅读历史、兴趣偏好等，生成读者画像，为读者提供个性化阅读推荐服务。

（三）完善信息化硬件设施和应用系统

新一代图书馆集成管理系统的应用离不开整个党校完备的信息化硬件设施和应用系统。近年来各级党校继续加大对信息化建设的投入力度。在基础设施建设方面，大多数党校先后完成了主干万兆、节点上万的校园网升级改造工程，远程教学网的播发平台和机顶盒的技术升级改造工程，情景模拟教学实验室的建设，

并分批对教室的电教设备进行了改造升级，完成了校园无线覆盖工程等。在应用系统建设方面，各级党校信息发布系统全面进行了改造升级，重点建设了以整合党校资源、建设马克思主义网络阵地的党校外网，以服务学员和教职工为目的的党校内网；网上教学评估系统正式运行，学员可以在校园的任何地方使用无线终端进行评价打分，教务和科研管理系统建设也在稳步推进。各部门的信息化应用水平有了明显提升，较好地发挥了党校信息化的教辅、宣传、管理、服务等功能，明显提高了党校管理服务的质量和效率。不少党校都围绕智慧校园建设加大了信息化基础设施设备的投入，加强了应用系统的建设和使用。

（四）建设智慧图书馆

图书馆的发展进程历经了传统纸质书籍、物理图书馆、复合图书馆、数字图书馆以及移动图书馆五个转变时期。伴随互联网技术和人工智能的高速发展，图书馆的未来发展趋势必然面向智慧图书馆，其最终将会取代物理图书馆、数字图书馆等类型成为未来图书馆发展的主体。智慧图书馆是由人工智能技术、智慧图书馆管理员以及图书馆业务和管理三个部分组成，三个组成部分相互作用、相辅相成。智慧图书馆的核心组成就是智慧服务，智慧服务必须具备服务场所泛在化、空间虚拟化、手段智能化、内容知识化、体验满意化等特性。

2017 年 3 月召开的“智慧图书馆从理论到实践”的学术研讨会上，《图书情报工作》杂志社社长初景利指出，智慧图书馆是数字图书馆、第三代图书馆及新型图书馆发展的核心内涵，是未来图书馆的最高形态与主导模式，也是图书馆的新定位、新形象、新能力。我国图书馆学界虽然对智慧图书馆的界定尚未统一，但对它的理解已经达成了共识：在现有数字化图书馆发展的基础上，遵循“互联网+思想”的指导，利用 RFID、云计算、大数据、人工智能技术，满足读者日益增长的信息需求和高度个性化的感知体验的“以人为本”智慧服务，具有泛在性、无边界性及感知性。

智慧图书馆还是一个新生事物，国内诸多学者的关注度和研究不断加强，超星、科晶、维普、联创和万方等企业从智慧图书馆解决方案与平台建设方面进行了尝试，但总体来讲智慧图书馆仍处于研究和探索阶段，还没有形成对智慧图书馆的完整认识和借鉴的最佳范例。因此，未来还要各方共同努力，更多地讨论、交流、学习和借鉴。将智能化作为技术手段，通过自我开发、合作开发、技术引进相结合等途径，将智能技术更多地应用到图书馆中，将智能管理与智慧服务作为应用目标，推动智慧图书馆目标的最终实现。

三、开展信息素养教育

党校图书馆要通过开设课程、讲座、培训等活动，提高学工人员、党员领导干部的信息素养，帮助他们掌握信息检索、筛选、评价等技能，提高自主学习能力。开展高质量的信息素养教育对于提高读者获取和利用信息的能力具有重要意义，也是图书馆信息服务能力的体现。

（一）多元化的教育方式

针对党校读者的不同群体采用不同的教育培训方式，编写适合不同读者群体的教材，内容应涵盖信息检索、信息评估、信息利用等方面。综合运用案例分析、角色扮演等教学方法，采用授课、讲座、研讨会、实践操作等教学手段，运用思维导图、概念图等信息技术工具，辅助教学，提高教学效果提高读者的学习兴趣和参与度。

（二）培养终身学习意识

根据时代发展和读者需求，不断优化信息素养教育方案，通过开展信息素养教育帮助读者培养终身学习的意识。具体来说，党校图书馆可以通过展览、讲座、宣传资料等方式，宣传终身学习的重要性，让学工人员了解终身学习的意义和方法。利用移动应用、在线课程、虚拟现实等数字化技术，整合和提供丰富的多元化学习资源，满足读者多样化的学习需求。举办读书会、主题讲座、学术论坛、技能培训等学习活动，激发学习兴趣，帮助他们找到适合自己的学习方式和内容。还可以通过读者画像了解读者的学习需求和习惯，提供个性化的学习建议、资源和服务，如订制阅读清单、学习计划等。设立学习奖励计划，如阅读挑战、学习竞赛等，鼓励读者坚持学习，养成终身学习的习惯。

（三）开展干部阅读推广活动

阅读是个人思想境界的提升，更是组织和社会智力素质的提高。在培养和发展党员干部队伍中，进行干部阅读推广具有深远的意义，不仅有助于个体的全面发展，更能为组织的创新发展和社会进步提供强大的智力支持。通过阅读推广，可以引导干部广泛涉猎各类知识，拓展思维广度，提升对世界、国家、社会、组织的全局观念。丰富的阅读经历有助于干部更好地把握社会脉搏，增强应对复杂问题的能力。提升干部的综合素质、加强干部的业务水平、培养干部的创新意识、提高干部的沟通表达能力、促进干部的团队协作意识。此外，干部阅读推广是培养良好的党风政风的重要手段，充实的阅读经历不仅让党员干部在工作中更加得心应手，在社会上也能展现出高尚的文明素养，树立良好的社会形象，为党组织赢得更多的尊重和支持。

中央党校图书与文化馆一直非常重视领导干部阅读推广工作，在领导干部和读者广泛讨论的基础上，由全国著名专家学者组成的“领导干部读书活动”专家委员会充分酝酿评选，分批推荐评选“领导干部必读书”和适合领导干部阅读的

“年度好书”。不定期举办领导干部读书沙龙，结合专家推荐的图书，就某一图书或某一主题开展讨论，邀请党校学员、教员和其他领导干部参加，邀请校内外知名专家主讲。干部阅读推广不仅是个体素质提升的需要，更是组织和国家发展的需要。通过不断推进阅读推广工作，可以培养更多具有国际眼光、创新精神、高尚品德的优秀党员干部，为党和国家的长远发展提供强有力的智力支持。

四、创新信息服务模式

信息服务创新模式是为了满足读者不断变化的需求，探索新的信息服务模式，如联合办馆、馆企合作、跨馆合作等，通过与其他信息服务机构建立合作关系，共享资源，拓展服务范围。提高服务质量和效率。

（一）联合办馆模式

1. 内部合作，建设“命运共同体”

图书馆是教学辅助部门，为党校（行政学院）的理论教育和党性教育主业主课提供教学资源保障，为全校学工人员提供科学研究、兴趣阅读、自我提升的场所和资源。图书馆要发挥学科馆员的作用，主动跟教研部联络，融入党校课堂教学，择机参与教研部的科研课题组，为他们提供最新、最全、精准的参考资源，在科研成果出来后提供论文相似性检测等信息服务。图书馆还要加强与科研处、学员处以及研究生处等部门的联系，举办阅读推广、支部共建等活动，创造合作机会，实现共同发展。同时还要积极推进全国党校（行政学院）图书馆之间的合作，发挥党校系统优势。

2. 外部合作，建立战略伙伴关系

习近平总书记一再强调，合作共赢才能办大事、办好事、办长久之事。对图书馆而言，只有以合作求共赢，才能实现成功转型。与多个图书馆或信息服务机构共同合作，共享资源、技术、经验等，共同提供创新性信息服务。例如，图书馆与科研机构合作，为科研人员提供专业的学科服务提供更丰富的服务。与优秀的资源提供企业进行馆企合作，整合资源，提供创新性信息服务。例如，与文创企业合作，开发党校图书馆主题的文创产品；在移动应用中嵌入图书馆资源，方便用户随时查阅。跟档案馆、博物馆、纪念馆、方志馆建立馆馆合作关系，互通有无，相互借鉴。

中央党校（国家行政学院）图书与文化馆与国家图书馆、中国社会科学院图书馆（调查与数据信息中心）、上海图书馆以及北京大学图书馆等国内知名综合图书馆，签订战略联盟，优势互补、特色互鉴、协同共享，加强馆际合作与交流。同时，还与一些实力雄厚、优势明显、服务优良的出版社、技术公司合作，以他们在资源、技术、人力等方面的优势，借力提升党校（行政学院）图书馆的服务能力与水平，推动转型发展。各级党校图书馆应因地制宜学习和实践成功经验。

（二）建设流动图书馆

流动图书馆是一种将图书馆服务带到读者身边的创新服务模式，通过移动的图书馆车辆或临时设置的流动服务点，为社区、学校、企事业单位等不便前往传统图书馆的群体提供图书借阅、阅读推广、文化活动等服务。有的党校面积很大，有多个校区，可以使用流动图书馆这种比较新颖的做法，建设不同主题的流动图书馆，比如红色主题流动图书馆、地方特色文献图书馆等，在不同校区之间流动。流动图书馆携带丰富的图书、期刊、报纸等阅读材料，读者可以在流动图书馆车辆或服务点进行借阅。流动图书馆有两种形式，一种是专门设计的移动图书馆车辆，车辆内部配备书架、阅读区域、借还书台等设施，能够方便地停靠在各类服务点；另一种是临时设置服务点，在特定的时间和地点，搭建临时的流动服务点，通过帐篷、摊位等形式，提供临时的图书借阅和文化活动服务。

采用流动图书馆服务这种新颖的形式，图书馆可以通过提供专题文献资料、举办阅读活动等激发党校各层次读者人群的阅读意识和兴趣，促进党校阅读文化的发展，建设书香校园。在条件成熟的时候，还可以走出校园，走进社区，宣传党的大政方针政策，尤其是在配合主题教育上可以发挥很大的宣传作用，从而扩大党校影响力，促进社会进步，产生积极的社会效益。有条件的党校图书馆可以充分发挥系统功能，在下级党校图书馆或者对口的社区建设分馆，还可以在教研部、学员宿舍、行政楼等建设主题书架，缓解馆藏压力的同时满足读者的个性化需求

（三）拥抱智慧图书馆，开启智慧服务模式

新一代智慧图书馆渐露真容，党校图书馆要主动调研，积极融入智慧图书馆的建设中去，要研究掌握新平台、新系统，对本馆的资源进行一体化管理，形成资源服务生态链条。在此过程中，应紧跟行业发展前沿，吸取高校图书馆、公共图书馆在业务管理方面的成功经验，为己所用。积极参加高校数字资源联盟如 CALIS、JALIS、CADAL 等业内知名的资源购买与服务团体，共享联盟联采价格的同时，采用联合共建的方式开发本馆的特色资源。利用人工智能技术，如自然语言处理、机器学习等，提高信息服务的智能化水平。例如，开发智能助手，为用户提供咨询、推荐等服务。开放部分服务流程和资源，允许用户参与信息服务创新。例如，开放 API（应用程序接口），允许第三方开发者调用图书馆资源。

五、提高信息服务能力

提高信息服务能力是提高服务质量和满足读者需求的关键。加强图书馆馆员

队伍建设，提高馆员的业务素质和服务水平。定期组织培训，鼓励馆员学习新知识、新技术，提高服务能力。

（一）改进图书馆服务方式方法

图书馆的服务方式基本上是到馆服务、封闭式服务。随着信息化技术、网络技术、移动终端设备的普及和发展，图书馆应该改变现有服务模式，变封闭为开放式服务，增强信息化服务手段，建立图书馆在校园网和互联网上的服务体系，利用互联网搭建数字资源共建共享平台，变革信息传递与知识服务方式，提供全方位的数字化服务。充分利用新媒体技术，根据条件逐步推出移动客户端、新媒体平台公众服务号等手段，为读者提供随时随地的服务，鼓励读者参与服务改进，建立读者满意度调查机制。分析读者行为和数据，优化服务流程，提高服务效率。例如，实施在线预约、自助服务等，减少读者等待时间。同时增强图书馆馆员的服务意识，关注教研人员需求，提供个性化、差异化的信息服务，讲究服务风格，提高服务水平，成为党校教职员工学习和科研的有力助手。

（二）开展学科化服务

主动嵌入教学、科研的过程，逐步开展学科化服务，基于资源重组和知识组织开展跟班定题、参考咨询、文献二次加工等多种信息服务。另外，还要主动了解学员的学习与研究需求，提供以专业化、个性化为基础的文献服务。紧密跟踪理论前沿，针对重大现实问题，做好专题文献的初步研究与梳理整合，提供有深度的研究参考资料。充分利用大数据手段，对舆情热点问题进行采集和分析，为党政领导科学决策提供信息服务，为引导正能量网络舆论提供有效手段和专业的参考咨询服务。

图书馆学科服务的服务质量和水平是现代图书馆核心竞争力的一个重要指标。学科服务的三要素是学科需求读者—知识资源—学科馆员，学科服务过程围绕三个点，或三个点中的任何两个点之间展开的。在新业态环境下，党校图书馆可以规划部署学科服务平台的建设与服务。进一步大力开展虚拟学科服务，优化人与机器系统内的关联，技术必须和服务有机结合，强化其应用性。实现图书馆馆藏、学科馆员和读者资源共享的协作式服务，使读者的学科需求行为不受地域、时间的限制，能够通过远程技术得到实时的解答。

（三）加强队伍建设，完善管理制度

队伍建设是事业成功的基石，馆员素质以及服务能力和水平是关系图书馆工作成败的决定性因素。党校图书馆事业发展离不开一批讲政治、懂业务、能奉献、勤服务的专业馆员队伍。同时，作为文化部门的图书馆，应努力营造倡导学习、崇尚知识、鼓励创新的文化氛围，激发馆员的积极性、创造性与能动性，营

造想干事、能干事、干成事、不出事的干事创业氛围。

1. 制定合理的政策和制度

改变传统唯学历至上的状况，注重学历之外的继续教育，建立绩效考核、竞争上岗、经济奖励以及晋升职业资格等激励机制，激发馆员的学习热情，提高图书馆馆员整体素质。各党校图书馆要有组织、有目的地对全体图书馆馆员分批次进行对应的继续教育，各高校图书馆应根据成员需求制订相应的教育计划和教育形式，让所有人都能得到提升自身水平的机会。制定完善的信息服务制度，包括服务流程、质量控制、读者反馈等，确保信息服务规范化、标准化。要重视图书馆和信息化建设队伍的合理配置，要在补充新生力量特别是数字图书馆建设和信息资源建设急需专业人才方面给予适当的政策倾斜。

2. 以人为本做好继续教育

党校图书馆工作要以图书馆馆员为核心，图书馆领导要重视继续教育，“以人为本”，在政策和经费上尽量支持，尊重馆员学习的积极性，鼓励他们重视自身提高，适应学习型社会的需要，以继续教育来支持图书馆事业的可持续发展。同时也要实行能者上、庸者下的管理制度，让每位馆员都有实现自身价值的满足感，同时也要时刻有职业危机感，建立一支年龄、学历、职称配置合理的积极向上的人才队伍。

3. 提升馆员素质，开展丰富多样的教育活动

以需求为导向、以读者为中心的图书信息服务，需要有一定学科背景、学术能力的学科馆员，为资源找读者，为读者发现资源、挖掘资源，在资源与读者之间架设桥梁。党校图书馆要引进高素质人才，优化人员结构，同时根据在职馆员情况开展丰富多样的教育活动，综合考虑岗位、学历层次、入职年限等因素，采用在职培训、内部轮岗交流学习、外派交换等方式，安排和鼓励馆员参加图书馆行业相关技能培训、专题讲座、进修班、研讨会等，提高业务水平和服务技能。

六、发挥图书馆在党校智库建设中的作用

《中共中央关于加强和改进新形势下党校工作的意见》第十五条“积极推进新型智库建设。中央党校和省(自治区、直辖市)委党校要聚焦党和国家中心工作、党委和政府重大决策部署、社会热点难点问题进行深入研究，及时向中央和地方各级党委反映重要思想理论动态、提出有价值的对策建议。建立和完善符合党校智库运行特点的经费管理使用机制，加强智库成果在决策中的转化应用。创新党校学员参与决策咨询机制。建立全国党校系统智库建设协作机制，确立决策咨询模式和智库成员管理模式，提高决策咨询服务水平。加强党校系统与行政学院系统、高等学校系统、科研院所系统的智库交流与合作，构建协同创新的新模式新

机制。”明确要求中央党校和省区市级党校要推进新型智库建设，这为新时代党校智库建设指明了方向。

智库建设是推进国家治理体系和治理能力现代化，促进党政部门决策科学化的必然要求。智库研究通常需要多样化的资源来支持其工作，这些资源包括但不限于专业人才、学术文献、政策文件、统计数据和信息、信息技术工具、经费支持、媒体资源等，不同类型的智库根据其研究重点和目标的不同，资源的选择和利用也会有差异。可以看到与图书馆相关的内容占了大部分，当前，党校智库作为中国特色新型智库的重要组成部分，肩负着党中央赋予的重大政治使命。党校图书馆作为一个巨大的信息资源总库，应当充分利用好自身现有资源，以为党校智库建设提供系统、权威、高效、便捷的数据资料为己任，打好党校智库建设的坚实基础，同时提升党校图书馆的服务水平和服务质量。

（一）信息资源建设紧扣智库需求

智库研究涉及多个领域，包括政治、经济、法律、管理、科学、技术、人文、社会科学等，其信息需求具有多元性、实时性和专业性的特点。图书馆要围绕智库研究需求采购和订阅相关领域的经典著作、报刊资料和研究报告等信息资源，为智库研究人员提供全方位、多元化的知识支持。同时要紧跟最新的学术和行业发展，及时更新研究报告，提供实时服务。还要根据需要，依托专业领域的智力资源，提供更深入的信息，满足智库研究人员对高水平知识的需求。

（二）“自建+外引”建设嵌入式智库服务团队

图书馆要注意培养与智库建设的相关学科馆员队伍，构建跨学科专业团队，涵盖政治、经济、法律等多个领域的专业人才，适应智库建设多样化的学科需求。与行业专家、学术领袖建立合作关系，引入外部优质资源。这不仅能够为嵌入式智库提供更深入、更专业的学术支持，还能够加强党校图书馆与外部智库的合作。

（三）建设智库资源检索平台

搭建智能图书馆系统，实现自动化的图书管理、借阅服务，并结合读者反馈与借阅记录进行个性化推荐。这有助于提高图书利用率，为智库服务提供数据基础。当前国内外都已经有成功的案例，国外的有加利福尼亚大学图书馆智库服务平台，整合了校内外的专业研究力量，为学校师生提供丰富的高水平知识资源。该智库服务平台采用先进的信息技术，包括数据挖掘、人工智能等，实现了对研究报告、学术论文、科技成果等大量信息的快速检索和智能推荐。通过该平台，师生可以轻松获取跨学科的研究成果，开展前沿课题研究，提升学术水平。加利福尼亚大学图书馆还在平台上推动了一系列学术活动，包括学术讲座、研讨会等，促进了学术交流与合作。国内的有中国国家图书馆智库服务中心，是一个以国家级智库建设为目标的平台。该中心通过整合全国各大图书馆、研究机构的智库资源，建立了一个覆盖多个领域的国家级智库服务网络。其特点在于对多领域、多层次的信息资源进行深度整合，形成了一个完整的智力库存。通过高效的信息检索系统，读者可以在平台上获得最新的政策研究、学术报告、法律法规等信息。

（四）发挥系统优势，加强党校图书馆系统资源合作

在围绕党校教学、科研的数字资源建设中，首先是加强建立收集马克思主义基础理论与中国发展现实相结合的创新理论体系；其次是收集党校学员从实际工作中遇到并需要解决的难点问题的解决思路和方案；再次是收集校内教师关于聚焦重大问题，更好服务中央决策的相关论文资料。在收集学员成果和教师的讲稿、课件、重大课题研究成果的过程中，需要跟学员处、教务处、研究生处、信息中心和各教研部等相关部门在信息开发、信息互动、信息数字化工程中加强合作和联系，避免重复加工。特别是关于党校学员论文、论点、学习方法、体会等相关资料的收集中，收集整合建好党校学员理论学习体会收获思想库，为党校建立高水平高质量智库提供信息和文献保障，为党校自身建设和今后发展做好相应专题资料库。

在校园内展开多层次知识服务推送平台，加强文化校园和书香校园建设。并着眼于广大党员干部文化修养的提高，拓展和延伸图书馆的文化服务功能。除了举办文化展演活动外，还应该积极举办系列研讨会、各种专题讲座、论坛、报告、展览、咨询和培训等一系列丰富多彩的活动，丰富校园文化生活，营造浓厚的文化氛围，提高党员干部的文化涵养与党性修养。

为了提高图书馆服务质量，还要不断提升图书馆馆员本身的素质。既要引进专业人才，也要注重对已有人员的培训，不断完善考核机制，建成一支服务到位、技术过硬、爱岗敬业的专业人员队伍。总之，图书馆要从多方面、全方位展开创新，发挥好党校智库建设中的基石作用。

综上所述，党校图书馆应充分利用自身的丰富资源优势，抓住智库大发展的机遇，创新服务理念和手段，将智库引入图书馆服务，通过多渠道提升信息资源建设水平，拓展服务领域，增强为智库服务的能力，增加在未来职业发展中的胜任力，实现与读者的共赢。

第五章　党校图书馆文化建设高质量发展策略

根据《中共中央办公厅关于印发〈中共中央党校（国家行政学院）职能配置、内设机构和人员编制规定〉的通知》的规定，原中央党校图书馆、国家行政学院图书馆合并组建新的中共中央党校（国家行政学院）图书和文化馆，负责图书文献、信息的采集、整理和开发，提供信息服务；管理中央党校（国家行政学院）及党校（行政学院）数字图书馆信息资源和网络系统；负责组织面向学员的文化交流和文艺展演活动。中央党校图书与文化馆是全国党校系统首个改名的图书馆，自2010年举办文化展演活动以来已策划组织了百余场文艺演出。图书馆坚持把繁荣学工人员文化生活作为校园文化建设的突破口，以精品文艺演出、文化展览活动为龙头，以开辟校园文化阵地为牵引，把精品艺术引进校园，形成独具特色的校园文化品牌，为服务党校主业主课，打造党性教育第二课堂，丰富校园文化生活等发挥了积极作用。可见，除了传统图书文献、数字图书信息资源服务外，更加突显了图书馆的文化功能。

要实现党校事业高质量发展，不仅要有好的教师、好的学生，还要有一座高质量发展的图书馆。对此，需要有与之相匹配的图书馆馆舍、硬件设施，以及图书馆馆员。由此，促成了党校图书馆成为党校校园文化的标志性象征物之一。党校图书馆是党校校园文化建设的主要参与者，承担着传承文明、传播文化、提高党校学工人员综合素养的重要职责。一方面，丰富的馆藏资源对人类文化的传承起着不可估量的作用；另一方面，图书馆也是校园文化的活动中心，通过举办读书活动、学术沙龙、名家讲座、书画展览、音乐欣赏、电影展映等活动，提升学员的人文素养，彰显图书馆的文化品位，打造校园文化品牌。党校图书馆文化建设对于展现党校的文化价值，增强党校的学术氛围，继承党校历史都具有很大的作用。

党校图书馆文化高质量发展的实质是要重构党校图书馆文化中的精神文化，突破与党校图书馆管理实际脱节的僵化的文化理念和观点的束缚，使党校图书馆和员工的精神能量得到充分释放和发挥，充分发挥党校图书馆文化的功能，发挥党校校园文化建设的重要作用。

第一节　党校图书馆文化建设体系

党校图书馆文化建设，是指以“党校姓党”作为根本遵循，为了使党校图书馆的发展与党校事业相匹配，根据本身的性质和特点形成体现党校图书馆共同价值观的党校图书馆文化，并不断以提高党校图书馆文化绩效为目标进行党校图书馆文化的创新和发展的活动与过程。党校图书馆文化建设体系主要包括文化建设的特性、任务、内容等方面。构建一个内容丰富、特色鲜明的党校图书馆文化建设体系，为党校的教学、科研和决策咨询工作提供强大的精神动力，推动党校事业的可持续发展。

一、图书馆文化的内涵及功能

（一）文化的内涵与特征

文化的内涵十分丰富，不同领域的人对文化有着各不相同的界定。尽管许多学者一直试图从各自所学学科的角度界定文化的概念，然而迄今为止，仍没有获得统一的概念。

关于文化的概念，可大致分为狭义文化和广义文化两种。狭义文化的早期经典学说，表明文化是一个复杂的整体，这个整体包括知识、信仰、艺术、道德、法律、习俗和任何人作为社会成员而获得的能力和习惯。1871 年，英国文化学家泰勒在其经典著作《原始文化》一书中指出："文化或文明，就其广泛的民族学意义来说，是包括全部的知识、信仰、艺术、道德、法律、风俗以及作为社会成员的人所掌握和接受的任何其他的才能和习惯的复合体。"而广义的文化，则指社会和个人在历史上一定的发展水平，它表现为人们进行生活和活动的种种类型和形式，以及人们创造的物质和精神财富。这一概念被收录于 1973 年版的《苏联大百科全书》。由此可见，狭义的文化将文化界定为意识形态里形成的文化，广义的文化则包含了人类社会的全部遗产和社会生活的全部领域。文化的内容包括物质文化、精神文化及行为文化。文化主要有以下几个方面的特征：

1. 文化具有象征性

象征性指文化现象总是具有广泛的意义，人们生活于象征性的社会之中，衣、食、住、行都具有象征性。人的一生，在很大程度上就是学习文化象征性的过程，这是由于文化的象征性充斥于全部的社会活动和社会秩序之中，人类社会的发展也体现为文化象征性的发展。因此文化的意义远远超出文化现象所直接表现的那个狭小的范围，文化具有广泛的象征性。

2. 文化具有传递性

传递性是指文化一经产生就要被他人模仿、效法、利用。传递可以从两个方面实现：纵向传递和横向传递。纵向传递指人们通过多种方式将文化一代一代地传下去，这种传递在社会学上又称为"社会化"。横向传递指文化在不同地域、民族之间的传播。各种文化交流和融合极大地促进了各民族社会的不断发展。

3. 文化的变迁性

通常认为，文化的状态不是静止不动的，而是时刻处于复杂变化之中。大规模文化变迁的发生，可归结于三种因素：

（1）自然条件的变化。包括气候变化、自然灾害、资源匮乏、人口变迁。

（2）不同文化之间的接触。包括不同国家、民族在技术、生活方式、价值观等方面的接触和交流。

（3）发明与发现。各种技术的发明、创造，导致人类社会文化的巨大变迁。

（二）图书馆文化的含义及特点

图书馆文化是一种客观存在的文化现象。从广义上看，是指图书馆在办馆过程中创造的物质财富和精神财富的总和，包括物质、制度和精神三个层次。图书馆文化是一个有层次结构的理论体系，是以精神文化为核心，伴之以制度文化、物质文化而构成的整体。

1. 物质文化

图书馆文化的第一个层次就是物质文化，它处于图书馆文化的表层部分，具体表现为图书馆建筑、设施、环境布局、绿化、美化、园林艺术、厅堂装饰、书架排列及文献排放等等。图书馆物质文化是精神文化的外在表现形式，人们往往先从这些物质文化形态上看出图书馆的精神面貌。图书馆的物质文化有三个显著特点：

（1）强烈的时代感。图书馆物质文化的发展水平最终取决于社会生产力的发展水平。社会不同历史时期，人们创造的物质文化当然要符合当时生产力的发展水平，图书馆也不例外。不同时代建造的图书馆，单从建筑及厅堂设施来看就各具特色，这就是与建造时代相同的物质文化特征。

（2）外显性特点。图书馆的物质文化常常是可以观察得到、触摸得到和感受得到的，它处于图书馆文化体系中的表层部分，属于图书馆硬文化，有很强的外显性。

（3）发展性特点。在很大的程度上，图书馆的大部分硬件文化是在建馆之初已经设计好的，如图书馆建筑的外形及内部结构、图书馆的厅堂装饰等，但是随着时代的发展、社会的进步，图书馆的一些物质文化也在悄然改变原来的面貌，跟随时代的发展而进步。

2. 制度文化

图书馆文化的第二个层次是制度文化，它属于图书馆文化的中间层，包括图书馆领导体制、人际关系及其开展正常服务活动制定的规章制度和实行这些规章制度的各种物质载体的机构设置等。图书馆制度文化的特点有三个方面：

（1）保障性特点。整个图书馆精神的发扬、目标的实现、道德风尚的确立、民主的形成、环境的建设维护、员工风貌的保持等，都需要制度文化的保障。否则图书馆的文化建立将成为一句空话，甚至连开馆运行都会成为问题。

（2）中介性特点。制度文化是图书馆精神文化和物质文化的中介，图书馆的精神文化通过图书馆的制度转化到物质文化层。

（3）制度文化的时代性特征。制度文化的形成是一个不断修正、创新的过程，随着时代的发展，图书馆的制度文化也在不断完善，并具有明显的时代特征。例如现代图书馆的人文关怀、人本主义理念就在制度文化中体现出来。

因此，图书馆要经常根据事业的发展、理念的进步、工作要求的变化及时修订，更新规章制度，使之跟上时代的步伐。其实，图书馆的规章制度也是一种文化。图书馆的组织文化可以从图书馆的规章制度中显现出来，传导给馆员和读者。同时，通过规章制度把图书馆的理念、宗旨、准则加以具体化、清晰化、明确化，约束组织成员的行为方式，促进组织成员按照组织要求养成行为习惯。

3. 精神文化

图书馆文化的第三个层次是精神文化。它处于图书馆文化的核心层，包括用以指导图书馆开展服务活动的各种行为规范和价值观念，图书馆的群体意识和员工素质等。图书馆的精神文化特点也有三个方面：

（1）不同的图书馆，精神文化特点各不相同。这是由于每个馆都有自身的物质基础和文化氛围。不同的图书馆领导者也各有不同的价值观和性格特点，崇尚不同的伦理道德，倡导不同的图书馆精神。每一个图书馆的精神文化，都具有自身的内容和形式。

（2）图书馆文化是时代性和历史性的统一。由于图书馆文化是一代又一代的图书馆人长期积累的结果，是历史沉淀的结晶，反映图书馆发展的历史进程，具有历史性。

（3）图书馆文化必须紧跟时代的脉搏，科学技术的发展，满足现代社会不断增长的信息需求，能满足当代主流用户群体的个性化信息需求，具有时代性。

（三）图书馆文化功能

首先，形成和促进行业的发展。图书馆的人、事、物都烙上图书馆特色，而图书馆工作标准的实施，“约法三章”的设置规范了图书馆的运行，使图书馆运行有序化，每一个到图书馆的读者均会受到这种文化的影响，虽然影响的程度不同，但这也是图书馆行业存在和发展的基础；其次，图书馆在长期的工作中，通过积累和实践形成独特的图书馆阅读氛围和环境，有很强的稳定性。这种独特的文化气质会对每一个读者产生影响。会使图书馆成为一个独一无二的“图书馆”，并内化为一种精神——图书馆精神，赋予人们学习和求知的勇气，是书香文墨的圣地，是合作共享、平等开放、服务于人的精神，是辛勤耕耘、甘当人梯的境界。图书馆的工作标准和规章制度对图书馆工作人员具有约束作用，使他们的职业行为有标准可依、有章可循，体现一种规范的职业道德：以人为本、尊重读者、爱岗敬业。同时，图书馆的规章制度对读者也有约束作用。例如要求读者进入图书馆时，衣冠要整洁，不能大声喧哗，不能吸烟，要讲文明，行为举止要有礼貌。

二、党校图书馆文化建设的特性

有学者充满诗意地描述过图书馆的文化功能：“图书馆，是塑造人类心智的力量，是城市与乡村的文化心脏，是浮躁生活中的宁静港湾，是读书人灵魂的天堂。”无论在古代还是今天，无论在城市还是乡村，图书馆都是一种文化的象征。图书馆作为文化的载体，与校园文化建设有着密不可分的关系。图书馆文化是指图书馆这一特定文化教育机构具有的文化特质以及影响力，文化对于图书馆的生存与发展具有深刻的影响。党校图书馆文化作为党校文化建设的重要组成部分，具有以下特性：

（一）政治性

党校图书馆文化具有鲜明的政治性，主要体现在宣传党和国家的大政方针、马克思主义理论、习近平新时代中国特色社会主义思想理论体系，建设“互联网上的马克思主义阵地”，致力于提高学员的政治觉悟、理论水平和道德修养，以及为党校“为党育才 为党献策”的事业发展提供资源保障。这点是跟党校图书馆信息资源建设息息相关的，也是党校图书馆的地位和职能决定的。

（二）教育性

党校图书馆文化强调教育性，通过丰富的资源、多样的服务和便捷的平台，为学员提供良好的学习环境和研讨空间。通过打造红色文化展览资源、红色主题教室等嵌入党性教育，提高学员的政治素质。根据党校学员特点，开展与书籍相关的文化活动。党校图书馆除针对学员需求为其提供所需专题资料外，通过开展诸如新书推荐、名家荐书、学术讲堂、读书沙龙、读书征文等活动，助推学员的读书活动，形成一种多读书、爱学习、勤思考的良好学风。

（三）文化性

党校图书馆是党校各种信息资源的集中地，承担着收集知识并传播知识的职责，被赋予了文化的含义。党校图书馆文化具有文化性，通过举办新书推荐、名著欣赏、读书征文等活动，在校园之内、课堂之外营造浓厚的学习氛围，使读者在获取知识的同时，能够获得人生的启迪、心灵的净化、情感的慰藉；通过弘扬优秀传统文化、宣传党的创新理论提升党校文化氛围，为学员提供丰富的精神食粮。通过改善环境，发挥公共空间作用，增强党校图书馆文化娱乐休闲功能，使学员在较为轻松愉快的氛围中进行阅读；通过举办交响乐、民乐欣赏音乐会，承办话剧、舞剧、京剧、越剧、汉剧、闽剧等各类剧种的演出，活跃党校的校园文化生活，有益于学工人员文化修养与文化品位的提升。

（四）创新性

党校图书馆文化注重创新性，吸收国内外优秀文化成果，借鉴国内外优秀图书馆的服务模式，利用现代信息技术，提高图书馆服务水平。校园文化建设中开展的各项活动，都需要图书馆提供相应的或历史的、或现实的、或纸质资料、或网络信息等方面的服务，这些服务促使图书馆不断开展新的业务工作，创新服务方式，以更好地满足校园文化建设的需要。

三、党校图书馆文化建设的任务和目标

（一）传播马克思主义理论，支持党的事业发展

党校图书馆作为马克思主义理论教育的重要阵地，应当搜集、整理和提供有关马克思主义经典著作、研究成果、学习资料等，建立完善的马克思主义理论资源体系，以帮助学员深入学习和理解马克思主义理论。通过定期举办马克思主义理论专题展览，展示马克思主义发展历程、重要人物、重大事件等，帮助学员直观地了解马克思主义理论。通过与党校教师合作，利用数字化技术，开发马克思主义理论教学资源，如建设相关特色专题数据库。

（二）弘扬中华优秀传统文化，坚定文化自信

习近平总书记在多个不同场合都反复强调："中华优秀传统文化是我们在世界文化激荡中站稳脚跟的根基，要深入挖掘和阐发中华优秀传统文化的时代价值，培育和弘扬社会主义核心价值观"。他指出，培育和弘扬社会主义核心价值观必须立足中华优秀传统文化。中华优秀传统文化积淀了中华民族最深层的精神追求，代表着中华民族独特的精神标识，为中华民族生生不息、发展壮大提供了丰厚的思想道德资源，其对于社会主义核心价值观建设的巨大作用显而易见。

同时，习近平总书记要求党员领导干部要"多读优秀传统文化书籍，经常接受优秀传统文化熏陶"。党校图书馆应关注中华优秀传统文化的传承和发展，收集和整理有关传统文化的书籍、文献、影像等资料，组织开展相关文化活动，弘扬民族精神和传统文化价值观。有古籍的党校图书馆要积极开展古籍保护整理开发工作，正如习近平总书记指出的："要系统梳理传统文化资源，让收藏在禁宫里的文物、陈列在广阔大地上的遗产、书写在古籍里的文字都活起来。"从中挖掘适合党校干部教育培训事业的素材。

（三）建设党校特色的红色文化，赓续红色基因

党性教育是党校干部教育培训的主业主课，党校图书馆应结合自身特点，建设具有鲜明特色的党校文化，通过建设革命历史展厅、红色文化展览、专藏红色文献，组织学员开展读书分享会，共读红色书籍等活动，为创新党建工作、传承红色基因开辟窗口和平台。为党的事业发展提供强大的精神动力，以思想和心灵的碰撞开阔视野、提升境界。

四、党校图书馆文化建设的内容

党校图书馆文化建设内容包含党校图书馆物质文化建设、精神文化建设、和制度文化建设三方面。

（一）党校图书馆物质文化建设

1. 环境建设

图书馆物质文化是图书馆文化的第一个层次，具体表现为图书馆馆舍建筑、设施设备、环境布局、绿化、美化、园林艺术、厅堂装饰、书架排列及文献排放等，它反映的是图书馆的信息资源实力、服务能力和管理水平。图书馆建筑要满足藏书、阅览、办公、展览和研讨等多种功能，对待不同功能需要设计不同的建筑风格，需要符合图书馆通风、采光、隔声等要求，通过构建宁静舒适的学习阅读环境，满足读者的场所需求。优美的图书馆环境能够展现一个图书馆的整体形象，体现一种优美的外部氛围。

2. 空间布局

图书馆空间布局要从静态和动态两个方面来考虑空间的划分。在静态空间上，图书馆内可分为读者阅读活动、图书馆内部工作和办公空间三个部分；在动态空间上，存在三条相应的路线，即读者路线、文献流通路线和管理人员活动路线。进行图书馆布局时，要理清并处理好静态的三个空间的相互关系和动态的三条路线的相互关系，这样也就抓住了关键，掌握了使用功能划分的核心。

3. 核心理念

图书馆的布局要以读者需求为中心。根据馆藏需要和读者的阅读习惯、阅读心理精心设计的。出发点是增强读者的方便性，使读者迅速地获得其想得到的服务，从而使图书馆的功能最大限度地发挥出来。现代图书馆多采用大空间布局，利用很大的空间开展图书的藏、借、阅工作，为读者提供便利和开发互动，拉近同读者的距离，体现图书馆的人文意识。

图书馆布局要以发展的眼光长远规划。现代科学技术突飞猛进，这使得图书馆必须随时而变，不断调整，才能够适应社会发展的步伐，也才能满足读者日益

发展的需求。体现在图书馆的空间上，就是布局的调整。传统图书馆阅览室占据着最大范围的空间，然而随着数字资源的增多，图书馆不得不开辟大的空间建立数字阅览室，而随着无线互联网技术的发展，图书馆无须提供大批量的上网阅读设备了，只需要提供便利快速的上网入口即可，传统的阅读空间再度与电子阅览空间融合，逐渐成为一体。因此，图书馆布局不能一成不变，而要体现现代意识，体现发展的原则。

4. 打造多功能空间

在党校图书馆到馆读者不断减少的情况下，如何发挥图书馆的文化功能，就变得尤为重要。现代图书馆不再是一个单纯的获取信息资源的场所，它更应该是阅读、自习、研讨，甚至休闲的公共文化空间，以吸引读者，发挥图书馆的文化功能。很多党校图书馆都进行了空间改造，建设了好多提供文化服务的多功能的空间。

（二）党校图书馆精神文化建设

图书馆人员的精神是图书馆外显的精神文化之一。它不仅是图书馆工作人员的精神，更多的是图书馆工作人员与读者之间的接触、图书馆工作人员置身于图书馆系统中的活动。同时，丰富的文献信息资源、完善的服务手段、健全的规章制度、完备的设施设备、图书馆的一人一物等皆是图书馆文化系统的组成，它们彼此联系、相互影响、共同作用，形成了一种独特的图书馆文化景观。

1. 党校图书馆精神是党校图书馆文化的灵魂和支柱

党校图书馆精神能将党校图书馆各方面的力量集中到党校图书馆的发展目标上来，有利于增强党校图书馆馆员的凝聚力和向心力。对一个党校图书馆精神的确认，应在馆领导倡导下，采用上下结合、反复筛选概括的办法，经过反复征求意见，用简洁、感染力强、催人奋进的文字把党校图书馆精神表达出来。广泛宣传党校图书馆精神，使员工在思想上了解它、认识它，在行动上实践它。党校图书馆精神取决于党校图书馆价值观，是党校图书馆价值观的个性张扬，能够把抽象的价值观诠释、演绎为一种具体的信念，对增强党校图书馆的向心力和凝聚力，将党校图书馆各方面的力量集中到中心工作目标上来，起到重要的引导和激励作用。

2. 党校图书馆精神具有导向和示范作用

党校图书馆精神能够规范党校图书馆人员的具体行为，使其在实际的服务工作中达成共识，提高为读者服务的效果和效率。这种导向和规范作用，既通过规章制度、工作标准和工作目标等硬性管理手段加以实现，也通过群体氛围、传统习惯和舆论引导来实现。因此，党校图书馆要利用各种形式、各种活动来宣传、推广、倡导党校图书馆精神，通过领导示范和树立典型来引导馆员实践党校图书馆精神，努力将党校图书馆精神人格化、具体化，并转化为馆员的个体意识。

3. 党校图书馆精神需要宣传和弘扬

党校图书馆精神的导向和规范作用在制约人的行为时具有深厚的感情色彩，对符合党校图书馆精神的好的行为，人们表示支持和赞扬，而对那些违背党校图书馆精神的劣行则表示反对和厌恶。党校图书馆担负着信息服务和信息资源建设的任务，这项任务完成得好与坏在很大程度上取决于馆内是否具有齐心协力、上下团结一致的精神，而这种精神类似于一种理性的黏合剂，它把所有馆员固定在同一信念目标上，沟通所有工作人员的思想，创造一个共同协作的氛围，把馆内各种力量汇聚到一个共同的方向，使党校图书馆整体产生强大的前进动力，最终使党校图书馆精神得以弘扬。实践党校图书馆精神将不再是馆员的被动、应付行为，而是馆员的主动、自觉行为。图书馆的存在及其活动在本行业中自发地形成的一种潜规则、一种职业道德、一种行业气质、一种从业精神。它自发地体现于图书馆人的精神面貌中、体现在图书馆服务读者的过程中、体现在整个图书馆的学习氛围和文化环境中。

（三）党校图书馆制度文化建设

1. 图书馆制度文化的概念和特性

是针对图书馆的实践活动制定的，具有普遍约束力的行为规范，其内容包括图书馆的管理规章制度、日常工作流程和评价标准等。图书馆管理制度表现为图书馆精神、价值观念、行为准则、科学管理等，也反映图书馆管理科学化和民主化程度。图书馆制度是一套体系，随着时代的发展而变化。这些制度是图书馆发展和实践中规律的体现，同时会制约和约束与图书馆相关人员的活动。综合来看，图书馆制度具有明显的共性，个性化情况较少。这是因为图书馆是一个技术性要求较高的组织，更多强调服务和技术标准的统一，不注重标新立异，尤其是在“互联网”时代，资源共享，逐渐趋向一致性。

2. 图书馆制度文化的核心是各种规章制度

对图书馆的员工和读者进行引导和制约。图书馆的制度体系主要有图书馆的组织章程、准则、规定、条例、实施办法等，这些都是成文规定，是外在的；除此之外，还有不成文的制度体系，图书馆的行为习惯以及延续多年的图书馆价值观念等，均会对图书馆的员工及每一个来到图书馆的读者产生影响。

3. 图书馆制度文化具有权威性和约束力

图书馆制度明确了图书馆馆员的行为和准则，是所有图书馆相关人员都要遵守的，具有权威性、严肃性和约束力。图书馆的组织机构从上至下保证了这些制度的推行，而这些制度的执行过程，则是图书馆行为方式、管理规范得以执行落实的一个过程，并确定了馆员与馆员、馆员与图书馆、图书馆与社会之间的关系。

4. 图书馆制度文化的形成需要科学严格的管理机构

图书馆作为一个组织，拥有完善的管理系统，因此图书馆制度也是一个复杂的系统，包含很多方面的内容。一项系统的制度能够行之有效，需要科学的管理机构严格执行，否则形同虚设，再健全的制度也没有意义。图书馆的制度需要图书馆的内部管理机构深刻领悟，分解到图书馆的日常管理工作中，通过执行和落实，来履行图书馆的社会职能。图书馆的发展，不仅需要有系统的制度，还需要一个科学严格的管理机构执行这些制度。现代社会，更需要我们的读者参与到这项工作中。作为图书馆的被服务者，要严格遵守图书馆的各项规定，尊重图书馆的员工，尊重他们的劳动，爱惜图书馆的点点滴滴，并积极监督图书馆工作，通过一些合理的途径，如公众号、意见箱等对图书馆管理提出一些合理化建议。

第二节　江苏省委党校图书馆文化建设实践

一座好的图书馆是校园的灵魂，图书馆工作者，不仅是文化的守望者，更是弘扬优秀文化的践行者，肩负着文化引领的使命。江苏省委党校图书馆建馆 70 年来，一直坚持传承守正，挖掘馆藏文献价值，夯实文化建设之基础；坚持创新服务，加速服务转型，发挥文化建设之功能；坚持聚焦主业，注重文化交流，不负文化阵地之使命，力争把图书馆打造成校(院)文化的高地、教职工学员的精神家园。近年来，江苏省委党校图书馆采用“引进来”与“走出去”相结合，拓宽对外交流渠道，深化开展馆际合作，促进文化资源互联互通，文化服务共建共享。

一、文化立馆，创新文化服务领域和品牌

（一）举办阅读活动，打造阅读推广品牌

图书馆是阅读推广的主要职能部门，江苏省委党校图书馆根据不同的读者对象采取分级分层的阅读推广方式，针对全体读者，图书馆通过年年评选优秀读者、编印发放推荐书目等提高读者的参与度；针对学员领导干部，图书馆每年与学员处联合举办“励学读书会”、读书沙龙等方式切实肩负起倡导和服务领导干部“爱读书、读好书、善读书”的任务；针对硕士研究生，图书馆与研究生处合

作举办朗诵比赛、读书竞赛、图书馆资源推介等活动提高学生的信息素养，提升学习能力。

方便读者，多场所提供图书期刊。在主体班学员宿舍设立阅览角，方便学习繁忙的学员及时阅读图书馆优秀藏书。共有近2000册图书分发至学员宿舍。与校教材中心一起，在校园主要楼宇和公共场所打造“书刊漂流站”，将校报刊、杂志和图书馆推荐书目陈列，让读者在学校所有角落都有报可读、有书可看，让书香洒满校园的每一个角落，推动校园阅读活动向深度和广度拓展。

（二）参与建设和管理三馆一厅，打造具有党校特点的校园文化

图书馆参与建设江苏省委党校校史馆、廉洁从政主题教育馆、党性主题教育展馆、书画艺术展厅等四个系列场馆，并参与管理。主要接待对象为主体班学员、硕士生、在职研究生、继续教育学院各类专题培训班学员及来访的领导和嘉宾。图书馆书画艺术展厅自2014年运行以来，通过主动承办、联合举办以及积极协办的方式，引进较高层次书法、绘画、摄影作品进校园，为校园文化建设添姿增彩。2015年，图书馆设立“小文工作室”，八年来，已举办各种类型的展览五十余次。

（三）创作和引进红色展览资源，打造党性教育的“第二课堂”

“小文工作室”自主创作的江苏“四大精神”系列画作进入省委党校党性教育主题教室。图书馆与上海图书馆、南京图书馆、南京市博物院、南京市档案馆开展馆际合作，引进丰富的红色展览资源，是坚定理想信念、实现铸魂育人的生动教材，有助于锤炼党员干部党性修养，打造党性教育“第二课堂”。参观展览不仅被学校各党支部列入党日活动计划，还被纳入党校领导干部主体班、中青班、基层党员骨干示范班等培训班次中，成为开展党性教育的重要课堂。

（四）发挥系统优势，加大红色文化宣传力度

自2018年中共中央党校图书馆改名为中共中央党校图书和文化馆以来，各级党校图书馆在宣传党的历史和党的建设方面进行了多层次、多形式的红色文化服务探索。江苏省委党校图书馆借2019年“不忘初心、牢记使命”主题教育和2021年党史学习教育之际，在“用学术讲政治”的氛围下，充分挖掘江苏革命史料，多方弘扬江苏革命精神，不断强化党史教育功能，服务于全省领导干部教育，以感悟习近平新时代中国特色社会主义思想传承的江苏内容，尤其是江苏红色基因主题，多方策划，利用图书馆小文工作室艺术创作特长以及馆藏特色数据库的资源优势，精心打磨推出《“不忘初心、牢记使命”江苏红色资源绘画汇报展》和《中共党史人物肖像暨文献展》文创系列，在全省市县党校巡回展出。开展

“学党史，办实事——为市县党校送资源、送文化”系列活动，与市县党校共享《马克思主义传播在中国图片展》等“红色基因传承”系列四个主题图片展素材。抓住了党校图书馆服务大局、聚焦主业主课的重点，在宣传江苏红色文献资源整合、宣传与艺术再创作方面做了一些特色探索。

（五）大力推广移动图书馆

图书馆在数字资源服务上着力推广宣传应用“移动图书馆”。这是图书馆突破终端设备局限，让阅读跨越时空，贴近读者的重要工作。为了有效地推广，编制使用说明在读者中广为散发，工作人员上门服务、宣传、推广工作全覆盖；每一季开学都在教学楼值守，利用课间为学员服务；定期在教研楼、行政楼为教职员工推广宣传，提供现场咨询和安装；为硕士研究生、在职研究生提供服务；在图书馆内设置“移动图书馆”体验区和最新数字图书下载区。“移动图书馆”的使用给读者带来极大便利，受到广泛赞誉。实际注册使用接近万人，点击量已逾千万次。

（六）建设图书馆微展览群

为了更好地发挥图书馆文化传播、社会教育职能，更好地为教学、学员服务，促进图书馆转型发展，提升校园文化，根据校领导指示，完成“时代先锋展”“校史展”“馆藏文献展”“书画艺术进校园”等系列展览项目建设。“时代先锋展”通过“三个一”即：一张工作照、一段简介、一句格言展示江苏改革开放以来党员领导干部中涌现的执政为民先进典型，对学员进行党性修养教育。“校史展”通过五大板块反映学校成立以来的重要历史时期，重要历史事件，重大改革措施，突出重要成就。让师生了解学校历史，传承学校精神，展现校园文化，增强自豪感和使命感。“馆藏展”通过梳理馆藏，展示图书馆经典馆藏和特色馆藏，一窥学校教学培训、学术研究、文化建设发展脉络。“书画艺术进校园”和开放式书架的建成，为干部进行艺术修养，到馆阅读提供更有利的条件。系列展馆的建成，使图书馆成为学校党性教育、文化宣传的重要场所，获得各方好评，来自省内外和境外的参观人数，累计达到万余人次。

（七）开展图书馆日活动

图书馆配合开展主体班“图书馆日”活动。根据校委指示，从 2015 年春季学期开始，主体班次教学计划中统一安排“图书馆日”参观活动，让学员直接到图书馆感受书香氛围，丰富学员校园文化生活。图书馆积极配合学员处、教务处，组织参观管理和现场讲解，总计达百余批，近万人。

（八）促进共建共享

图书馆还将服务惠及江苏省级机关处以上干部、江苏省社会科学院、全省市级行政学院等单位，为他们办理借书证，发展“移动图书馆”用户，开通移动图书馆服务，有力促进了资源共享，深受使用者喜爱和欢迎。

二、合作办馆，建设“江苏省方志馆省委党校分馆”

近年来，图书馆融合发展受到广泛推崇，成为图书馆谋求发展的新方向，其内涵是图书馆与其他公共机构或部门在目标一致的基础上，整合各自资源优势，以互联网技术为依托，在融合共建共享理念的指导下进行深度合作，推动文化服务融合发展，为服务对象提供更高质量的文化服务。新时代江苏省委党校(江苏行政学院)图书馆立足实际，谋求自身发展，与江苏省方志馆达成合作共建的意向，双方在部门属性、文化职能上有同质性，资源上具有互补性，具备共融发展的基础。在领导的支持下，双方签订了合作共建协议，拟在资源共建共享、平台共建共推和资料共编共研三方面进行融合发展。

(一) 合作共建缘起

“一邑之典章文物，皆系于志。”地方志是中国特有的记载一定区域内的自然、经济、政治、文化、社会的文化载体，具有“存史、资政、育人”的独特功能。“治天下者以史为鉴，治郡国者以志为鉴”，读志、用志、修志对于领导者而言是一门必修课，领导者们读志、用志也能够更好指导修志。江苏省委党校(江苏行政学院)作为江苏各级领导干部教育培训的主渠道主阵地，高度重视省情地情的利用、开发和研究，方志的学习和使用是新时代干部教育培训工作必不可少的部分。领导干部要执政一方，首先要对当地的地情做到心中有数，施政才能有的放矢，才能事半功倍。党校教师要讲好江苏故事，需对省情进行充分的了解和研究，在教学过程中才能真正做到传道授业解惑，解决学员的实际问题。在倡导“修志为用”的时代背景下，地方志部门也需要提升服务大局能力，主动为党政机关、社会各界服务，充分发挥地方志的功能。党校和地方志工作机构都是党的政治机关，始终坚持党的领导，都与党的事业、党的工作、党的发展息息相关，这是党校图书馆和方志馆合作共建的缘起和基础。

合作共建双方以《中国共产党党校(行政学院)工作条例》和《江苏省地方志工作条例》为政策遵循，为充分发挥省委党校图书馆作为党校开展干部教育培训的资源保障机构的作用，充分发挥省方志馆省情资源丰富、资政育人形态多样的优势，探索党校图书馆与方志馆合作共建新模式。双方以共同开发江苏省情地情资源、为高质量教育培训干部提供省情地情资源保障为合作共建的宗旨，从实际工作出发进行了融合发展理念上的实践探索。

（二）合作共建内容

1. 资源共建共享

江苏省委党校图书馆始建于1953年，拥有各类图书报刊资料54万余册，一直致力于打造具有“党校特点、时代特征和江苏特色”的馆藏体系：馆藏马恩列毛经典著作、革命历史文献、党和国家领导人著作以及各类政治研究类学术著作以“完备级”为建设要求；按“最新级”要求，采集以党校学科体系为基础的学科经典书目和最新科研成果；建有省情资料书库，体现“江苏特色”，收集13个地级市的年鉴和行业年鉴，现有各类志书和年鉴类馆藏8000余种，编辑发行过《省情与文荟》《领导决策咨询信息》等馆刊。在数字资源方面，图书馆购买各类商业数据库的数量已达32种，包含了电子图书、学术期刊、网络资源等多种数字资源类型，自建党的建设理论与实践研究暨江苏红色文化资源数据库以及江苏省情数据库等。省方志馆拥有丰富的省情资源，形成了志鉴编纂、地情挖掘、文化传播等方面的特色品牌，为地方政府科学决策和社会科学研究提供了重要依据。党校图书馆建有较为成熟的馆藏资源体系，拥有丰富的社科馆藏。双方通过开放馆藏书目查询系统实现纸质资源互查互通，通过远程登录VPN系统实现数字资源共享，从而达到资源优势互补的目的。馆藏资源的开放互通，实现优势互补。

合作共建协议签署后，江苏省委党校图书馆结合建立青年博士之家设想，与江苏省方志馆交流协商，对图书馆现有空间布局进行重新规划设计，将原有馆藏文献展览室、省情书库合并改建为集“藏、阅、咨、研”于一体的江苏省情资料中心。经过一年多的共同努力，“江苏省方志馆省委党校分馆”于2022年11月22日正式启用。在省委党校设立的方志馆分馆，不仅是全国省级党校的第一家，也是全国各级党校的第一家。省方志馆省委党校分馆不仅有江苏古代的志书，还有新中国成立后编修的一轮、二轮志书，涵盖了江苏从古迄今最全面、最翔实、最权威的地情文献资料。

截至2023年10月，省委党校图书馆已累计接受方志办捐赠的各类方志类图书资料一万余册，码洋百万余元，极大地充实了本馆馆藏。同时，党校通过将《江苏地方志》《江苏影像》《江苏记录》《江苏微记录》等志鉴成果送到教师的手中，进入教师的讲堂以及送到学员宿舍、摆放到学员的课桌前等举措扩大了省情地情资料的影响力，切实将省情教育带入到领导干部这一“关键少数”人群，发挥其“咨政”功能。

2. 平台共建共推

省委党校图书馆在微信图书馆和网站上设置江苏省情资料中心栏目，整合

“方志江苏”微信公众号资源和本馆特色资源，在全省党校系统内进行广泛的宣传推广活动。省方志馆也与校省情研究中心合作，征集教研人员关于省情、地情文化建设等方面的研究成果，在《江苏地方志》杂志、“方志江苏”公众号以及党校微信图书馆等媒体上发表，共同打造江苏省情、地情文化研究、宣传、推广的重要阵地。

图书馆根据党校教学安排，选择合适的主题，引导省方志办主办的“江苏方志大讲堂”走进党校，对学员进行优秀传统文化和省情地情宣传推广；推荐党校省情研究方面的教授、专家到“江苏方志大讲堂”授课，将党校学术研究成果向全社会推广。方志馆作为党校学员特色教学基地，推荐各级方志馆、校史馆、镇村史馆等作为现场教学点，进一步增强党校教育培训的地域性、文化性，丰富拓展现场教学形式和场地。自江苏省方志馆省委党校分馆启用以来，已举办各类研讨会、学术活动、学术访谈近 50 场，党校教师、学员使用研学共享空间做调研的同时也扩大了省情资源的宣传力度。

合作共建以来，双方通过引导党校干部学员认真学习、宣传、研究地方志，全面调查、深入挖掘、充分利用全省红色和历史文化资源，推出一批富有江苏特色、具有权威性和影响力的研究成果，努力打造有特色、有名气的省方志馆省委党校分馆，共同讲好江苏故事。

3. 资料共编共研

党校图书馆一贯注重省情资料的收集工作，早在 1996 年就成立了省情资料中心，编辑发行过《省情与文荟》杂志的纸质版和电子版，在编辑资料方面具有一定的经验，所编辑的资料得到领导的肯定和批示，发行量一度超过 3000 册，但是由于人才缺乏，理论研究能力较差。省方志办负责《江苏年鉴》、江苏方志等志鉴类图书的编辑出版工作，并长期对省情资料进行收集整理，因此方志馆馆员大都具有编辑经验与省情研究能力，可称为资料编纂的有生力量。图书馆可以结合党校干部教育培训的需要，发掘省情资料编辑研究的主题，借助方志馆强大的编辑和研究能力，力争推出能助力党校教学科研的省情资料编辑和研究成果。例如双方可共同组织全省历史文化、省情地情专家学者和省委党校的相关专家编纂出版江苏省情教育读本，并作为党员干部学习培训教材。

此外，党校图书馆还拥有相当数量的古籍文献，已获批江苏省古籍重点保护单位，共有古籍 23000 余册，其中善本 4129 册，另有稿本、抄本 309 册，方志类文献是馆藏特色之一，包含了不少稀见方志、清代府志、县志、家谱，且有一些具有地方特色的稿抄本。经初步整理，馆藏有 128 部江苏旧志，其中有 23 部善本，年代较早的明刻本《江上山志》经江苏省古籍保护中心专家初步鉴定为孤本，另有江苏通志稿本、两淮盐章抄本等 12 部稿抄本。地方文献中较珍贵的有曾担任清同治、光绪两代帝师的江苏常熟人翁同龢印章的抄本《容斋四笔　十六卷》、翁同龢嗣孙翁之廉的稿本《赤凤公子日记　辛丑年不分卷(一九〇一年三月至十二月)》以及清代诗人邵长蘅所撰邵氏家谱等。

党校图书馆与省方志馆成立了课题组，联合申报了 2023 年度江苏省社科应用研究精品工程地方志专项课题，开展馆藏江苏旧志整理与研究工作。通过对馆藏珍本、孤本进行版本研究，考证史实，分析历史背景，探讨史料价值。在此基础上对旧志进行校勘和点校，纠正错别字、漏字、颠倒等错误；进行标点、断句和注释，为影印出版做好内容准备。其成果既可以作为省方志馆志书整理的有益补充，又可以发挥图书馆馆藏古籍作用，梳理其中蕴含的中国传统文化、江苏特色的地域文化，发挥其“鉴古知今”“咨政”的功能，为党校干部省情教育培训提供素材。课题组还计划与南京图书馆进行合作，依托南京图书馆的专家资源进行馆藏旧志的比对研究，互通有无，促进旧志数据的共享与交流，完善方志研究的数据库和平台，以便开展更深入的学术探索。

（三）合作共建制度

1. 建立联席会议制度

原则上每年召开两次，由双方轮流召集，根据合作共建目标和内容，结合工作需要，研究合作领域和合作事项向广度深度推进的举措。2022 年和 2023 年双方互邀参加学术研讨会、图书捐赠活动各两次，共同商讨关于为省委党校主体班学员宿舍提供志鉴书籍的合作方案，商讨方志大讲堂进党校课堂的实施方案，并成功举办“江苏方志大讲堂省委党校专场——长江文化及对中华文明的贡献”，落实了互赠自办刊物的共享举措，双方互访举办共建活动各一次。

2. 建立健全信息沟通与共享机制

成立合作共建常设办事机构，目前由图书馆和方志馆的馆长担任牵头人，两馆资源建设部负责具体工作，制定工作规划，组织落实，做好台账记录，反馈结果，成果汇报总结，及时在党校微信图书馆和方志江苏公众号上发布。2023 年党校图书馆共接收接受方志馆赠送的江苏镇村志书等志鉴成果共 9926 册，已发放至党校各教研部、各漂流书架和学员宿舍，下一步将向 13 家地市级党校图书馆发放，加大省情资源的宣传力度。

3. 建立人才交流培养制度

以项目制的方式促进人才互学互促，由双方立足自身实际，结合专长共商合作项目，以项目立项的方式开展工作，双方人员以项目组成员的方式加入，制定项目推进计划，定期交流，按时反馈，实时开展人员互换协作。目前，党校图书馆与省方志馆已成立“江苏省委党校图书馆馆藏江苏旧志整理与研究”课题组，发挥双方特长，加强合作，共同编纂整理成果。后续将联合申报“省情资料编研”类项目，争取共同推出类似“江苏省情资料手册”编研成果。

江苏省委党校图书馆与江苏省方志馆签订合作共建协议并设立江苏省方志馆省委党校分馆，这些举措在全国党校系统尚属首例，未来具有很大的发展空间，是对省情资源进行推广使用和深入研究的有益尝试，是为开展省情研究创空间、搭平台、集成果的有益探索，具有重大而深远的现实意义。双方致力于把分馆建好、管好、用好，为坚定文化自信自强，推动中华优秀传统文化创造性转化和创新性发展，服务江苏“扛起新使命、谱写新篇章”发挥更大作用。

三、制度管馆，修订完善图书馆各项规章制度

（一）着力制度建设

近年来，江苏省委党校图书馆全面修订完善了图书馆各项规章制度，根据新的工作需要和变化，新增“图书馆岗位培训轮岗办法”“图书馆古籍管理工作岗位职责”“图书馆文化宣传岗位职责”“图书馆微信公众平台发布管理实施办法”，重新修订了“图书馆岗位绩效考核管理办法”等制度，目前各类规章制度有 58 个。科学制定《江苏省委党校图书馆“十四五”发展规划》，全面总结“十三五”时期我馆取得的成绩与存在的问题，深入研究“十四五”时期图书馆事业发展的前景、机遇与挑战，科学制定战略方向、发展规划，重点谋划、着力推进文献信息服务体系构建，推动中华优秀传统文化传承，加大优质阅读资源供给，实现空间、资源、服务、管理等智慧化升级，开启事业发展新模式。

1. 图书馆组织架构(图 5-1)

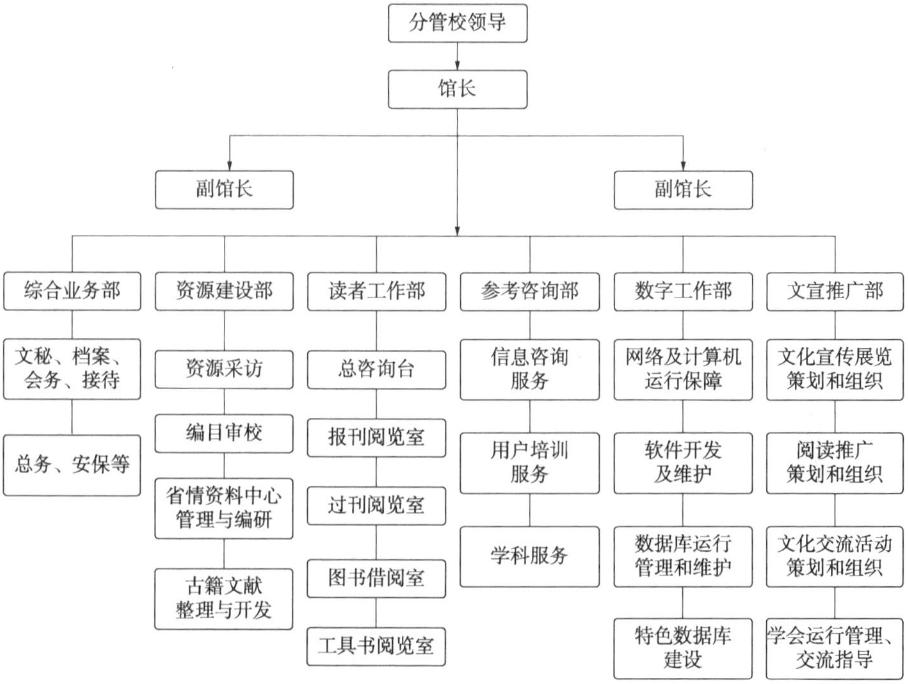

图 5-1　图书馆组织架构

2. 图书馆职能定位

中共江苏省委党校图书馆是学校综合性文献资料信息中心，是以纸质书刊文献和数字信息资源等形式向党校学工人员提供理论武装和知识学习的重要平台，是为党校建设提供信息保障和智力支撑的学术性服务机构，是党校工作的重要组成部分。图书馆要充分发挥工作人员的能动性，积极研究新情况，采用新技术，实行科学管理，健全服务体系，发挥党校“干部培训、思想引领、理论建设、决策咨询”四大职能服务，为推进马克思主义学习型政党建设服务。

3. 各部门岗位职责和工作细则

按照机构设置，分别制定了馆长、副馆长、部门主任、综合业务部、资源建设部、读者工作部、参考咨询部、文宣推广部以及数字工作部岗位职责，根据部门工作的特性又分别制定了各部门业务工作细则，比如资源建设部工作细则，具体规定了文献采访、编目、审校等工作规则。

4. 读者服务规则

读者服务是图书馆的核心业务，图书馆单列读者须知，详细介绍图书馆的馆藏、文献借阅规则、报刊阅览室、书库、内部资料等使用规则等。

（二）规范管理，实现“制度管人”的工作目标

（1）根据校院“两聚一高”办学新要求，完善并制定各项规章制度、业务工作规范，明确工作岗位职责。加强图书管理人员党性教育，定期开展集体学习活动，组织工作人员学习党章与党的各项规章制度，全面解读党的二十大精神及习近平总书记重要讲话精神，自觉继承发扬党的优良传统，运用马克思主义理论开阔自身知识视野，提高理论水平，培育正确的价值观与责任意识。

（2）进一步完善绩效考核制度，合理制定考核指标体系，使考核具有客观性、科学性、公正性。正确评价馆员政治思想、职业道德、工作量和工作效果。

（3）坚持以读者为中心，以用户需求为导向，建立健全首问责任制、总咨询台轮岗制、坚持部门岗位职责、安全管理等一系列制度，通过提升服务精准度、拓展服务涵盖面，使服务向更深层次转变，着力深化知识服务、提升服务水平，向精准服务目标更进一步。

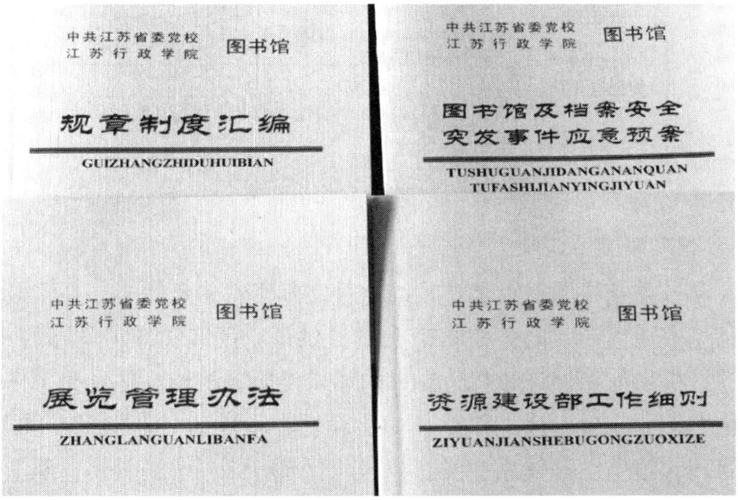

（三）强化人才支撑

（1）引进专业人才与临时聘用专家相结合。对现有人员进行适当调整，不断提高馆员的综合业务素质。严格建立岗位职业技能与业务综合素质培训机制，保证图书管理人员具备相关学科管理知识，引导全体工作人员树立终身学习意识，独立完成相关文献资料采集、筛选、鉴别、审核、推送等工作任务，为党校学员提供高质量信息服务，提高在职人员的综合业务能力。

（2）鼓励、支持和创造条件，继续通过相应在职学历教育、继续教育、业务

培训等，为图书馆培养、造就一支用得上、留得住的高层次专门人才。

（3）完善馆内培训制度，建立健全轮岗制度，制定切实可行的培训、轮岗计划。采取灵活多样的方式培养和提高全体馆员的业务素质和业务技能。选送馆员进修或短期培训，补充新知识和新技能，全面提高图书馆的人才素质。

（4）加强馆际交流和协作，分期分批组织骨干力量参加全国性专业学术会议和培训。结合实际有计划地开展学术研究和交流活动，积极申报各级各类科研课题，提高图书馆科技创新能力。

四、空间改造，建设“教研咨”一体化的研学共享空间

思维碰撞迸发灵感，思想交流激发活力。为进一步支持全校师生开展教学研究、课业讨论和学术交流等活动，更好发挥图书馆的资源保障能力和空间服务功能，江苏省委图书馆经过空间改造建成研学共享空间，供读者研学交流。研学共享空间位于图书信息中心3楼省情资料中心、省方志馆省委党校分馆内，总面积160平方米，分为地方文献室和读者研学室。

（一）馆藏丰富、空间开阔的地方文献室

拥有省情图书6000余册，收录全套《江苏历代方志全书》，以及十九大以来江苏经济社会发展纪事等一系列优秀编纂成果。室内配备组合沙发，可供读者自由规划，开展小型研讨沙龙活动。

（二）颜值爆表、功能完备的读者研学室

展陈《江苏历代方志全书》《金陵全书》《强富美高新跨越》《江苏微记录》等集中反映江苏省情、市情、地情的优秀史志鉴文化成果。室内配备先进的光学大屏幕智能电子白板、快捷流畅的网络接口、符合人体工程学的研讨沙发桌椅等设

施，可供读者开展中小型研学交流活动。

五、开展古籍整理工作，在守护典籍中传承历史文脉

习近平总书记强调："要加强对典籍、版本的搜集整理工作，把中华文明传承好、发展好……盛世修文，我们现在有这样的意愿和能力，要把这件大事办好。"这为新时代古籍保护工作指明了方向，彰显了古籍保护工作对于赓续中华文脉、弘扬民族精神、增强国家文化软实力、建设社会主义文化强国具有重要意义。江苏省委党校高度重视古籍保护工作，在江苏省古籍保护中心的指导帮助下，按照"普查、修复、展示、研究、利用"五位一体的古籍保护模式，取得一系列重要成果。

（一）守正笃实，做好古籍的保护与传承

省委党校建立于1953年，校址原为国民党中央政治学院的旧址，南京解放后被接管改造为华东人民革命大学南京分校，后又成为南京市干部学校所在地。图书馆所藏古籍来源大致分为两个时间段：①1953—1969年，在原有国民党中央政治学院部分藏书的基础上先后接受南京市干部学校、中共苏南、苏北区委党校、江苏省行政学院的藏书，其中有部分线装书古籍。②1969年党校教学工作停顿，线装书和外文书均移交南京图书馆，没有交接手续，致使图书资料大量散失。1971年恢复办学，图书馆接管了原中国科学院江苏分院哲学研究所大部分图书资料，其中有不少古籍。此后馆藏古籍、线装书均封存未流通，80年代图书馆购置了樟木箱，古籍得到了很好的保护。2009年在省委党校新校区建设之际，按照国家古籍书库建设标准在图书馆专门建立了古籍书库，于2011年正式启用，至此，所有古籍得到了妥善的守护。

回顾70多年的建馆史，图书馆古籍经历了几代图书馆人的共同守护传承至

今，其间虽然因为历史原因有部分散失，但是所藏古籍由于一直处于封存状态，大致品相很好。守正笃实，久久为功，图书馆人的默默守护为后期的古籍整理工作奠定了良好的基础。

（二）藏用并举，做好古籍的整理与研究

省委党校于2017年启动古籍普查工作，到2019年完成所藏古籍的登记、编目、造册，共整理出古籍2982部23538册。对照《古籍定级标准》，确认有三级及以上古籍396部4129册，包括元刻明修本1种26册，明刻本111种919册，清乾隆及以前刻本295种3184册。另有稿本、抄本146种309册。不仅刻本、稿本、抄本、活字本、套印本等一应俱全，还有少量名人批校题跋本，且稿抄本当中也有若干善本。经江苏古籍保护中心的专家们鉴定后给出了“古籍存藏数量可观、质量较高、版本形式较为丰富”的普查结论。

2021年图书馆被授牌“江苏省古籍重点保护单位”，2022年由国家图书馆出版社集合出版了《中共江苏省委党校图书馆等八家收藏单位古籍普查登记目录》一书，元刻明修《附释音礼记注疏》入选第六批《国家珍贵古籍名录》，明崇祯虞山毛氏汲古阁刻津逮秘书本《诗地理考》、明万历刻本《春秋辑传》、明刻本《江上山志》入选第五批《江苏省珍贵古籍名录》。图书馆古籍从“藏在深闺人未识”到“终有时日露峥嵘”，整理工作起步虽晚，但成绩斐然，随着古籍整理工作的进一步开展，相信还会有更多的古籍珍本被挖掘以供研究。

（三）资源共享，做好古籍的运用与宣传

利用数字赋能，让古籍以全新的形式延续生命，将古籍展示与深入揭示相结合，兼顾古籍的文物价值和文献价值，进行系统的保护性研究，推动古籍资源的“活”化。2022年图书馆购买了双拍V型高精度书刊影像采集系统非接触扫描仪，文献图像捕捉达5060万像素。从馆藏396部善本中精选237部珍本，整理出版了《中共江苏省委党校图书馆馆藏珍本图录》一书，并举办“藏典撷珍——馆藏古籍珍本图片展”以供学员们参观赏析。

江苏省委党校图书馆馆藏古籍数量、质量以及珍贵程度在全国党校系统名列前茅，充分运用好这一馆藏资源，将古籍的开发与教学工作结合起来，努力为教学科研提供更为强大的专业支撑，将古籍中蕴含的治国理政的智慧、为人处世的道理、经世致用的思想等中华优秀传统文化内涵融入干部教育培训之中，牢记“为党育才、为党献策”的党校初心，不断强化党员干部的党性修养和文化底蕴。

习近平总书记在文化传承发展座谈会上的讲话强调，要推动中华优秀传统文化创造性转化和创新性发展，这为党校图书馆扎实推进文化自信自强指明了前进方向、提供了根本遵循。党校图书馆开展古籍整理研究工作需坚持党校姓党，以社会主义核心价值观为引领，对于古籍资源，要有甄别地对待、有扬弃地传承，撷取当中具有优秀传统文化精神标识和文化精髓的古籍作品，进行创造性转化、创新性发展，为传承和弘扬中华优秀传统文化贡献党校力量。

第三节　党校图书馆文化建设高质量发展策略

国家发展，需要创新；社会进步，需要创新；图书馆事业发展也必须创新。正如习近平总书记所指出：“惟改革者进、惟创新者强、惟改革创新者胜”。创新是高质量发展的实践路径，时代的呼唤、现实的要求，唯有不断创新的党校图书馆文化，才能保证党校图书馆内部的团结和向上的工作热情、紧密的团队精神和凝聚力，从而保证党校图书馆的高质量发展。党校图书馆文化建设的高质量发展要以创新党校图书馆精神文化建设为根本，创新党校图书馆物质文化建设，创新党校图书馆制度文化建设。

一、创新党校图书馆物质文化建设

党校图书馆物质文化建设是指通过一定的物质条件和设施，为读者营造一个舒适、便捷、富有文化氛围的学习阅览环境，包括党校图书馆馆舍建筑与设施设备建设、资源建设、优化阅读环境、设计具有党校特色的文化景观等方面。

（一）馆舍建筑与设施设备建设

随着智能制造业的迅猛发展，新时代党校图书馆的建筑设计要注重实用性和美观性，实现纸质文献、多媒体实体文献和虚拟馆藏兼容并存，体现人本精神和开放观念，力求为读者提供一个宽敞、明亮、安静的学习环境。同时，图书馆内的设施设备，要能满足读者多方面的需求。党校图书馆馆舍建设是为了服务于党校的教学和科研活动，因此其设计理念和风格应该符合党校的功能和特点。

1. 严肃庄重与传承历史相结合

党校图书馆的建筑风格应该体现出严肃庄重的特点，以体现党校的教学和科研性质，同时也需体现审美和文化内涵，通过造型、色彩、材质等元素，展现出党校的文化品位和地域特色。可以采用简洁明快的设计风格，避免过于华丽或烦琐的元素；也可借鉴中国传统建筑文化，如对称布局、庭院式结构等，以体现出对历史和传统的尊重。

2. 功能性和实用性相统一

党校图书馆的设计应注重功能性和实用性，以满足党校学员和教师的学习和研究需求。合理规划藏书区、阅览区、学习区、休息区、办公区等功能区域，以满足不同读者的需求；注重空间利用，尽量减少空间浪费，提高空间利用率。同时，要合理规划通道和走廊，确保人流通畅。

3. 兼具环保与节能

党校图书馆建筑要考虑环保和节能，在选址与设计阶段应充分考虑当地气候、地理和环境因素，采用合理的建筑造型，提高建筑的自然采光和通风效果，使用节能材料，如隔热玻璃、保温材料、高效空调系统等，降低图书馆的能量消耗。在照明方面，可以安装太阳能板，将太阳能转化为电能，供应图书馆的日常用电需求；使用节能灯具，如 LED 灯、节能灯泡等，并采用智能照明系统，根据需求调节室内光线。在节水方面，可以采用节水器具，如节水龙头、节水马桶等，减少水资源的浪费。

4. 开放与私密兼顾

党校图书馆的空间布局应该兼顾开放与私密。开放的空间有利于知识的传播和交流；私密的空间能满足读者个人学习和研究的需要。首先，应合理规划公共区域和私人空间，满足读者在不同场景下的需求。公共区域如藏书区、阅览区、学习区等，允许多人同时使用；私人空间如独立学习室、讨论室、会议室等，供个人或小组安静地学习和交流。其次，应在保证空间分隔的基础上，保持视野通透，使读者在私密的空间中仍能感受到开放的氛围。例如，使用通透的玻璃墙分隔空间，或使用半开放式的隔断。第三，应根据不同区域的特点，配置相应的设施设备。在开放区域，如阅览区，提供充足的阅览桌椅和自然光；在私密区域，如独立学习室，提供舒适的座椅、电源插座和充足的照明。应关注噪声控制和隔声，采取措施减少噪声干扰，如铺设地毯、使用隔声材料等。同时，在私密区域设置隔声门窗，确保读者在安静环境中学习和研究。

5. 智能化与信息化相得益彰

党校图书馆建筑设计应考虑智能化与信息化，提高图书馆的服务效率和服务质量。具体包含以下内容：智能照明系统（利用智能传感器和控制器，自动调节室内光线，实现节能降耗）、智能空调系统（通过温度传感器和控制器，自动调节室内温度，实现节能与舒适）、智能安防系统（利用摄像头、传感器和报警装置，实时监控图书馆内的安全状况，保障读者和馆内人员的安全）以及智能门禁系统（使用智能卡、指纹识别等手段，实现图书馆的门禁管理，提高安全性）等。

6. 配备完善的设施设备

党校图书馆的设施按照功能设置有以下几种：藏书区设施（书架、藏书柜、目录卡、咨询台等）、阅览区设施（阅览桌椅、期刊架、报纸架、杂志架等）、学习区设施（自习桌椅、电源插座、笔记本电脑、小组学习室等）、休息区设施（休息座椅、咖啡机、饮水机、自动贩卖机等）、办公区设施（办公桌椅、文件柜、电脑、打印机、复印机等）、研究区设施（研究室、讨论室、会议室、研究资料存储设备等）。

为了维持图书馆的正常运行，图书馆需要提供的设备主要包括：技术支持设施（服务器、网络设备、电脑终端、打印机、扫描仪等）、辅助设施（照明设备、空调设备、消防设备、安全监控设备等）、无障碍设施（无障碍通道、专用洗手间、盲文读物、助听器等）和创新性设施（多媒体阅览区、数字资源检索设备、自助借还书机等）。

这些设施设备满足了图书馆基本功能的需求，为读者提供了良好的学习环境和研究条件。随着科技的发展，图书馆的设施设备也不断更新和完善，以适应时代的发展和读者的需求。

（二）紧扣教研需求的馆藏资源建设

图书馆的藏书资源是图书馆物质文化的重要组成部分，要丰富和优化馆藏资源，包括纸质图书、电子图书、有声图书等多介质的资源。党校图书馆的馆藏建设要紧扣党校教研人员的需求，研究党校教学的特点，比如党校主体班的专题课，通常没有固定的教材和参考资料，教研人员的授课内容要靠平时多积累、常更新。这就意味着教研人员希望图书馆能够及时提供具有鲜明的学科化、专业化、个性化的信息资料。党校图书馆要发挥教研咨的资源保障功能，就要及时了解教研人员的信息需求，向他们提供相关课题的资料；并时刻关注相应学科的最新动态，搜集整理提炼出其中的热点难点问题，随时推送给他们。这既是党校信息服务的内容更是馆藏建设的重点。关于这部分的主要内容在本书的第二章有较为详细的叙述，这里不再赘述。

（三）优化阅读环境

1. 舒适的桌椅和适宜的照明设施

选择符合人体工学的阅览桌和舒适座椅，确保家具的高度和位置适合不同身高的读者使用。并确保阅读区域有充足的自然光线或适合阅读的柔和的灯光，避免刺眼的光源或阴暗的环境，使读者能够清晰地看到书本或屏幕上的文字，避免对读者阅读行为的干扰。

2. 营造安静、整洁和美观的环境

通过隔声设施或合理的布局，尽量降低来自外部和内部的噪声干扰，防止噪声对读者的注意力和集中力产生干扰。同时要保持阅读区域的整洁和有序，提供宜人的环境。通过在阅览区布置一些有吸引力的装饰和艺术品可以增加阅读者的愉悦感受。

3. 维持适宜的温度和湿度

保持良好的室内空气质量，定期通风，有效控制温度和湿度，确保阅读区域的温度适宜，通风良好。避免过热或过冷的环境，以提供一个舒适的阅读氛围。舒适的温度和空气质量有助于提高阅读效率和舒适度。

4. 提供方便快捷易获取的阅读资源

图书馆确保提供丰富的藏书、报刊和电子资源等，可通过设立专题书架、经典书架，把相关的资源集中摆放，设置自助借还书机，便于读者浏览、查询、借阅。提供公共检索机方便读者便捷查找电子书、数据库等数字化资源，以及使用电子设备进行查询和阅读，有效扩展读者阅读和学习的选择。同时设置专业的图书馆馆员咨询台，提供读者咨询、参考咨询、技术支持等服务，帮助读者更好地利用图书馆资源和设施。

5. 打造交流研讨空间

党校图书馆可以设立咖啡吧、茶吧、阅读小组讨论区域或读者俱乐部，举办各种阅读讨论和文化活动，让教研人员之间、教研人员与学员、学员与学员之间有一个学习、研讨、分享、交流的场所，充分发挥党校理论人才和领导干部聚集、理论与实践紧密结合的独特优势，让他们能够进行充分的交流，让理论和实践在这里碰撞出思想的火花，进一步促进教学相长、学学相长。

（四）设计具有党校特色的文化景观

党校图书馆作为一个集学习、研究和交流于一体的场所，设计一个具有党校特色的文化景观有助于营造独特的学习环境和提升党校形象。党校图书馆可以通过打造展示党的历史、党的基本理论、党的精神、地方文化、革命事迹等的文化景观，营造浓厚的党校文化氛围，使党校学工人员在阅读之余，于无声中接受党性教育的洗礼，感受到优秀文化的熏陶。

1. 红色文化主题展示

党校图书馆文化景观设计要紧密围绕党校的特色和定位确定文化景观主题，融入马克思主义基本理论、党史党建、革命精神和先进人物等红色文化元素打造红色文化展示区，通过图书、图片、档案、多媒体等展示党的历史和发展成就，如建立革命历史文献专藏室、建设党的精神宣传栏等。

2. 文化景观设计要选择有党校特色的创意

党校图书馆的文化景观造型可以采用具有象征意义的元素，如书本、灯塔、五角星、党徽等，选择合适的色彩搭配，如红色、黄色、蓝色等，选择具有质感和美感的材质，如木材、石材、金属等，利用装饰艺术手法，如壁画、挂毯、书法等，体现党校图书馆的高雅品位和文化底蕴。选择具有象征意义的植物品种，如松树、竹子等，寓意党校图书馆的精神风貌和崇高追求。信息化程度较高的党校图书馆可以考虑设置如触摸屏、虚拟现实体验等的互动装置，增加读者与图书馆的互动，提升观感体验。

3. 设置多功能文化活动区

合理规划空间布局，注重空间的灵活性，设计可变化的多功能区域，适应不同规模和类型的文化活动，如讲座、展览、文艺演出等。定期举办文化活动，如书展、文学沙龙、专题讲座等，吸引读者参与，促进文化交流。设置休息区域，如庭院、草坪、长凳等，供读者休息和交流，营造轻松的学习氛围。

4. 建立文化导向系统

图书馆可以为馆员设计具有党校特色的统一的馆服，并为不同功能区域设置明确的导向系统，如使用标识牌、指示牌等，帮助读者更好地了解和利用图书馆，提升图书馆的整体文化形象。

（五）设计具有党校特点的文创产品

文创产品是图书馆文化展示的延伸，好的文化产品能够强化受众对图书馆馆藏资源文化内涵的研究。党校图书馆文化产品开发应立足于馆藏特色精品资源，立足于资源的红色文化内涵，并注重载体形式的创新，产品或凸显文化价值，如书籍、画册、书票等仿制品；或将文献资源作为价值点，以工艺品、装饰等形式呈现；服务党校学工人员，凸显创意性。

（六）党校图书馆空间文化创新的先进案例

1. 中共党史文献中心

2021 年，为贯彻落实习近平总书记在党史学习教育动员大会上的重要讲话精神，中央党校图书与文化馆负责建设中共党史文献中心，于同年底正式启用。文献中心以中共党史教研部移交的文献资料和馆藏党史文献资源为基础，面积1500平方米，集典藏、阅览与展示功能于一体，收藏了与中国共产党历史相关的中外文图书、报刊、特藏文献、多媒体资料、数字资料等多种资源，突出原文原著。其中心位置为"习近平新时代中国特色社会主义思想"主题文献区，设置党史学习研究区，突出党史研究的学术成果；珍贵文献库房，典藏珍贵党史资料及校(院)名师大家的教案手稿等内部资料；文献展览区，展陈馆藏毛泽东藏书和荐书等；机要文件阅览室现存有新中国成立以来党中央、中央各部委、国务院各部门、军队以及地方等发给校(院)的文件、资料和内部刊物共计50万份。

通过近距离地眼观历史、手触历史，使得参观者感悟党史的真实伟力，深化了观者的体验感，激发对党史研究的思考。为党校教师和学员提供走进历史、亲近历史、从党史中接受教育并汲取智慧之所，是中共党史文献中心和档案馆的重要作用之一。

2."33211"红色文化教育阵地

这是河南省委党校以主题教育为契机锤炼品格强化忠诚，创新性打造的红色文化教育阵地，"33211"即三道文化长廊、三个主题教室、两条红色道路以及一屋、一广场。"三道文化长廊"指政治学习文化长廊、廉洁文化长廊、精神文明文化长廊。在教学楼、会议中心等场所布置红色文化走廊，营造了内容丰富、可看可学的文化氛围，达到潜移默化、润物无声的宣传效果；在办公楼内悬挂红色标语、放置宣传展板，图文并茂、直观有效，让教职工充分接受红色文化洗礼，学有方向、学出忠诚、学出信仰。"三个主题教室"，即党史学习主题教室、廉洁自律主题教室、新时代文明实践大讲堂主题教室。在这里，各支部创新开展红色文化学习，教育引导广大党员干部坚定理想信念、不断强化党性修养。两条红色道路即"中国精神之路"和"纪律规矩之路"，通过在校园主干道路灯杆上悬挂中国共产党精神谱系、党章党纪等内容，让"北大荒精神""王杰精神"随处可见处处能学，让清正廉洁清朗之风时时吹过。一屋是党史党建书屋，书屋内的"清风润廉读书角"，已打造成党校清廉文化建设的重要阵地和特色品牌。"百姓谁不爱好官？把泪焦桐成雨。"校园内的裕禄广场，是一个以焦裕禄同志雕像为中心的文化广场，无声地提醒走过的学员领导干部要不忘初心，做一个新时代好官。

3. 安徽省委党校"悦读空间"

该空间是在原图书阅览室的基础上重新改建，通过空间再造、重新布局馆藏资源，突出"悦""读"为服务基调，以"读者自己到馆"变为"吸引读者到馆"为思路，以空间环境和设施的改变呈现出服务方式的革新迈进。具体设计思路：

(1) 依据党校读者的特点，利用空间设施的设计和改造，规划建成一个既能体现党校图书馆知识特征，又能将科技与环境美相融合的空间，以此提升党校图书馆的服务功能，使之成为党校读者的“第二课堂”。

（2）从党校读者视角出发，让图书馆成为一个除教室、家庭、宿舍以外的学习和休闲场所；从优化资源入手，简化服务流程，实现阅读体验创新，对原信息检索部、流通部、期刊阅览室资源重新整合，优化物理空间，集成图书馆的馆藏资源、设施设备，为党校学习资源、学科建设、科研教学提供专业化的支持平台。

（3）将图书馆分散的布局改建为多功能集合的新空间，实现图书馆“便捷、开放、自由”的人本理念，空间设有七大功能区域：报刊阅览区、休闲品读区、资源检索区、交流研讨区、数字体验区、文化沙龙区和馆员服务区，形成集知识学习、资源共享、交流休闲等多种服务形态相结合的空间模式。

二、创新党校图书馆精神文化建设

在党校图书馆中，信息资源是基础，人力资源是本体，而文化是灵魂，价值观念是党校图书馆文化的核心，是党校图书馆一切活动的灵魂，它为党校图书馆的生存和发展提供了基本方向和行动指南，既能影响和规范人的行为，协调人际关系，增强凝聚力，培育团队精神，又能统一思想，形成共识，引导馆员走向共同的目标。坚定文化自信，是党校图书馆精神文化建设发展的基本遵循和指导思想，图书馆要大力弘扬党的各种精神，开展各类党建活动加强党性教育，要加强学术研究，培育优秀文化，开展文明创建，打造特色品牌。

（一）培植先进的党校图书馆价值观

党校图书馆具有创新文化的社会功能。一方面党校图书馆本身具有对文化更新、创造的作用；另一方面党校图书馆工作通过对文化的积淀、传播和优化促进文化的更新、创造，形成新的知识和新的发明，促进社会进步和发展。不断创新的党校图书馆价值观为党校图书馆文化创新提供了丰饶的土壤。

1. 科学发展观念

党校图书馆作为党的思想理论建设的重要阵地，要坚守初心使命，坚持正确的政治方向，坚持科学发展观，始终坚持以马克思主义为指导，着力做好习近平新时代中国特色社会主义思想的传播。自觉承担起传承优秀传统文化、传播社会主义先进文化、践行社会主义核心价值观、弘扬正能量的职责。

2. 图书馆大文化观念

党校图书馆文化建设关乎党校图书馆界整体的全局性利益。当前，我国的党校图书馆之间合作虽然有，但是推进力度不大，成效不明显，存在资源浪费和重复建设等现象。要确立党校图书馆联盟意识，以有利于党校图书馆文化建设的共同利益和整体发展为共同原则，搞好分工协作，搞好党校图书馆界大联合、大整合，形成党校图书馆联盟。

3. 人本观念

党校图书馆的一切活动都是围绕着人而开展的，坚持以人为本，就是要搞好党校图书馆的人才建设和读者服务工作，搞好馆内人才管理，激励人才积极性，培养一批敢想敢干、敢于创新而又懂得现代党校图书馆文化的优秀人才，全心全意把读者服务工作做好。

4.“读者第一、服务至上”的党校图书馆价值观念

这是党校图书馆公认的价值观，是党校图书馆赖以生存和发展的根本保障，是党校图书馆组织一切活动的总原则。它意味着党校图书馆必须以党校读者需求为导向，把满足党校教研咨的多层次需求视为党校图书馆的最终目标。

5. 办馆效益观念

党校图书馆虽属政府拨款的事业部门，但也必须讲究投入产出，争取实现经费、馆藏、设施设备和馆员的最佳效益。党校图书馆的办馆效益主要是看党校教研咨效益，以助力党校教学科研资政为目标。

（二）坚定文化自信，弘扬党的精神

习近平总书记指出：“文化自信，是更基础、更广泛、更深厚的自信。”图书馆是文化积淀的高地，是文化交流的驿站，是文化服务的窗口，党校图书馆必须把文化自信贯穿于各项工作始终，为读者提供以阅读服务为核心的丰富多彩的文化体验，着眼于提升领导干部文化素养。图书馆应致力于弘扬党的精神，包括革命精神、奋斗精神、创新精神、奉献精神等，激发党员和普通读者的爱国热情和民族自豪感。

1. 丰富红色馆藏资源

收集与党的历史、党的理论、党的路线、方针、政策等相关的文献资源，如党史著作、党的重要文件汇编、领导人著作等。整理和保存有关党的历史、党的精神的研究资料，如党史研究、红色文化研究等。收集和整理反映党的光辉历程、伟大成就和优良传统的文献资料，如党史故事、革命烈士事迹、重大事件记录等。

2. 开展红色主题展览

举办党史展览、红色文化展览等主题展览，展示党的历史、党的精神和党的成就。利用图书馆空间，设置红色文化展示区，展示党旗、党徽、党史资料、革命文物等，营造红色氛围。通过展览、展示，让读者深入了解党的历史、党的精神和党的成就，坚定文化自信。

3. 组织开展红色文化教育活动

举办党史知识讲座、研讨会、座谈会等，邀请专家学者就党的历史、党的精神等问题进行深入研讨。开展红色文化阅读活动，推荐红色经典著作，引导读者学习党的历史、党的精神和党的理论。组织红色文化体验活动，如参观革命遗址、重走长征路等，让读者亲身体验党的历史和党的精神。

4. 加强红色资源数字化建设

将红色文献资源进行数字化加工，制作电子图书、数据库等，方便读者在线查阅和学习。利用虚拟现实、增强现实等技术，制作红色文化虚拟展示，提高读者学习兴趣和体验。通过数字平台，推广红色文化，让更多读者了解和接受党的精神。

（三）开展党建活动，加强党性教育

党校图书馆在开展党建活动和加强党性教育方面具有独特的优势和作用。

1. 建立党建资源专区

在图书馆设立党建资源专区，收集与党建、党性教育相关的文献资源，如党章、党规、党史、党的理论著作等，定期更新党建资源，确保资源的时效性和实用性。

2. 开展党建主题阅读活动

图书馆可以举办党建主题阅读、读书交流会、新书发布会等活动，推荐党建经典著作，鼓励读者参与阅读和学习。组织党建知识竞赛、党建专题讲座、党建专题研讨会、党建主题展览等活动，利用社交媒体、微信公众号等平台，发布党建知识、党建活动信息，吸引读者参与，激发读者学习党建知识的兴趣，提高读者的党性修养和政治觉悟。

3. 与校内外党支部合作共建活动

通过结对研学、参观见学等方式组织开展图书馆党支部党员教育培训、主题党日活动等，提高党员的理论水平和党性修养。协助校党组织开展思想政治教育工作，为全校党建工作提供理论学习资源与场地支持。

（四）打造图书馆红色文化服务品牌

1. 党校图书馆品牌服务的价值

图书馆品牌服务是指一个或者多个图书馆在长期的读者服务过程中，经过长期积累形成并长期坚持的特色服务。读者欢迎这种特色服务，进而使图书馆的品牌服务成为图书馆的无形资产，其基础是图书馆的价值观、极具特色的馆藏资源、高质量的信息服务，在校园内构建了图书馆的认同度、信誉度、知名度，提升了图书馆的附加值，一般来说，图书馆的品牌服务需要经过多年的发展积淀才

能形成。红色是党校的底色，红色资源是党校图书馆的特色，党校图书馆应充分利用自己的红色资源，着力打造红色资源、红色文化服务、红色文化活动品牌，提升党校图书馆的影响力和知名度。

2. 塑造红色教育资源库品牌

收集和整理有关党的基本理论(马克思列宁主义、毛泽东思想、邓小平理论、“三个代表”重要思想、科学发展观、习近平新时代中国特色社会主义思想等党的基本理论成果)，党的历史(包括党的创立、发展、壮大的过程，以及党的各个历史阶段的重大事件、重要人物和思想理论)，党的精神(包括革命精神、奋斗精神、创新精神、奉献精神等，展示党员在不同历史时期的精神风貌和崇高追求)等党建方面的资料，形成红色教育资源库，为学员提供丰富的红色学习资源。

3. 建设党建实践基地品牌

利用现代信息技术，打造党建信息化平台，整合党建资源，主要包含党的组织制度(党的组织结构、组织生活、组织纪律等)，党的政策与方针(党的决策部署、党的工作重点)以及党建研究的最新动态，为党校学工人员提供便捷的党建学习和服务。展示党校党建研究的最新成果，包括学术论文、专著、案例分析等，体现党校在党建研究方面的领先地位。与基层党组织合作，建立党建实践基地，组织馆员参与党建工作，提高党性修养和实践能力。

4. 打造红色阅读推广品牌

举办红色读书活动，推荐红色经典书籍，开展读书交流、读书征文等活动，弘扬革命传统和精神。倡导廉洁从政，培育廉政文化，提供反腐倡廉、廉洁自律等方面的教育资源，提高学员的廉洁意识。弘扬共产党员无私奉献、服务人民的精神，培育奉献文化。

5. 打造党校图书馆形象品牌

要充分发挥党校图书馆文化的综合效应，必须高度重视党校图书馆“造型”，着手于形象创新。党校图书馆形象是党校图书馆文化精神的重要内容，是党校图书馆的无形财富和宝贵资源。它是党校图书馆文化精神的外显形态，既是党校图书馆文化精神的一个组成部分，又是党校图书馆文化精神的载体。

从客观上讲，它反映的是党校图书馆自身的特征和状况，是一种存在；从主观上讲，它反映的是广大读者对党校图书馆的认识和评价，是一种观念意识。党校图书馆要把塑造良好的党校图书馆形象作为党校图书馆服务的目标和对外宣传的目标，党校图书馆形象是由其环境、馆藏资源、服务方式、服务效果、公共关系以及管理人员、工作人员等具体因素构成的，因此是具体的，是可以进行分步骤、分阶段地创新的。创新塑造出来的良好高校图书馆形象，可以将党校图书馆的信息资源、人力资源和文化三者融为一体，紧密联系，形神兼备，对党校图书馆事业的发展形成新的推动力。

此外，党校图书馆还应关注国家大事，关心社会问题，积极参与社会公益活动，承担社会责任。组织党员志愿者参与社会公益活动，如支教、扶贫、环保等，体现党员的奉献精神和社会责任。

6. 构建基于文献资源的文化联盟

根据党校文化的趋同性，可由中央党校图书与文化馆牵头联合党校系统图书馆成立系统内文化联合体，成员单位可基于馆藏资源的挖掘开展文化主题的研究和探讨，将文化资源的内涵通过展览、专家讲座等形式予以揭示，并形成党校巡讲巡展的模式；同时将实体联盟网络化，利用互联网形成区域性联盟网，开辟合作的双重战线。

三、创新党校图书馆制度文化建设

习近平总书记强调，党校"必须坚持正确办学方向，始终坚持党校姓党，坚持党性原则，自觉服从服务于党的政治路线，严守党的政治纪律和政治规矩"。为党育才、为党献策既是党校的初心，也有力诠释了党校的政治优势、政治功能和政治使命。党校图书馆制度建设必须以党校姓党为根本遵循，牢记党校初心，制定具有党校特点的党校图书馆管理制度，同时，党校图书馆业务规范需结合实际根据图书馆行业普遍适用的规则来制定。制度一旦确定不能经常修改，但也要根据时代的发展进行评估后进行"立、改、废"，通过创新制度文化建设，党校图书馆可以构建一个规范、高效、和谐的运行环境，为党校的教学科研提供更强有力的支持。

（一）始终牢记党校办学治校的政治定位

1. 当好"积极宣讲者""坚定维护者"和"可靠排头兵"

党校是马克思主义理论研究的重要阵地，面对意识形态领域复杂形势，坚持党校姓党就意味着党校人要有一种责任、一种担当。党校图书馆是党的意识形态工作的重要前沿阵地，坚持姓"党"，最基本的要求是守好底线，严格落实意识形态工作责任制，在大是大非问题上旗帜鲜明、态度明确、立场坚定；更重要的是要追求高线，直面意识形态领域尖锐复杂的斗争，多做联系实际、正本清源的工作，发挥党校图书馆在析事明理上的重要作用。

2. 用制度文化培育党校图书馆精神

制度文化与图书馆精神文化有着密切的关系，好的制度文化有助于培育好的图书馆精神文化，将图书馆馆员们在图书馆实践中共同认同的价值观、思想意识、行为准则等制定出来，表达图书馆的价值取向和行为模式，就形成了制度文化。其实，制度文化本身就是图书馆精神文化的一种，图书馆精神文化为制度文化的实现提供了精神支柱。因为，如果没有图书馆精神约束馆员，图书馆就无法建立起共同的价值体系和道德规范，就不可能把制度自觉转化为行为准则。

3. 创建具有党校特点的制度文化

党校图书馆可以效仿企业的CI标志设计理念，塑造具有党校特点的图书馆制度文化形象。如设立图书馆的标准色为红色、黄色、蓝色等，设计馆徽、馆服等标识系统，都可以产生非强制性的引导和规范作用。现在许多图书馆都注重形象的建立，确立本馆有特色的CI系统，从而营造本馆的制度文化氛围。还可以利用校内宣传栏、电子屏、图书馆网站、微信公众号等途径对图书馆制度进行宣传，教育、引导馆员对制度理解、认同和接受。同时，图书馆可以通过举办会议、调查研究、知识竞赛、演讲活动、报告讲座等手段，进行与读者的双向交流，形成舆论和文化氛围。

4. 加强工作作风、党风廉政建设

党校图书馆要特别加强作风建设，让工作作风更加清正务实。着力强化“六种意识”，即强化大局意识，牢固树立全校全馆“一盘棋”思想，做到局部利益服从整体利益，保证上下步调一致；强化安全意识，增强安全第一的观念，做到人人都是安全员，养成人人都关心图书馆安全的良好习惯；强化服务意识，牢固树立“服务至上”理念，始终以为教职工和学员提供周到贴心服务为宗旨，改进服务态度，提高服务质量；强化合作意识，做到分工不分家，相互支持配合，求同存异，团结一致做好各项工作；强化纪律意识，落实各项制度，做到分工明确，责任到人；强化精品意识，优化细化各项工作，为全校学工人员提供更加优质有效的服务。

同时，对馆内党风廉政建设和反腐败工作始终保持应有的力度，严格执行中央八项规定和各省市规定，严格遵守财经纪律，自觉养成自律自省的意识。加强队伍建设，引导形成积极向上求真务实的工作氛围。坚持调研学习、学术探讨和工作研究并重，倡导在工作中、在做事中成长和成就。给馆员创造调研学习和参会的机会，鼓励馆员从事学术研究、深化工作研究。

（二）完善和加强图书馆管理制度建设

1. 要善于学习和借鉴先进的理念和做法

管理制度不是一成不变的，它随着图书馆的社会环境的变化及社会对图书馆的要求而有所调整。不同的图书馆文化有着不同的管理制度，中西方图书馆的管理制度就各不相同，它们都是在适应各自社会文化中逐渐形成的。党校图书馆要通过专业期刊、研讨会等学习和了解图书馆领域的最新发展趋势，积极参加国内外图书馆行业的交流活动，多与兄弟党校图书馆同仁交流经验，获取新的思想和理念。不时邀请业内专家学者到馆交流指导，合作开展图书馆业务研究，借鉴专家学者的研究成果，提升图书馆的业务水平。

2. 建立统一、协调、通畅的党校图书馆制度

一个完整的党校图书馆制度体系包含党校图书馆章程、馆长职责、图书借阅制度、读者服务制度、部门管理制度、资源建设制度、读者服务制度、空间管理与设施使用制度、安全管理制度、财务管理制度、馆际合作与交流制度、读者满意度评估制度、绩效考核制度、培训与发展制度、图书馆信息化管理制度等。

3. 创新党校图书馆领导机制

领导制度是图书馆领导方式、领导结构的总称。在图书馆制度文化中，领导体制是核心内容，影响着图书馆组织机构的运行，制约着图书馆管理的各个方面。良好的领导机制可以有效激发员工的创新潜能，提高图书馆的创新能力和竞争力。党校图书馆实行的是党委领导下的馆长负责制，一岗双责，党建工作和业务工作相融合、双促进。研究证明，许多因素都影响图书馆文化的构建、传播和变革，如社会文化、信息技术、信息市场、市场竞争、员工个性、员工价值观、领导等，其中领导是最重要的影响因素。

要创新党校图书馆领导机制可以成立一个由党校分管图书馆工作的校领导、馆长、教师代表组成的领导小组，负责领导和决策图书馆的创新管理工作。特别要发挥党组织在图书馆制度中应起到应有的作用，包括保证和监督党和国家的各项方针政策的落实；搞好图书馆思想政治建设、改进工作作风；支持馆长实现任期目标和服从图书馆正常运行的统一指挥等。

4. 创新党校图书馆管理结构

党校图书馆管理结构主要由组织结构、内部基本制度结构、资源结构三个方面组成。组织结构创新：党校图书馆的组织结构中有不适合信息时代要求的成分存在，这些不利于党校图书馆文化建设。新的时期，很多党校图书馆对本馆进行重新定位，确定新时期的新任务、新目标，从实际出发，制定合理的创新方案。这些创新方案尽量减少管理层次和中间环节，缩小部门界限，保障组织结构的集成化、智能化和灵活性，符合信息化时代对组织结构的要求。内部基本制度创新：党校图书馆为了应对信息时代和党校图书馆文化创新建设的挑战，必须重新整合我们的基本制度，创建一种有利于吸收人才、有利于知识创新、服务创新的新制度，新制度必须实行真正的而不是形式上的以目标、责任、能力为基础的工作岗位责任制，和以工作态度、工作时间、完成任务的数量和质量为主要标准的绩效评价和奖罚制度。

5. 创新评价机制

党校图书馆文化建设进行得有没有成效，得有一套科学的评价机制。因为党校图书馆文化更多的是人们思想意识方面的行为，评价的标准不太好确定，如果

没有一个有效的评价机制，党校图书馆文化可能会成为一句空洞的口号，因此要建设和形成有利于克服形式主义、有利于客观公正地评估党校图书馆文化总体成效和考核党校图书馆文化工作者业绩的评价机制。这种机制的指标体系应当是可扩展的，结合党校的教学科研需求和图书馆的实际情况，制定一个明确的创新战略规划，明确创新目标、重点任务和实施步骤，能与时俱进，以免不利于党校图书馆文化创新。制定创新监测与评估机制，对创新活动的实施效果进行定期评估。根据评估结果，对创新战略规划进行优化和调整，确保创新工作持续改进。

6. 创新保障机制

图书馆文化提倡柔性管理的原则，柔性管理的本质是依据人们心理和行为的规律，运用柔性管理的原理对管理对象施加软控制。更多的是运用说服教育、感情投入、关心体贴、形象影响、传统舆论、激励、心理沟通等方式对人进行管理。因此必须建立一个强有力的保障机制，要建设和形成一个有利于党校图书馆文化从组织机构上得到保证，从人力、物力和财力上得到保证，从管理制度上得到保证的保障机制。

保障的同时也要引入竞争机制、激励机制，定期组织员工参加培训、研讨会、讲座等，提高员工的创新能力和意识，鼓励员工积极参与创新项目，对表现优秀的团队和个人给予奖励和表彰，提高员工的创新积极性。加强领导小组成员之间的沟通与合作，确保创新战略规划的顺利实施。同时，要与其他部门、学员、教师等方面保持良好的沟通，倾听他们的意见和建议，不断优化创新机制。

（三）加强党校图书馆业务规范制度建设

1. 制定“采、编、典、流、参”业务规范制度

制定图书采购标准与程序，规范图书分类、编目、入库等流程，确保图书资源的质量与有序管理。在图书馆工作中，每项工作、每道工序、每个环节都有特定的技术要求，包括文献的收藏、整理、分类、传递、查找、借阅等，都离不开相应的技能。

2. 建好馆藏书目数据库

建立符合国家文献信息著录标准的中国机读目录，坚持数据标准化，这是最重要的要求。编目数据产生的机读目录数据是整个图书馆业务正常开展的物质保障，相当于传统的图书资料目录和读者目录。如果数据不标准，就无法满足图书馆工作业务需要，就不能参与馆际数据共享。在建立馆藏书目数据库的基础上，要加强具有学科专业特色的文献数据库建设，把馆藏研究级的特色藏书优化建库，形成特色，全部上网。

3. 规范数字资源描述体系

资源描述体系是图书馆资源组织中最重要的部分，图书馆最基本的资源描述

体系包括以下三种：一是以 MARC 格式为基础的编目体系。就目前来说，各馆对各种文献信息资源主要有两种最基本的 MARC 编目格式，西文文献资源主要使用 MARC21 格式，中文文献资源则使用 CNMARC 格式。二是以 Dublin Core 为基础的元数据应用体系。建立 DC 元数据的目的是建立一套描述网络电子文献的方法，以便于网络信息检索。DC 元数据是由 15 个元素构成的、使用稳定的核心元数据集，可以描述大部分的资源。三是以其他形式的元数据为辅的元数据应用体系。随着数字资源的发展，元数据标准呈现多元化的发展趋势，除了 DC 元数据以外，国内外针对不同领域、不同资源、不同应用已有多种元数据规范存在。

4. 数字资源整合

海量数字资源的大环境，读者需要更深层面、更细粒度、更小单元的资源揭示，更先进全面的信息查找、定位和获取目标信息的一站式服务，因此需要对数字资源进行整合揭示。数字资源整合是综合运用各种技术、方法和手段对图书馆相互独立的各种数字资源进行系统化和优化，对各个相对独立关系进行融合、类聚和重组，重新结合为一个新的有机整体，形成一个效能更好、效率更高的新的数字资源体系。目前，图书馆关于数字资源整合的模式主要有以下四种。

一是基于 OPAC 系统的数字资源整合。一般图书馆的书目数据库只是向读者展示其印刷型的文献信息。如何改进 OPAC 系统，让读者能了解包括数字资源在内的全部馆藏，成为图书馆研究的一个焦点。现阶段，多数图书馆的做法是对数字资源进行编目，将其 MARC 记录加入 OPAC，把数字馆藏纳入目录控制体系。

二是基于资源导航的数字资源整合。通过数字资源的 URL 建立数字资源导航系统，图书馆根据实际应用需求，搜集网上与某一专业或主题有关的信息进行筛选、提炼、分析、综合，组成专业信息资源组合。如：CALIS 重点学科导航系统、中国科学院学科信息门户等都是将学科信息、学术资源等按学科门类集中在一起，实现资源的规范搜集、分类、组织和有序化整理，对导航信息进行多途径内容揭示，方便用户按学科查找相关信息和学术资源。

三是基于跨库检索的数字资源整合。图书馆自建数字资源和外购数据库往往有不同的检索入口，用户不能快速有效地找到所需资源。为了有效解决这个问题，图书馆需要建立统一检索平台，实现跨库检索，用户只需一次登录，就可同时对多个数据库进行检索。

四是基于元数据的数字资源整合。元数据是关于数据的数据，或者说是描述数据的数据，其提供了各种资源的特征和属性等相关信息，能较好地解决信息资源的描述、发现、定位与管理，基于元数据的数字资源整合是实现图书馆文献信息资源共建共享体系的关键，无论是在信息发现、信息检索，还是在信息组织等各方面，元数据都起着十分重要的作用。

（四）建设学习型图书馆

1. 个人学习与组织学习相结合

党的十八大提出要建设学习型、服务型、创新型马克思主义执政党的重大任务，并把学习型放在了第一位。党的十九大提出全面增强执政本领，把学习本领放在了八大本领的首位。报告强调，“领导十三亿多人的社会主义大国，我们党既要政治过硬，也要本领高强。要增强学习本领，在全党营造善于学习、勇于实践的浓厚氛围，建设马克思主义学习型政党，推动建设学习大国。”推进学习型政党、学习型国家建设，是党校(行政学院)图书馆义不容辞的责任与担当，也是党校(行政学院)图书馆工作的根本遵循。

党校图书馆组织学习就是党校图书馆形成一定的体制来鼓励个人学习及其学习行动，将个体学习与党校图书馆整体行动有机地结合起来，营造一个良好的学习氛围来促进个体学习的热情，开展党校图书馆培训活动来帮助个体学习等。学习型党校图书馆可以在一定程度上丰富和发展党校图书馆文化，通过建立共同愿景和改善思维模式的修炼，使党校图书馆馆员的个人价值和党校图书馆的目标、价值整合在一起，以促进馆员思维方式的转变，以创建学习型党校图书馆作为党校图书馆文化创新的新目标，将使党校图书馆建设进入可持续发展的轨道。

2. 推进馆员阅读推广

每个人的成长都是从内到外不断变化并羽化成蝶的过程，阅读和学习总能带给我们更加丰富的体验。虽然读书对工作和人生的重要价值不言而喻，但要真正养成“爱读书、读好书、善读书”的习惯绝非易事，需要下大力气持之以恒地涵养读书志趣，从读书学习的精神畅游中获得内心的愉悦。图书馆馆员虽然坐拥书山，但未必就爱读书、善读书。党校图书馆要有意识地进行一些针对馆员的阅读推广活动，要引导馆员们积极参加各种阅读活动，以提供阅读服务的方式来锻造一批阅读推广馆员，通过录制视频等方式分享读书心得，建设一支书香馆员队伍。

党校图书馆制度文化创新需要是图书馆及馆员共同的行为规范，也是图书馆维护正常工作秩序，营造一种激励图书馆馆员积极向上、爱岗敬业的文化氛围，以凝聚馆员的力量、实现图书馆目标为基本手段，它既是图书馆的价值观、道德规范、经营哲学的反映，也是图书馆管理科学化的体现。它对馆员和读者价值观念、行为准则的形成，起着十分重要的作用，对每个馆员和读者都具有习德、励志、笃行的约束作用，从而使人们在高校图书馆良好制度文化的约束下，逐步养成良好的心理意识和行为习惯。

第六章　加强业务指导，推动党校图书馆高质量发展

党校系统建设与党校业务指导工作是紧密相关的，离开了业务指导工作，党校系统建设就无从谈起，党校的业务指导工作是党的建设和党校事业发展的产物。其理念最早可以追溯到1955年中央批转的《中央宣传部中央组织部关于中级党校工作座谈会向中央的报告》中提出的“高级党校对中级党校、中级党校对初级党校，都应当积极主动负起自己义不容辞的指导和帮助责任”，但真正进入操作层面的业务指导工作，则是与改革开放以及中央党校及地方各级党校的陆续复校时间几乎是同步的。其后业务指导不仅作为党校工作的重要职能，而且成了党校机构的一个部门，专门从事对下级的业务指导工作。《全国干部教育培训规划(2023—2027年)》更是要求以教学督导、师资培养、质量评估为重点，强化上级党校(行政学院)对下级党校(行政学院)的业务指导，不断提高办学水平。

当前，信息技术快速发展并对图书馆产生更加广泛而深刻的影响，以大数据、云计算、物联网、人工智能和5G为代表的新一代技术在图书馆普遍应用，推动图书馆从数字化向智能化转型，智慧图书馆成为新时代的主题。党的十九届五中全会指出我国已转向高质量发展阶段，《中共中央关于制定国民经济和社会发展第十四个五年规划和二〇三五年远景目标的建议》提出完善公共文化服务体系，推进公共图书馆、文化馆、美术馆、博物馆等公共文化场馆免费开放和数字化发展。图书馆事业也向高质量方向发展，在实现文化强国中将发挥更加重要的作用。

新时代党校图书馆应更好地用好考核评估这个工具，优化评估指标体系，加入图书馆智慧化评估的内容，由此加速党校图书馆数字化向智慧化发展，完善服务标准化、规范化建设，推动党校图书馆的高质量发展。本章通过梳理全国党校系统图书馆主要依托全国党校文献信息学会进行业务指导和考核评估的历史和概况，结合江苏省党校系统图书馆利用江苏党校文献情报学会进行业务指导、开展考核评估工作的实践经验，总结近年来的重点工作，发现目前存在的不足，提出党校图书馆进行智慧化评估的必要性和评估标准，以评促建推动党校系统图书馆高质量发展。

第一节 全国党校系统图书馆业务指导

党校图书馆是党校办学的重要保障条件之一，党校图书馆业务指导的根本目标是围绕党校的中心任务，为学校办学治校提供文献信息资源保障。

一、加强业务指导，发挥规模优势

随着信息技术的发展和高新科技的应用，共建共享、形成合力成为图书馆行业转型发展的聚焦点。近年来，中央党校(国家行政学院)图书和文化馆以引领党校系统图书馆协同发展、发挥规模优势为目标，在跨区域、跨层级的资源建设、科研协作、业务指导方面，不断推进共建共享共赢，成效突出、成绩斐然。在业务培训、资源联建、项目推进等方面做了许多有益尝试，形成了三大机制。

(一) 以人才培养为导向，建立业务培训机制

1995 年和 1998 年中央党校图书馆组织举办两次纳入中共中央党校正规班次教学计划的全国党校系统图书馆馆长研讨班，50 多家党校图书馆馆长和 100 多名业务骨干参加，研讨班先后开展了一系列专题讲座、专题研讨、业务工作座谈会和调研活动，此后每 5 年举办一次。为深入研究党校系统图书馆工作与发展，不定期召开专题研讨班。为全面推动图书馆的转型发展、加强业务指导，2017 年起，开设全国党校系统图书馆业务培训班。至今，已分别在安徽省铜陵市委党校、四川省绵阳市委党校、湖北省宜昌市委党校举办三期。培训规模逐年扩大，学员单位从最初的副省级以上党校图书馆，发展到地(市)级以上党校图书馆。2019 年，新疆、四川两地辖区内有多达 19 家党校参会。此外，人员类型从最初的专业技术人员，发展到兼有管理层人员参加，人数逐年倍增。培训的内容辐射面广且专业性强，涵盖了图书馆传统流通业务、数字资源建设、空间改造、文化服务等多项行业热点。目前，全国党校(行政学院)系统图书馆已经形成了馆长班、业务培训班、专题研讨班“三班”共同发力的业务培训机制。这些培训班以切实提高图书馆文献保障和信息服务能力、提升馆员信息素养和技术能力为目标，培养和造就了一批懂业务、精管理、强服务的专业化人才。

(二) 以内容建设为核心，建立资源共建共享机制

专业技术培训的目的是提升图书馆的核心业务能力，而资源建设是数字化时代图书馆业务的重中之重。因此，加强资源联建工作是促进培训成果转化的重要方式，是切实提高培训质量的有效途径。为全面推进资源共建工作，中央党校图书和文化馆在全国党校系统图书馆中实行项目负责制，集中立项、统一审批、科学论证、严格结项。地方党校图书馆根据地方特色、人文特点以及馆藏特色申报

子库项目。“十二五”时期，全国党校系统“三大文库”项目(中国共产党历史文库、马克思主义理论文库、中国国情和地方志文库)共立项 39 个子库，其中 37 个项目圆满结项，结项率达 94. 8%。2016 年，“四大专题数据库”项目(马克思主义理论教育专题数据库、习近平总书记系列重要讲话精神专题数据库、领导干部党性修养专题数据库、新型高端智库建设专题数据库)启动后，结合总体规划和建设目标，图书和文化馆进一步加强资源联建的宣传和指导工作，取得显著成果，子课题立项数高达 83 个，而且项目的特色性、创新性也有了很大提升，2021 年中央党校图书和文化馆开展了“四大专题数据库”结项评估，具体结果暂未发布。

“四大专题数据库”建设项目充分吸收了“三大文库”存在重复建设、数据建设不规范的建设经验，在“资源共知”方面进行尝试。子课题统一立项，确立内容建设的方向，信息公开，给数据加工提供参考。为全面杜绝劣质数据的产生，切实提高数据的使用价值，项目还采取了数据规范的严控措施，建立了统一的标准规范体系，并加强了建设指导。

（三）以形成合力为目标，建立协同发展机制

“四大专题数据库”的实施方案中提出：“十三五”期间，对一些基础薄弱、人员缺乏、资金不足的地方馆，中央党校图书馆以及一些先进的地方馆要积极对其进行帮扶，提供包括资源、技术、人员等在内的支持与帮助，整体推进全国党校系统图书馆数字资源建设工作。为此，中央党校图书和文化馆积极采取帮扶措施。对技术水平相对落后地区的党校图书馆进行专业培训，为新疆、西藏等地党校提供数字资源远程访问服务；对四川省内儿所灾后重建的党校进行重点帮扶，呼吁其他地区党校进行馆藏支援，如组织各地党校向绵阳市委党校图书馆寄送内刊、内参等。此外，为进一步解决地方党校数字资源短缺的问题，2017 年，图书和文化馆与中国社会科学院图书馆达成协议，将“国家哲学社会科学学术期刊数据库”(以下简称 NSSD)在党校系统内推广。NSSD 数据库涵盖哲学社会科学期刊 2000 余种，收录资源贴近党校学科需求。截至 2020 年 11 月，全国共有 2000 多家党校与中国社会科学院图书馆签约，免费使用 NSSD 数据库。

“十三五”期间，全国党校(行政学院)系统图书馆人才培养成效显著，地市级及以上图书馆都引进了专业技术人员；“四大专题数据库”基础建设基本完成，成果日渐丰硕；共享效益显著提升，获取的免费开放资源可以高效传播至县级党校。同时，也还存在一些突出问题：一是子课题立项、论证、结项等工作繁杂，亟须统一的管理平台。二是“四大专题数据库”建设项目中，85 个子库项目分布在全国 25 个省份。建设单位众多，而建设平台不统一，加大了数据的整合难度。三是对经济落后地区的扶持力度有限。一些落后地区，数据库建设的软硬件设备

严重缺乏，数据库建设难以启动。对口帮扶，一时难以解决根本性问题。

《中国共产党党校(行政学院)工作条例》的实施使党校系统图书馆迎来了发展新契机。《条例》将“积极推进数字资源共建共享工作”列入图书馆(室)的建设方向，让共建共享工作有规可依、有章可循。数字资源共建共享平台作为数字图书馆工程的重点项目之一，历经多年论证，建设方案已初步形成。平台致力于解决现有的资源联建、资源共享存在的种种问题，明确了宗旨：第一，综合业务、集成应用，实现资源建设与读者服务平台一体化；第二，一个中心、服务全国，保障资源建设平台的一致性；第三，统筹规划、精准加工，确保建设成果特色规范、优质好用；第四，线上培训、实时互动，推动业务创新协同发展。具体来讲，在软件方面，平台将融合数据采集与加工、专题库建设与管理、大数据分析、资源服务、业务交流等多项功能，向全国党校系统图书馆提供服务。在硬件方面，计划在图书和文化馆建设云数据中心，为地方党校节省硬件支出。同时，项目正在对架设党校系统专网进行论证，寻求确保数据传输安全性的最佳方法。

二、全国党校文献信息学会发展现状

1985 年 10 月，全国党校系统第一次图书资料情报工作座谈会在重庆召开，中央党校、各省(自治区、直辖市)党校、省会市党校、中国工运学院、中央团校、铁道部和部分大型企业党校图书资料部门的负责人及部分专业人员参加了会议。是党校系统图书馆专业学会组织的雏形。会议研究了加强全国党校图书馆资料情报的协作问题，并成立了全国党校图书资料工作联络小组，由中央党校和东北、华北、西北、西南、中南和华东六个大区各推举两名代表组成，这也是日后评估小组的组成架构。联络小组有三大职能，一是日常联络与协调，二是编辑专业刊物“党校图书资料情报工作动态”用于交流和学习，三是组织干部培训，提高图书馆业务素质。

1987 年 11 月，第二次全国党校图书资料情报年会暨全国党校文献情报年会在广西壮族自治区党校召开，来自中央、各省(自治区、直辖市)、铁道部和部分大型企业党校图书资料部门的负责人及专业人员出席了会议。这次会议成立了全国党校文献情报学会，讨论通过了学会章程和《全国党校图书馆(图书资料室)工作试行条例》，选举产生了学会理事会、常务理事会。随后，各省、自治区、直辖市党校学会分会也相继成立。

学会成立 36 年来，主要围绕加强党校系统图书馆之间的联系，总结和交流工作经验，促进各项工作的规范化、标准化，加强人员培训，推动学术研究和交流，协调现代化多功能建设，特别是数字图书馆建设，组织实施省级党校图书馆评估等战略性和全局性问题开展卓有成效的工作。

（一）主要工作

1. 加强制度建设，促进党校系统图书馆规范化、标准化建设

学会成立以来，出台了很多制度性文件，如前后几版的《全国党校文献信息学会章程》和《党校图书馆工作规程》，章程和工作规程从整体上对党校图书馆的工作做了规范性和标准性的限定。以及在调查研究的基础上，结合党校系统图书馆科研工作实际情况，制定了《全国党校图书馆科研成果评奖条例》。《条例》共7章19条，内容涉及总则、评奖标准和评奖范围、评奖等次和评审程序、评审工作的组织领导、回避制度和评审纪律、颁奖、附则等。科研成果奖的设立，科研成果评奖条例的制定，使全国党校系统图书馆的科研活动、科研成果评审及表彰奖励工作实现了规范化、制度化。为促进全国党校数字图书馆和数字资源共建共享工作，制定了《全国党校图书馆数字资源共建共享工作条例》《全国党校图书馆数字资源共建共享技术操作指南》等，有力地推动了全国党校特色数据库建设的标准化。

2. 加强制度建设，促进党校系统图书馆规范化、标准化建设

加强队伍建设，培养大批适应图书馆现代化、信息化、数字化建设需要的专业人才，是学会的重要任务，也是各分会队伍建设的目标之一。除举办馆长研讨班外，学会还举办专题培训班或委托各分会举办相关业务培训活动。如学会于1999年5月在中共中央党校举办“全国党校图书馆《中国图书分类法》(第四版)培训班”，其后，四川省党校分会、铁路党校分会分别举办相关培训。2018年和2019年学会分别在中共绵阳市委党校和中共宜昌市委党校举办全国党校(行政学院)图书馆“四大专题数据库”建设业务培训班。2020年之后因为新冠疫情的影响，全国性的线下培训班暂时停止了，2022年进行了在线的“四大文库”的评估培训。在搞好学会内部培训的同时，各会员馆利用党校系统联系紧密的优势，经常组织异地参观考察活动，相互学习，取长补短。各会员馆还派人到国家图书馆、中国科学院图书馆、北京大学和清华大学等国内图书馆参观、学习，进行业务交流，有条件的学会还会派馆员到国外有关大学和机构进行考察。通过馆长研讨班、专题培训班、业务交流和考察活动，提高了馆长和业务骨干的专业知识和业务管理水平和能力，为党校系统图书馆事业的发展提供了强有力的人才支持。

3. 推动科学研究工作，促进党校系统图书馆学术水平的提高

积极推动科学研究工作，是学会工作的一项重要内容，也是学会的生命力所在。学会成立之初即设立了学术委员会，积极推动科学研究工作，并把它作为一项经常性工作常抓不懈。学会设立了“全国党校系统图书馆科研成果奖”，每2~3年举行一次科研成果评奖活动，鼓励创新研究，特别是鼓励进行数字图书馆等新理论、新技术的研究，通过理论的研究与探索，推动图书馆工作实践的发展。据

不完全统计，自学会成立以来，党校系统图书馆共有47项国家社会科学基金资助项目(“图书馆学、情报与文献学”学科)获得立项，其中重点项目有2项。科研活动的开展，对提高队伍素质，改进读者服务工作，推动全国党校系统图书馆事业的发展，特别是促进数字图书馆建设，起到积极的推动作用。

为加强学术交流，学会经常举办学术理论研讨会。如1996年11月在上海市委党校举办的“党校图书馆加强文献信息开发研究、更好地为两个文明建设服务”研讨会，1997年5月由福建省委党校举办的“党校图书馆信息资源数据库及网络建设研讨会”，1999年9月在云南省委党校举办的“全国党校图书馆信息刊物工作会议”，2001年4月在中共中央党校召开的“全国党校系统数字图书馆建设方案研讨会”，2002年7月在新疆维吾尔自治区党校举办的“全国党校数字图书馆资源建设研讨会暨学会第四届年会”，2006年5月在上海市委党校召开了“全国党校图书馆数字资源共建共享工作会议”，2008年4月在重庆市委党校召开全国党校数字资源共建共享工作现场会，2010—2016年学会围绕“三大文库”建设和《全国党校数字图书馆资源建设规划(2011—2015年)》举办了一系列的工作会议，2016—2022年则都围绕“四大专题数据库”建设和《全国党校系统图书馆数字资源建设规划(2016—2020年)》举办了一系列的培训班和研讨会。通过讨论和交流，各级党校图书馆提出了许多建设性的意见和建议，达到了集思广益、统一认识、共谋发展大计的良好效果。与此同时，学会还积极参加中国图书馆学会、中国社会科学文献情报学会举办的各类学术研讨会，并提交学术论文。通过开展科学研究和学术活动，既促进了党校系统图书馆整体学术水平的提升，也极大地提升了党校系统图书馆在我国社会科学情报学界的地位。

4. 加强国内外联系和交流，为促进跨领域合作奠定良好的基础

从20世纪80年代初开始，中共中央党校图书馆就先后与德国艾伯特基金会、赛德尔基金会建立了合作关系并成功开展了一系列学术交流活动，包括经常性的图书赠送和人员互访联系等，先后派出多名学者赴美国、德国、法国、澳大利亚、中国香港等国家和地区访问及进修。借1996年国际图联第62届大会在北京召开之机，中共中央党校图书馆参加了组委会，党校系统图书馆组成了一个36人的代表团出席大会。大会期间，中共中央党校图书馆作为大会指定的专业参观馆，接待了来自世界20多个国家和地区的代表112人。同年9月，中共中央党校图书馆被正式接纳为国际图联成员馆(机构会员)，北京、上海市委党校图书馆也先后正式登记成为会员馆。此后，党校系统图书馆经常派代表参加中国图书馆学会代表团出席国际图联大会和有关国家的图书馆协会年会。

全国党校文献信息学会是中国图书馆学会、中国社会科学情报学会的成员，党校系统图书馆已经成为我国图书馆界五大系统的一个重要系统。中央党校和各

省级党校图书馆都非常重视参与中国图书馆学会、中国社会科学情报学会及国际图联的相关活动，先后派代表或组团出席和参加了中国图书馆学会、中国社会科学情报学会、国家图书馆等发起和组织的所有大型活动。通过国际、国内交流活动，加强党校系统图书馆对外交流的力度，为促进馆际合作奠定良好的基础。

5. 坚持“集体办会、分散活动”，保持学会的活力

学会非常注重发挥中央和地方的积极性，长期坚持“集体办会、分散活动”的办法，学会主管单位不包揽包办各项活动和会务，而是委托地方、分会或多方承办一些会议和活动，既有两年一次的年会、四年一次的会员代表大会，又有馆长会议、工作会议、专门问题研究会议，通过这些会议研究和部署学会的各项工作，达到了预期目的。各地区和分会紧密结合各地区、各校实际，积极组织各种类型、丰富多样的活动，尤其注重以工作会议、馆长会议或理事会、会员代表大会等形式，将工作会议与理论研讨、科研评奖、地区协作会议结合在一起，从理论与实践的结合上研究、探讨和交流以前及今后一个时期党校图书馆所面临的形势、任务、努力目标及工作中的方式方法等问题，制订工作计划，交流工作经验，以此推动本地区、本分会党校图书馆的各项工作。这些会议和活动的成功举行，既克服了学会主管单位在人力、财力方面的局限，又充分调动和发挥了各地区、各分会的积极性，使学会工作始终保持着旺盛的生机与活力。

6. 以“一盘棋”思想推动全国党校数字图书馆和数字资源建设

图书馆的信息化、数字化、智慧化建设对党校教学科研起着信息支撑作用。全面加强党校建设，一个重要方面就是要加强党校的信息化建设，加快党校数字图书馆建设，用数字化、信息化、现代化的教学科研设施设备装备各级党校，以最先进的信息化手段支持党校的教学科研上水平、上台阶。

数字图书馆建设的重中之重是数字资源建设。为了全面推动党校系统数字图书馆建设，2000 年 11 月，在海南召开了“全国党校图书馆工作暨数字图书馆建设会议”，中共中央党校副校长王伟光在会上提出了“加快图书馆信息化、数字化、现代化建设步伐”的任务，为全国党校数字图书馆建设拉开了序幕，成为党校系统图书馆数字化、信息化、现代化建设的起点。2002 年 8 月，又在新疆召开了全国党校数字图书馆资源建设研讨会，研究如何推进全国党校系统图书馆的数字资源建设问题。海南会议和新疆会议以后，全国党校系统数字图书馆建设得到了中央和国家有关部门、地方党委和政府的高度重视和支持。各地积极行动，提出思路，制定措施，投入人力、财力和物力，特别是在网络基础设施建设、数字资源建设以及人才引进和人员培训等方面加大了投资的力度，使数字图书馆建设迈上了新台阶。与此同时，也存在发展不平衡、没有形成合力、重复建设、发展速度跟不上形势等问题。

为了协调全国党校数字图书馆建设，特别是数字资源建设，研究和解决数字图书馆建设的实际问题，形成全国党校“一盘棋”，“全国党校数字图书馆建设工作会议”于 2005 年 11 月在湖南省委党校召开。会议总结了自 2000 年海南会议以来党校系统数字图书馆建设的基本经验，分析了我们面临的新形势，提出了加快发展数字图书馆的任务，讨论了《全国党校系统数字资源建设规划（2005—2010）》征求意见稿，并就数字资源建设中的许多具体问题进行了深入探讨，进一步明确了党校数字图书馆建设的理念、思路、模式和规划。中共中央党校副校长王伟光在会上作了题为《坚持科学发展观加快党校数字图书馆建设步伐》的主题报告，强调要坚持用以人为本、全面协调的科学发展观统领数字图书馆建设，站在科学发展观的高度做好数字图书馆的建设工作，并要求在数字资源建设中一定要贯彻相互合作的原则，把整个党校系统的力量动员起来，分工合作，形成合力，形成优势，防止重复建设，建成一批具有党校特色的共建共享的数字资源库群。为贯彻落实湖南会议精神，2006 年 5 月在上海召开“全国党校图书馆数字资源共建共享工作会议”，专门研究全国党校图书馆数字资源共建共享工作、研究解决数字资源共建共享的相关问题。经会议研讨，完善了《全国党校图书馆数字资源建设规划》（2006—2010），讨论通过了《全国党校图书馆数字资源共建共享工作条例》（试行），讨论和修改了《全国党校图书馆数字资源共建共享技术操作指南》（试行）等三个文件；具体落实了北京等首批 15 家共建共享示范单位，并明确了共建任务，确定了 15 个共建共享数据库。会议要求示范单位要发挥组织示范、技术示范、实施示范、运营示范等方面的示范作用，带动其他各单位参加共建共享，推动《全国党校图书馆数字资源建设规划（2006—2010）》的实施和落实，从而大量增加党校系统的数字资源。这次会议的成功召开，标志着全国党校系统数字图书馆资源共建共享工程的正式启动，将对党校系统图书馆的信息化、数字化、现代化建设产生深远的影响。

7. 实施检查评估工程，全面推动党校图书馆事业的发展

全国党校系统图书馆的工作性质、业务范围、服务对象等各方面具有共同的特点，而且长期以来形成了紧密的联系。学会充分利用这一特点和优势，充分发挥自身的桥梁和纽带作用，定期在全国省级党校图书馆之间开展评估工作，通过全方位、整体性的检查评估，有力推动了党校系统图书馆各方面建设。

（二）存在的主要问题

尽管全国党校文献信息学会为推动党校图书馆事业的发展做了大量的工作，但由于情况不同，条件有别，各地党校图书馆发展水平不一，不同程度地存在以下主要问题。

1. 图书馆的地位有待进一步提高，作用有待进一步发挥

随着数字图书馆建设的发展，党校图书馆的地位和作用有了相应的提高。但在现实中，由于党校读者群的特殊性带来文献信息利用率较低等问题，导致领导对其重要地位和作用的认识不足。还有一些党校图书馆被边缘化，学校在人员配备、资金保障、政策倾斜等方面均存在问题，有的图书馆已被合并到别的部门。这种情况将难以保证党校图书馆建设持续稳定地发展。

2. 图书馆数字化建设发展不平衡

由于东西部、南北方经济发展的不平衡，导致党校图书馆发展也不平衡，这种情况在经费投入方面表现尤为明显。年投入经费 100 万元以上的图书馆主要分布在华东、中南地区，有的馆年筹集资金达数百万元。而年投入 100 万元以下的省级党校图书馆主要分布在西北地区，省级党校图书馆经费情况尚可，市县级党校图书馆的经费投入情况则非常不足，有的市县党校图书馆的年投入不到 10 万元，严重制约了图书馆发展。经费投入不平衡导致数字化建设软硬件设施、资源建设的不平衡。有的馆能紧跟时代，完成跨越发展，而有的馆不得不维持基本生存状态。除了经费，发展水平的不同带来办馆观念上的差异也是普遍存在的。

3. 信息资源利用率普遍较低

党校图书馆信息资源利用率普遍不高，这是一个图书馆行业的共性问题。图书馆是依靠读者而生存的，缺乏读者支撑的图书馆必然缺乏创新发展的原动力，党校图书馆要针对读者特点，开展阅读推广活动。

4. 图书馆专业队伍的待遇问题需引起关注

近年来图书馆专业队伍建设有着可喜的变化，图书馆人员招聘纳入了校统一招录范围，一支学历较高、素质优良的专业技术队伍正在各级党校图书馆数字化建设中发挥着重要作用。但由于图书馆专业队伍的待遇与教研人员还有一定差距，因此人才流出现象比较严重。怎样稳定图书馆专业队伍是一个应引起高度重视的问题。

（三）未来展望

1. 进一步更新观念，提高思想认识

要进一步更新观念，把数字化建设作为党校图书馆建设和干部教育事业的重要任务和方向。进一步提高对图书馆建设在党校建设和发展中的基础性和标志性意义的认识。要进一步大胆创新体制和机制，为图书馆的发展提供有力的体制性保证，科学制定发展目标，闯出一条适合党校图书馆数字化建设向智慧化建设的路子来。

2. 进一步加大投入，提供物质保障

要把数字图书馆建设好，必须要有一定的经费投入作为保障。学会要发挥业

务指导的功能，用好评估这个手段，以评促建，促进各级党校在图书馆馆舍建设、年度经费、人员待遇激励等方面适当加大投入，取得实效。在图书馆数字化建设过程中，学会还应指导各级党校根据实际情况妥善处理数字资源与传统资源的比例关系。

3. 进一步加强资源建设，拓展服务领域

我们要特别重视数字化内容的建设，切实把数字资源建设放到极为重要的位置，抓出成效，抓出特色。在加强资源建设的同时，要进一步拓展服务方式，认真进行用户需求分析，加强主动服务、个性化服务，尤其是深层次信息服务。

4. 进一步加强队伍建设，提高人员素质

目前党校图书馆存在专业技术人才尤其是复合型人才严重紧缺、待遇偏低、骨干易于流失、引进人才渠道狭窄等问题，严重影响了图书馆事业的发展。要解决队伍问题，必须通过完善用人机制，充分挖掘现有人员的潜力。有针对性地开展专业技术人员和管理人员培训，努力培养出一支具有较高信息素养、较强服务意识、具有强大竞争力的复合型人才队伍，从而提升图书馆人员素质和队伍整体素质。

5. 进一步加强协作，推动共建共享

目前，全国各省市党校在信息资源的共建共享方面已经有了一定的基础。要加强对各地方党校数字图书馆建设的统筹安排，避免建设的盲目性和重复性，制定数字图书馆建设的有关标准，科学规划各级党校图书馆数字化建设的发展方向和目标任务，及时协调和解决建设中的各种问题，积极采用和推广各级党校图书馆数字化建设的经验和成果，真正做到资源共建共享。要进一步研究并采取实质性的举措，加强党校系统内全方位的协作，在党校图书馆数字化建设新的发展中发挥出更大的作用。

总之，学会要发挥党校集体优势，共同研究新情况，解决新问题，总结新经验，探索新思路，积极开创党校系统图书馆工作新局面。

三、以评估为抓手，推进党校图书馆事业发展

《中国共产党党校图书馆工作规程》第十四条“完善各种规章制度，制定业务工作规范，明确岗位责任，定期对工作人员的工作业绩和研究成果进行考核和评估。”第二十九条“各级党校要认真执行本规程，并接受上级党委、党校的检查和评估。”前者是针对馆内，后者则是针对上级党校对下级党校，考核和评估工作是党校图书馆工作的重要组成部分，也是业务指导的主要抓手，主要目的是通过对一定时间段的工作进行全面总结与评价，总结近年来的重点工作，发现目前存在的不足并及时解决，最终实现可持续发展。评估工作在党校图书馆事业发展过程

中发挥了以评促建、以评促管、以评估促效能提升的作用。

（一）党校图书馆评估工作的主体、标准与目标

1. 评估工作主体

党校图书馆评估工作有两个层级：一是由中央党校（国家行政学院）图书和文化馆组织的对各省、自治区、直辖市党委党校（行政学院）图书馆，新疆生产建设兵团党委党校（行政学院）图书馆，铁道党校，各副省级城市党委党校（行政学院）图书馆的评估，二是由各省级党校（行政学院）图书馆组织的对市级党校（行政学院）图书馆的评估。在实际操作过程中，省级党校图书馆评估工作一般由中央党校图书馆、中国图书馆学会党校图书馆分会负责组织，成立由中央党校图书馆主要负责人为主体，全国党校系统片区图书馆负责人和外聘图书馆专家组成的评估工作小组实施具体工作。市级党校图书馆评估工作则由各省级党校根据各省具体情况，因地制宜，组建以省级党校图书馆负责人和工作人员为主体，各市级党校图书馆负责人和外聘专家组成的评估工作小组，有条件的省级党校会邀请中央党校图书馆的相关部门负责人到场指导。

2. 评估标准

中央党校图书馆负责制定省级党校图书馆评估标准，省级党校图书馆参照中央党校图书馆制定的评估标准，制定适宜本省市级党校图书馆的评估标准。开始的评估标准体系大致可分为服务效能、业务能力、保障条件三个部分，各部分下分设一级指标与二级指标，二级指标后附有具体分值、指标解释与计分说明。后面为适应党校图书馆事业发展，紧跟时代发展，提升评估实际可操作性，历次评估都会根据当时的党校图书馆发展情况调整标准体系、指标项目和具体分值。

3. 评估目标

虽然每次评估指标都有差异，但长期以来评估工作的核心目标是“以评促建、以评促管、以评促效能提升”。最初，“以评促建”主要是为了强化和落实上级党校对下级党校进行业务指导的主体责任。在党校图书馆进入数字化发展阶段后，评估工作有了具体的目标，重点在围绕建设具有党校特点的数字资源建设方面，更多的是以项目促建设、促发展，“以评促建”重点在于促进数字资源建设和信息服务标准化建设等内容。“以评促管”主要是通过评估更新党校图书馆管理理念，提升党校图书馆在空间管理、人力资源管理、文献管理等方面的管理水平。“以评促效能提升”的主要目标是引导各级党校图书馆强化服务意识，提高服务质量，更好地保障党校教学科研工作，促进领导干部学工人员阅读。

（二）历史回顾

1994 年 7 月，中央党校办公厅和全国党校文献情报学会发布了关于开展省级

党校图书馆评估工作的意见。评估工作重点在检查评估全国省级党校图书馆现代化、多功能建设情况。主题是现代化、多功能建设，实质是全方位、整体性的检查评估，有力推动了党校系统图书馆各方面建设，特别是现代化建设，为制定到20世纪末分两步实施现代化建设目标提供了科学依据。

2000年6月5日中央作出了《中共中央关于面向21世纪加强和改进党校工作的决定》，《决定》指出：“各级各类党校都应当按照《中国共产党党校工作暂行条例》，规划党校建制，明确办学标准，提高办学质量，进一步实现党校教育的规范化和制度化。要制定科学的办学质量评估指标和评估体系，定期开展党校办学质量和综合条件的评估工作。”

2004年12月，中共中央党校校委决定在全国省级、副省级党校图书馆开展数字化建设评估工作。中共中央党校办公厅专门下发了79号文件。经中共中央党校校委批准，成立了“评估工作领导小组”，统筹领导和组织此项工作，并根据具体情况制定了《全国省级党校图书馆数字化建设工作评估内容及计分标准》和严密的“实施方案”，由中共中央党校办公厅印发至全国副省级以上党校图书馆。评估的主要目的是全面检查和考核党校系统数字图书馆建设工作。各省级党校都将这项工作纳入校委的重要议事日程，并成立了相应的“评估工作领导小组”，抓住又一次发展的机遇，以评促建、以评促管、以评增效、以评促联，通过自查自评、互查互评，实实在在地在改善办馆条件、丰富信息资源、增强数据库建设、加强信息服务、强化科学管理、促进共建共享等方面花了大力气，也取得了明显的成效。

2005年11月，全国党校数字图书馆建设工作会暨全国党校文献信息学会年会在湖南省委党校召开，时任中央党校图书馆馆长崔永琳代表全国党校系统图书馆数字化建设评估工作领导小组在会上作了《全国省级党校图书馆数字化建设评估工作总结》报告。

2006年5月，“全国党校图书馆数字资源共建共享工作会议”在上海召开，推动《全国党校图书馆数字资源建设规划(2006—2010)》的实施和落实，这次会议的成功召开，标志着全国党校系统数字图书馆资源共建共享工程的正式启动，北京、上海、重庆、陕西、河北、山西、吉林、江苏、浙江、安徽、福建、山东、湖南、广东、四川、青岛16家图书馆参加了全国党校系统图书馆数字资源共建共享工程，这次会议对党校系统图书馆的信息化、数字化、现代化建设产生了深远的影响。

2010年6月，全国党校图书馆数字资源共建共享示范馆负责人暨学会常务理事会在北京召开，会议通报了全国党校图书馆数字资源共建共享先进单位和先进个人评选方案，通过了16家示范馆上报的先进个人名单。经过五年的建设，各级党校积极开展校内外、省内外的交流与合作，不断推进信息资源共建共享，取得一定进展；中央党校校园网已经开通了虚拟专用网(VPN)，江苏、浙江、山东、广东、广西、四川等省委党校建立了全省党校系统的虚拟专网(VPN)，初步实现了数字信息资源共享，提供更大范围的资源服务。

2010 年 7 月，全国党校图书馆工作暨信息资源建设会议在陕西省委党校召开，会上通过了《关于进一步加强和改进党校系统图书馆工作的若干意见》《关于加强和改进党校系统信息化建设的若干意见》《党校图书馆工作规程》，发布了《全国党校数字图书馆资源建设规划(2011—2015 年)》，提出建设能体现党校特点、具有现代化气息、有权威性“三大文库”项目。

2015 年 6 月《关于开展全国党校系统图书馆“三大文库”建设项目结项与评估的通知》，制定了详细的《项目状况评估标准》和《组织状况评估标准》，并成立了由中央党校图书馆和业界专家组成的评估工作小组。地方党校各参评馆自评并提交材料，中央党校图书馆本着公平、公正、公开的原则，认真审查自评材料，汇集所有参评馆的元数据文件，并于 2016 年 5 月先后召开两次预评会议，通过 VPN、远程软件操作等各种方式，逐一查看与评估所有参评项目的实际效果。6 月初评估工作小组召开了评审会议，经严格的评审程序，形成最终结果。

2016 年 7 月，全国党校系统图书馆工作会议在中央党校召开，发布了《中共中央党校办公厅关于对全国党校系统图书馆“三大文库”建设获奖单位及项目进行表彰的决定》，表彰了部分先进单位和优秀项目：北京市委党校图书馆“中国共产党北京历史文库”等 20 家党校图书馆的 26 个子库项目获得“数字资源建设优秀成果奖”，北京市委党校图书馆等 10 家党校图书馆荣获“数字资源建设优秀组织奖”，黑龙江省委党校图书馆等 8 家党校图书馆荣获“数字资源建设进步奖”，湖州市委党校图书馆等 2 家地级市党校图书馆荣获“数字资源建设特别奖”。会议发布了《关于进一步发挥党校图书馆功能的若干意见》《全国党校系统数字资源建设规划(2016—2020 年)》《党校图书馆工作规程》三份文件。

2016 年 11 月 16 日，中央党校图书馆向 48 家副省级以上城市党校图书馆以及湖州、嘉兴、赤峰、铜陵等四家地市级党校图书馆印发了《“四大专题数据库”建设实施方案》，明确“十三五”期间党校系统图书馆数字资源建设的任务书、路线图和时间表。

2019 年 10 月，全国党校(行政学院)图书馆业务培训班在湖北省宜昌市委党校(行政学院)举办，此次培训班的主题是，深入贯彻落实 2016 年全国党校系统图书馆工作会议精神，全面实施《全国党校系统图书馆数字资源建设规划(2016—2020 年)》，部署 2020 年“四大专题数据库”子库项目结项、评估工作，推进全国党校(行政学院)图书馆数字资源建设；研究解决数据库建设中的技术与应用问题，提升各级党校(行政学院)图书馆的信息管理能力与知识服务能力；加强图书馆特色馆藏建设与服务，扎实推进图书馆事业发展。

2019 年 10 月，中共中央发布《中国共产党党校(行政学院)工作条例》，明确指出要制定科学的办学质量评估指标体系和办法，对下级党校工作进行评估。2020 年 12 月，中央党校(国家行政学院)会同中组部组成 4 个省级党委党校(行政学院)办学质量评估试点工作组，赴 4 个省份开展办学质量评估试点工作，涵盖了图书馆评估，评估标准规范了图书馆各项工作且成效显著。

2021 年 7 月至 11 月，中央党校图书和文化馆开展对地方党校(行政学院)图书馆申报的“四大专题数据库”子库与子课题项目结项评估工作。结项评估工作由中央党校(国家行政学院)图书和文化馆、中国图书馆学会党校图书馆分会负责组织，成立结项评估工作小组具体实施。中央党校图书和文化馆馆长担任组长，小组成员包括中央党校图书和文化馆相关人员、全国党校(行政学院)系统各片区负责同志以及国家图书馆、高校图书馆等业界专家。结项材料包括：结项报告、结项申请表、录制子库功能的短视频、子库元数据文件以及子课题项目研究报告。

(三) 评估工作对党校图书馆事业发展的推动效应

1. 考核效应

考核效应是评估党校图书馆事业发展的重要机制。考核效应是指地方政府和党校图书馆为应对评估，在评估前期加大投入提高自身的业务能力、服务效能，在评估后加强考核激励，从而促进业务建设上台阶的效应。

2. 标准指导效应

评估可以通过指标体系指导党校图书馆事业发展，评估指导效应可分为标准指导效应和名单指导效应。“标准指导效应”是指地方政府和党校图书馆在评估后，根据新一轮评估标准增加了相应的政府保障和业务建设内容，提升了党校图书馆服务效能。

3. 名单指导效应

是指每次评估的优秀名单公布后，落后地区受到名单鞭策和上级党校的反馈和整改要求，会到上榜的兄弟党校图书馆参观学习，同时促进交流和合作，从而发展速度可能相对较快。

4. 对党校图书馆事业均等化发展的影响

我国东西部地区发展差距较大，同样表现在党校图书馆事业发展上，西北地区党校图书馆的整体发展水平还比较低，发展极不平衡，存在着很多困难和问题。评估工作可以促进党校图书馆事业均等化发展，评估的正面考核效应、标准指导效应和名单指导效应都可能促进党校图书馆事业落后地区相对高速发展，缩小地区间党校图书馆发展差距。

第二节　江苏省党校系统图书馆业务指导和评估工作实践

正如全国党校系统图书馆评估工作一般是依托于中国图书馆学会党校图书馆分会一样，江苏省党校系统评估工作一般由江苏省党校文献情报学会为实施主体。学会自成立以来，努力发挥联系全省党校图书馆和会员的桥梁作用，从促进学术发展、推动干部阅读、加强协作协调、推进共建共享等方面为全省党校图书馆事业全面发展开展业务指导工作。通过开展考核评估工作，加深省内市县党校对图书馆在党校建设中地位和作用的认识，推进图书馆业务工作向规范化、标准化迈进的步伐，锻炼了全省党校系统图书馆队伍，提高了图书馆馆员们的专业素质，改善了办公条件。

一、江苏省委党校业务指导工作

开展对下级党校的业务指导，是上级党校立足党校事业发展全局、发挥党校系统优势、促进党校协调发展的重要途径，是《中国共产党党校工作条例》赋予上级党校的重要职责。党校图书馆业务指导工作跟党校业务指导工作是局部和整体的关系，图书馆业务指导工作需发挥自身职能，紧密配合校业务指导工作。多年来，我校业务指导工作在宗旨、思路、内容、形式、机制等方面都有长足的发展，在江苏省党校系统建设中发挥了重要作用。

（一）以“服务型指导”为宗旨，突出重点服务

做好业务指导工作必须突出服务，扎扎实实地为下级党校办实事、办好事。相对来看，上级党校具有办学硬件、人才、资金等优势，且办学经验丰富。这就决定了上级党校在教学、科研、管理等层面，具备指导和服务下级党校业务工作的客观条件。服务型的业务指导能够有效架起上下级党校之间联系的桥梁，将上级的方针政策及时贯彻下去，使基层党校工作有方向；将实践中的好经验及时推广开来，使基层党校比学赶超有目标；将基层党校的情况及时反映，有利于及时制定党校发展的大政方针。“服务型指导”要求上级党校在为基层的服务中，把重点放在对下级党校建设中国特色社会主义理论和坚持党的基本路线的教学、师资、调研、科研的服务上。

（二）紧紧围绕党委中心工作，创新工作思路

党校系统的业务指导工作要定位全局，抓好中央、省委关于党校工作方针政策的贯彻落实和督促检查。《全国干部教育培训规划(2023—2027年)》对加强全国党校(行政学院)系统业务指导提出明确要求，做出具体部署。党校(行政学院)系统的业务指导，既有行业部门业务指导的一般性要求，更有干部教育培训工作的鲜明特征和党校(行政学院)系统的自身特点，其中最鲜明的特点就是，通过督促指导各级党校(行政学院)深入学习贯彻习近平总书记关于党校工作重要论述，特别是认真学习贯彻习近平总书记在中央党校建校90周年庆祝大会暨2023年春季学期开学典礼上的重要讲话精神，认真做好习近平新时代中国特色社会主义思想学习宣传、研究阐释和贯彻落实工作，切实把学习新时代党的创新理论作为教学中心内容和首要任务，重点加强对新时代党的创新理论的研究，更好推动其落地落实、入脑入心。

（三）把握校委整体工作布局，创新工作内容

业务指导工作是省、市党校整体工作不可分割的一部分和重要内容，必须围绕校委的整体工作布局来谋划工作内容，服从和服务于全校和全省党校系统的整体改革与发展。在工作内容上，业务指导始终把教学科研作为工作的重点，包括积极指导市县级党校探索和深化教学改革，提升教学质量，组织召开全省党校系统教学工作会议、教学经验交流会，组织全省党校系统精品课评选、教学观摩活动，举办全省党校系统科研工作会议、科研协作会议，编辑刊物，举办全省党校系统信息化与图书馆协作会议等等。同时，又要着眼于创新，根据形势和任务发展确定某一阶段的工作重心，比如配合主题教育、教学评估等工作来确定对下业务指导的具体内容。

（四）根据面临的形势和任务要求，创新工作形式

党校业务指导工作在不同阶段面临不同的形势和任务，这就要求我们的工作既有原则性，又有灵活性，及时创新和调整工作形式。当前比较有效的业务指导的形式主要有：会议指导、调研指导、教学基地指导、评估指导、师资指导、文件指导等。

会议指导是指利用一年一度的校长会、各种专题会(信息化、教研会、理论讨论会、图书馆业务研讨会等)进行指导；调研指导方面，江苏省委党校2014年正式启动了校领导联系基层党校制度，校领导每年到基层实地调研、考察，既收集基层党校发展的第一手资料，又帮助基层党校解决一些实际问题，加强了同基层群众的联系和交流，产生了良好的社会影响；教学基地指导方面，江苏省委党校充分发挥淮安市周恩来总理故乡的优势，在淮安设立了教学基地，教学基地成

为省市党校教学协作的结合点和示范点，起到了有效整合资源的作用；评估指导是指建立党校系统评估机制，由上级党校定期开展对下级党校的办学评估，对评估排出综合和单项（教学、科研、队伍建设、基本建设）排名，通报地方党委；师资指导是业务指导重要方面，比如通过建设全省党校系统师资库，举办新任校长培训班、师资培训班，规范组织党校教师专业技术职称资格评审等；文件指导是通过制定对全省党校发展具有指导性和规范性的文件，帮助全省各级党校提高整体管理与建设水平等。

（五）充分利用现代技术工具，创新业务指导手段

网络信息指导是指充分利用网络传递信息快捷全面的优势，提高业务指导工作的效率。江苏省委党校着眼于全省党校系统信息化协作，采取了一系列有效措施，取得了良好的成效。主要方法有：召开全省党校系统信息化工作会议，举办信息技术人员培训班，完善 VPN 虚拟网服务机制和共建共享机制，开展市级党校网站评比活动。同时加强市县级党校加强图书馆情报信息研判、舆情分析等功能的调查研究，提高图书馆知识服务水平，为决策咨询服务。

（六）注重长期效果，创新规范业务长效机制

首先，要有健全的组织领导体制。强有力的组织领导、统筹部署、合理安排是业务指导工作扎实有效的基本保障。其次，要有完善的制度保障。完善的业务指导工作制度至少应包括指导什么，谁来指导，怎么指导三个方面。第三，要有顺畅的工作机制。顺畅的工作机制是指由工作指导处牵头，教学、科研、后勤、信息化等相关部门组成业务指导工作任务的落实机构，统分结合，齐抓共管。作为业务指导综合协调服务部门，工作指导处的作用应体现为：一是基层党校的“服务处”；二是校内各部门业务指导的“办公室”；三是校委业务指导决策的“参谋处”。

（七）协作共进，指导市县党校工作

定期召开全省党校系统图书馆协作会议，开展图情业务培训。通过校院 VPN 网络系统，实现了图书馆数字资源对市县党校的共享。指导市县党校参与特色数据库共建共享。党校图书馆信息集群是大量党校图书馆及信息机构与组织按照一定的信息资源服务优势集中在特定的虚拟地域范围，按照一定的信息联系集中，打破现有各种联盟的形式和体制，按地域组成具有竞争优势，促进党校图书馆组织结构网络化、管理扁平化、决策实时化，各系统党校图书馆之间关系开放协调化，对信息资源按照科学方法和专业组成进行序化分级，构成一个类似生物有机体的信息群落，形成强劲、持续发挥信息竞争优势的服务网络，运用柔性化的管理和满足个性化的用户信息需求，发挥强劲、持续信息服务优势的一种新的空间

知识服务组织形式。集群内具有分工合作关系的不同系统和规模的党校图书馆及机构、组织等成员之间，通过纵横交错的网络关系联系在一起，借助用户群体和信息服务主体之间的共同联合体虚拟服务平台进行广域性信息服务。

（八）坚持问题导向，着力推进市县党校评估整改见行见效

每次评估工作都会成立评估小组深入一线，围绕市县党校办学质量评估整改及县级党校分类建设问题，通过听取汇报、座谈交流、实地察看、调阅资料、分析数据等多种方式，进行专题研讨交流和现场观摩督导，着力点题破题，推动形成全省党校系统整改落实联动效应。党委对党校工作重视程度明显提高，不少市委党校评估整改工作纳入党委整体工作部署，市委主要负责同志担任整改领导小组组长，市委常委、组织部部长、党校校长逐一到各县(市、区)党校现场指导整改工作，要求明确整改时限，倒排整改工期。党校规范化建设明显加强，人才队伍结构明显改观。

（九）坚持系统思维，全面推动江苏省委党校系统强起来

全省党校系统践行“为党育才、为党献策”党校初心，深入贯彻落实全国党校(行政学院)校(院)长会议精神，牢固树立全省党校“一盘棋”发展理念，重心下沉、服务基层，高质量推动全省党校系统整体提升、协同发展。近年来，江苏省委党校始终高度重视对下级党校的业务指导工作，坚持“全省一盘棋、建设大党校”思路，探索建立省市两级党校资源共享、教学交流、科研协作、人才共育、信息互通、服务融合的一体化组织、运行和管理机制，在全省党校系统率先建成全市党校“大图书馆”、率先实现省委党校“党校云”平台在市域内党校全覆盖，在推进党校(行政学院)系统建设上取得明显成效。

二、江苏省党校文献情报学会发展现状

（一）江苏省党校文献情报学会的发展历程

1989 年 5 月，全国党校图书馆文献信息学会江苏分会成立暨全省第一次图书资料情报工作年会在常州召开，参加会议的有省、市、县市及大企业党校的领导和图书资料情报工作人员共 38 人。会议讨论通过了《全国党校文献情报学会江苏分会章程》，选举产生第一届理事会，一致推举时任中共江苏省委党校校委、副教育长李真同志为第一届理事会名誉理事长，同时选出了理事长、副理事长、常务理事和秘书长等，设学术委员会、组织委员会。

1994 年 7 月，根据中央党校办公厅和全国党校文献情报学会关于开展省级党校图书馆评估工作的意见，江苏省委党校图书馆进行了自查自评。制定《江苏省市、县级党校图书资料工作评估指标及计分标准(暂行)》，向全省各级党校下发

通知，组织开展全省党校图书馆评估工作，11 月结束，此次评估有力促进了全省党校图书馆工作。

1996 年 3 月，江苏省社科联批准江苏省党校文献情报学会为省社科联团体会员。

2005 年 7 月全国党校图书馆评估、华东互评开始，华东地区党校系统图书馆评估检查团(由上海、山东、安徽、青岛、江苏、南京党校分管校长和图书馆馆长、专家组成)到本馆评估。11 月，全国党校图书馆评估分数和排名公布，江苏省委党校图书馆总分排名第三。

2006 年 1 月，中共江苏省委党校下发苏委校〔2006〕6 号通知《印发<关于开展江苏省委党校系统图书馆数字化建设评估工作的意见>的通知》，全省党校图书馆建设评估工作正式启动。同年推出《江苏省市级党校图书馆数字化建设工作评估内容及计分标准》。

2006 年 12 月，在镇江市委党校召开全省市级党校图书馆评估工作总结交流大会，“十一五”期间实现“现代化、数字化、网络化”三化目标，全省市级党校达标馆 9 个，不达标 3 个。

2007 年 9 月，江苏省委党校图书馆、江苏省文献情报学会制定《江苏省党校系统图书馆信息化建设“十一五”发展目标和任务》，下发至全省市级党校图书馆。

2010 年全国党校图书馆工作会议以后，及时召开全省党校图书馆馆长会议，传达全国党校图书馆工作会议精神，积极贯彻落实。

2012 年举办全省党校图书馆特色资源建设协作会，13 个省辖市市委党校分管校领导和图书馆负责人、省委党校图书馆负责人及图书馆部门主任等代表出席，就特色资源建设达成共识，全面推进全省党校资源共建共享。

2015 年 11 月，召开全省党校文献情报学会换届大会，产生了新一届理事会，开启了全省党校文献情报学会工作的新征程。

2020 年江苏省委党校开展省级党委党校(行政学院)办学质量评估筹备工作。对照评估指标体系，图书馆认真做好台账整理、汇总支撑材料、填写自评得分表、撰写自评报告等各项具体工作，重点梳理了图书馆建设制度汇编、“十三五”规划工作方案、数字资源共建共享、特色数据库(“四大专题数据库”子库)建设有关情况说明等材料，获得较好评价。

2021 年 10 月，图书馆参与江苏省市级党委党校(行政学院)办学质量评估，完成“江苏省党校系统图书馆数字资源需求调查”工作以及对 13 家市级党委党校图书馆建设的线上文字评估。

（二）主要工作

1. 组织召开会议

学会成立以来每届理事会定期召开理事会和全省党校图书馆馆长会议，讨论学会各项工作；讨论和审议学会工作重大事项；贯彻全国党校图书馆工作会议精神；落实图书馆信息化建设。理事会每年定期召开部分在宁理事长、副理事长、秘书长、副秘书长和专业委员会主任参加的学会全年工作计划、全年工作总结研究会。此外，还根据工作的实际需要不定期地举行理事长与秘书长联席会议，及时商讨学会工作。

2. 开展业务活动

（1）开展阅读推广活动

随着国家对文化建设和公民个人素质的不断重视，读书推广活动在各类图书馆经常举办。2010 年为推动全省市县党校阅读活动，学会向全省党校图书馆发出倡议书，号召各馆利用现有条件采取措施，推动全省党校阅读，各级党校图书馆积极响应，开展了相应活动，推广阅读取得成效。2010 年以后每年 4 月份，江苏省委党校及各市委党校都举办系列阅读宣传推广活动纪念 4. 23 世界读书日。

江苏省委党校图书馆 13 年来持续开展“世界读书日”纪念活动，如评选优秀读者，举办读书会，开办讲座，编辑《推荐阅读书目》，举行读书宣传展览等推动党校读书活动。2012 年邀请时任中央党校图书馆馆长陈高桐讲座《学习的革命》，同时邀请全省市级党校分管副校长和图书馆馆长参加。2013 年邀请南京大学新闻传播学院教授、南京大学国际传媒研究所所长潘知常作《今天我们需要读什么样的书?》主题报告等。南京市委党校在 4. 23 期间开展主题系列活动，组织“馆藏马列主义经典图书推荐”和“小型畅销书展”等宣传活动。无锡市委党校举办“阅读与分享”读书沙龙，举办书展、制作推荐书目。常州市委党校开展图书推荐，优秀读者评选，召开读者座谈会，设立轻松悦读角，开展图书漂流、书香进社区等活动。镇江市委党校开展“好书推荐”“读书征文”“读书讲座”等活动。青干院开展了《百年南京》等大型主题图片展，持续推介著名人物，组织名家讲座等读者实践活动。这些活动读者反响热烈，有效地推动了校园阅读。

（2）资源共建共享

学会积极参与全国党校文献情报学会各项活动，积极参加全国党校数字资源共建共享，不断充实完善以中国共产党历史文库、马克思主义理论文库、中国国情与地方志文库等“三大文库”建设为中心的特色专题数据库。2011 年江苏省委党校图书馆三大文库建设项目被中央党校图书馆立项，同时还被列入当年全国高校特色资源建设项目。2013 年该项目获中央党校图书馆“三大文库”建设中期评估优秀项目奖。同年，学会组织全省市级党校图书馆开展“三大文库”特色数据库项目申报工作。全省市级党校图书馆积极申报，其中无锡市委党校图书馆“苏南模式领军人物”、常州市委党校图书馆“常州三杰”、淮安市委党校图书馆“周恩来文献图片库”、盐城市委党校图书馆“新四军铁军精神研究数据库”、南通市委党校图书馆“南通市情资料库”、宿迁市委党校图书馆“宿迁市情数据库”等项目立项。盐城市委党校还以创建全国干部党性教育基地为契机，争取资金，加快进度，2014 年“新四军研究数据库”项目通过验收。2018 年在中央党校“四大专题库”子库项目“党的建设理论与实践研究暨江苏红色文化资源数据库”建设过程中，充分整合了“常州三杰特色资源库”“新四军研究数据库”“中国共产党在南京”等相关数据库，实现了共建共享，提高了数据库的实用价值。该数据库于 2019 年底初步建成，2021 年完成结项验收，目前数据仍在更新中。

各市委党校图书馆在特色上做文章，都建设了市情、教研文库等特色数据库和特色文献阅览室。如南京市委党校完成了“南京市情研究数据库”“南京党校文库”“南京历史人物及事件库”和“南京地方政府管理案例库”等库的主题及架构设计，以及相关数据的收割。镇江市委党校建设了“中国镇江”“教师文库”“市情研究”等数据库。徐州市委党校建设了“市情资料数据库”“党校文库”。无锡市委党校建有“无锡市情库”“本校文献库”“热点专题库”等特色数据库，同时还建设了“特色无锡”图书馆，重点收集无锡相关纸质文献。常州市委党校除建有“常州市情”等自建数据库，也建设了党风廉政教育资料室、常州市情市策研究资料室，电子阅览室，党校办学规律研究等专题纸质文献资料室。

各市党校在资源建设上还努力通过自购、协作、共建共享等方式实现资源建设特色化，利用最大化。江苏省委党校图书馆通过 VPN 方式为市县党校提供省委党校数字资源。2014 年，为方便读者利用智能手机、ipad 等移动终端阅读图书馆的数字资料，购入“移动图书馆”服务平台，并组织在全省党校系统内推广使用，受到广大读者的好评。至 2023 年各馆基本上都建有自己的特色数据库，信息化程度大大提高。

（3）不断深化服务

不少图书馆建设新馆或改建旧馆，条件大大改善。江苏省委党校 2011 年完成搬迁。南京市委党校搬迁新馆，软硬件都得到很大提升。苏州市委党校完成图书馆馆舍改造并对图书馆操作系统进行升级。宿迁市委党校建设了信息中心机房，完善基础设施和软硬件建设。盐城市委党校积极参与新校区智能化方案设计。泰州市委党校逐步实现电脑管理，方便教职工借阅。青年干部管理学院做好图书信息资源的结构优化，服务窗口及办公室实现自动化。随着条件的改善，各校在服务上下功夫，服务水平得到提升。

江苏省委党校深入贯彻党的十八大关于开展全民阅读的重要部署，紧紧围绕校委中心工作，探索图书馆服务学员、服务教学科研的转型发展之路。如利用手机、宣传屏、校园网、图书馆网站、《江苏党校报》等多平台推荐发布推荐新书好书。利用学员宿舍、校园主要楼宇和公共场所等多场所设立阅览角、打造“书刊漂流站”推动校园阅读活动向深度和广度拓展。图书馆在数字资源服务上着力推广宣传应用“移动图书馆”，给读者阅读带来很大便利。除了服务于本校读者，江苏省委党校图书馆一直以来还为本省党校教研人员和省级机关干部提供服务。南京市委党校图书馆开展了导读和新书推荐推送宣传活动，配合网络党校搜集上传专题资料。无锡市委党校图书馆以“服务端口前移、分类分层服务、教研咨一体”为宗旨，创新服务：配合主体班教学，紧扣学习主题，为学员提供相关政策和热点资讯。所编资料成为主体班必要的学习参考。服务不断延伸，在校内，为学员宿舍选送图书；借助学校短信平台，及时发布阅读信息；开通无锡新区图书馆数字图书馆的使用通道。在校外，在社区建立“流动书屋”，如在宜兴五牧村、在无锡市蠡园社区都设有“流动书屋”，送书进社区的活动不仅提高了党校图书馆丰富馆藏的利用率，又丰富了受书农村和社区老百姓的文化生活，也开辟了对结对挂钩单位扶持帮助的新途径，受到社区群众欢迎。常州市委党校图书馆于2014年就开通图书馆微信公众号“微书馆”，定期推送图书馆最新图书资讯、馆务动态等内容，着力打造“微时代”掌上图书馆。同时还办好《教研参考》和《读者驿站》两种内刊。苏州市委党校图书馆在教学楼、学员楼设立悦读角；向读者推荐精品图书；利用手机图书馆系统实现个性化定制服务，实现图书馆网上多功能手机服务；还通过编辑《精彩阅读》杂志，为主体班提供阅读心得，推介新书目。连云港市委党校图书馆面向社会开放，对全市机关干部以及党校协议办学单位开展借阅服务图书交换。南通市委党校图书网络中心为每间宿舍推荐图书，在校期间大家可以在本班级内交换阅读。徐州市委党校图书馆与徐州市图书馆、江苏师范大学等高校图书馆建立了馆际互借关系，建设新书通报，推荐专题文献，配合教师重要课题提供有针对性的文献信息服务。盐城市委党校图书馆通过校园网及时编发《新到期刊资料专题目录索引》，查询热点资料。扬州市委党校图书馆为领导决策服务，及时把《中央党校报告选》《理论动态》等有关刊物分送市委、市政府领导同志，同时围绕市委中心组学习和“三个扬州”建设及“经典精读”读书活动，积极为市领导推荐提供参考资料和书籍。青年干部管理学院图书馆围绕“十八大”深化改革的主题，向全体读者系统性地开展主题宣传教育活动，如此等等。

（4）加强文化建设

各级党校还利用图书馆这个阵地开展多种文化宣传活动，举办各类展览。举办读书宣传展，节庆展，专题会议展，职工书画摄影展，书画艺术展等。2014年江苏省委党校图书馆建设了“时代先锋展”“校史展”“馆藏文献展”“书画艺术进校园”等系列展览项目，使图书馆成为学校党性教育、文化宣传的重要场所。淮安市委党校图书馆也承担着学校“周恩来五德教育馆”“好干部教育馆”和“淮安廉政教育馆”宣传管理工作。2015 年年底，江苏省委党校校委专门批准在图书馆设立“小文艺术工作室”，承担图书馆的文化服务工作，每年预算给予专项经费予以保障。校委领导多次要求，图书馆要在打造书香校园、培养教职工综合素质等方面为推动党校事业发展发挥积极作用。结合“不忘初心、牢记使命”主题教育，结合党史学习教育，2016—2018 年图书馆开展了大量的主题性展览，锤炼了广大党员的党性修养和品格，举办了《信仰的光芒——雨花英烈主题美术书法作品展》《红色记忆——程默摄影图片展》等红色教育系列展览，以及《美丽校园》《绣即是修》《书法艺术进校园》等校园文化展览。2019 年推出《“不忘初心、牢记使命”江苏红色资源绘画汇报展》文创系列。2020—2021 年，推出《庆祝中国共产党成立 100 周年中共党史人物肖像暨文献展》创系列。2022—2023 年图书馆举办了《红色耀中华——近代红色出版史文献展》《光辉的历程——在近代文献中寻找党代会历史》《中国共产党人的家风》等。

3. 开展学术研究

（1）学术研讨活动

学会不定期围绕图书馆工作开展系列学术研讨活动。积极鼓励会员参加各级各类研究课题的申报、撰写，参加高层次的学术会议，撰写高质量的学术文章。

（2）组织全省党校图书馆科研成果评奖

2011 年组织华东地区党校、行政学院信息化和图书馆科学发展的合作会议论文，获优秀组织奖。2012 年组织论文（著作）参评全国党校文献情报学会 2009—2011 年度科研成果评奖，其中有 6 项成果分获一、二、三等奖；2012 年组织全省党校参加华东地区党校、行政学院信息化和图书馆科学发展的合作会议科研评奖，其中全省有 16 篇论文获优秀论文奖，南京市委党校、常州市委党校获优秀组织奖；2015 年组织全国党校图书馆优秀科研成果评奖。

（3）组织参加各类学术研讨会

每年组织论文参加中国图书馆年会，全省提交论文多次获中国图书馆学会年会论文一、二、三等奖。获出版界图书馆界“全民阅读年会”征文一等奖。市级党校也多获市图书馆学会科研奖，如盐城市委党校多次获盐城市图书馆学会论文一等奖。组织参加全国高校服务与创新研讨会。参加国际图联等高层次学术交流研讨会。

全省党校图书馆积极参加省市级研究课题，如江苏省委党校参加多项省级课题，南通市委党校获省市级等各级课题。图书馆还出版发表多部学术著作，多篇论文发表在国际图联和国内核心期刊。全省多名图书馆工作者荣获第七届全省党校系统优秀图书情报工作者称号。

4. 组织业务培训

学会有计划地举办全省党校系统图书馆业务培训。多年来，江苏省委党校图书馆、江苏省党校文献情报学会在省委党校举办多次全省党校系统图书馆业务培训班，围绕提高图书馆馆员科研写作能力和数据库检索技巧、特色数据库建设解决方案内容培训。学会还依托省委党校多次举办数据库利用、移动图书馆使用等读者培训。为市党校提供一对一的上门培训和岗位培训。如到南京市委党校、盐城市委党校等地讲座、培训，收到很好的效果。各市党校还积极参加本地和系统内的相关培训。南京市委党校参加南京图书馆举办的图书分类法、编目标引著录的专业培训，开展“汇文管理软件”学习培训。图书馆业务学习紧跟前沿，重点普及学习“智慧图书馆”“大数据时代的图书馆”等最新的业务知识，以及移动图书馆的推广使用。这些培训对于提高业务技能起到积极作用。

5. 开展交流协作

学会积极参加全国党校文献情报学会、全国党校图书馆工作会议，华东地区党校工作会议，中国图书馆学会、江苏省图书馆学会、江苏省高校图书情报工作委员会、江苏省社科联组织的各项活动，接受指导，交流协作，开拓视野。作为全国党校文献情报学会的团体会员和常务理事单位，每年派代表出席学会理事、常务理事会议，共商全国党校图书馆工作，评选全国党校图书馆优秀科研成果，接受工作任务，接受业务指导。积极响应并参与全国党校资源建设项目。多次派代表出席“全国党校图书馆数字资源共建共享工作会议”，商讨共建资源的内容、规范、标准等问题。在参与共建项目的同时推进江苏省特色资源建设工作的开展。学会理事会多次参与评选全国党校文献情报学会科研评奖。2010 年出席全国党校图书馆工作和信息资源建设会议，江苏省委党校作为重点发言代表介绍图书馆资源建设和信息化情况。2010 年、2011 年出席华东地区党校、行政学院信息化及图书馆合作会议，并在大会上交流发言。2012 年成功举办华东地区党校、行政学院信息化、图书馆科学发展合作会议，在兄弟党校中产生了一定的影响。学会还参加了中国浦东干部学院、上海市委党校图书馆主办的长三角地区党校图书馆信息合作会议。每年派代表参加中国图书馆学会年会，参加专业培训、研讨班。论文多次获各类中国图书馆学会年会征文奖项。作为江苏省图书馆学会常务理事单位，定期出席江苏省图书馆学会理事、常务理事、学术委员会会议。除此之外，学会还积极参加江苏高校图工委的活动，参与资源共享项目，参加技术工作年会、高校情报咨询专业委员会学术年会，参加江苏省高校图书馆联合采编中心会议，全国高校图书馆服务与技术发展研讨会等专业会议。学会每年派代表出席江苏省社科联理事大会，参加秘书长培训班学习。参加国际图联会议。组织会员参观学习，与全国各级党校来访的同行交流学习，互派馆员。江苏省委党校图书馆与江苏省社会科学院图书馆签订合作协议，开通 VPN、移动图书馆平台和纸质文献借阅等服务。在交流协作上，南京市委党校与南京金陵图书馆的达成业务合作项目意向。盐城市委党校与安徽省委党校图书馆签订了《新四军传统教育资源开发利用合作框架协议》。这些交流协作使我省党校图书馆进一步开阔了眼界。

6. 加强科学管理

学会注重组织建设和制度建设。根据《章程》实行规范管理，在日常管理中，完成每年学会年审工作，办理学会年审的各项手续；每年完成并向江苏省社科联上报学会年度工作总结和年度工作计划；组织筹办年会，安排会议日程，完成会议会务工作；参加江苏省社科联各项工作会议和培训，并及时、主动完成会议布置的任务。完成江苏省级社科类学会规范化建设评估自评。完成本学会社会团体法人登记证书年度审核及学会财政票据（社团会费收据）年检工作等。

（三）发展方向

1. 围绕党校工作中心，提升服务水平

贯彻落实全国党校工作条例和党校工作会议精神，以改革创新精神研究和探索新时代党校图书馆的发展规律，不断创新发展理念、拓展特色服务，创出党校的特色和品牌，提高为江苏省党校图书馆建设服务的水平。在信息化智能化时代，党校图书馆不能缺席，要紧跟时代步伐，加大图书馆建设力度，为构建图书馆服务体系搭建学习和示范的平台。

2. 继续加大培训力度

为图书馆建设培养一支合格的人才队伍。各级党校多年来经过图书馆信息化、数字化、网络化建设，造就和锻炼了一大批专业技术人才，但全省党校图书馆人才队伍建设发展不平衡，许多馆专业队伍状况不容乐观，年龄、专业结构不合理，人员老化情况严重。学会应该把培训高素质的专业人才作为战略目标抓紧抓好。学会要继续加强培训的计划性，加快专业人才队伍建设，以适应图书馆建设的要求。

3. 继续做好资源建设的协调工作

促进资源建设特色化，完善数字资源共建共享机制。在总结“三大文库”和“四大专题库”建设经验的基础上，继续挖掘具有党校特色的资源，对已建成数据库要持续进行数据更新，不能变成“死库”和“僵库”。要加强宣传和使用，在全国党校系统范围内进行共享，互通有无。

4. 继续加强学术研究与交流，提高馆员的科研能力与业务水平

学会要持之以恒地抓好学术建设，加强学术交流，引领学科发展，促进人才

成长。要以开展高质量的学术交流活动，引领学科发展作为中心任务，积极探索学术交流的方法和机制，大胆实践，积极搭建不同形式、不同层次的学术交流平台，努力提高学会的影响力和凝聚力。通过创新学术活动形式，提高学术活动质量，使学术活动发挥更大的学术辐射力和影响力。继续办好学会网站，利用江苏省委党校微信图书馆中“会员之家”栏目及时发布图书馆界科研新动态和新成果。开展科研成果评奖，促进全省党校图书馆科研工作上水平。

5. 发挥学会优势，做好阅读宣传教育，服务经济社会发展

随着党和政府对公众阅读的重视，学会要在引领和倡导“干部阅读”，提高领导文化修养工作中发挥积极作用。党校图书馆要充分发挥其服务和教育职能，以每年的“4.23 世界读书日”为契机，通过多种手段，办好宣传推广活动。深入开展阅读研究，总结推广图书馆阅读活动的经验与做法。

6. 组织好丰富多彩的学会活动，增强学会的凝聚力

坚持以会员为本，不断增强学会的活力和凝聚力。为了充分发挥学会的作用，增加学会的凝聚力，建议学会通过调研，了解会员馆的需求，吸纳一些好的意见和建议，在各馆经费允许的情况下，开展一些丰富多彩的活动，不断改进学会工作。

7. 以评促改促建，图书馆规范化建设上台阶

认真做好中央党校(行政学院)的年度办学质量评估检查，积极把握以评促改、以评促建的良好机会，并牵头协调深入开展市县党校图书馆发展建设专项调研，探索新时代党校系统图书馆规范化建设路径，积极开展“为市县党校送资源、送文化”服务，共同提升全省党校系统图情工作水平。

8. 继续借力借势，资源精准建设和服务出成效

借力江苏省委党校(行政学院)“创新工程图书馆特色数据库专项”，积极开展学科分馆调研和建设，探索资源精准建设和精准服务新路子。借势习近平总书记关于“二二工程”重要指示批示精神的贯彻以及省委宣传部关于《江苏省中华版本普查工作实施方案》有关要求的落实，牵头协调成立项目组，启动全省党校系统版本普查专项工作，完成“马克思主义经典著作、革命文献、手稿手迹”等规定普查任务，通过共建推出工作成果。

9. 坚持开门办馆，馆际合作出成果

借“江苏省古籍重点保护单位”的成功挂牌，进一步推进古籍整理保护、研究专项工作。借“江苏省方志馆省委党校分馆”的挂牌和文献资源入驻，着力江苏省委党校图书馆省情资料中心“江苏特色”资源的打造，并积极协调帮助市县党校开展省情地情文献资源的查缺补漏工作，完善优化馆藏结构，彰显地方特色。

三、江苏省委党校图书馆工作质量评估情况

（一）2017年江苏省委党校图书馆迎评自评材料示例

根据中央党校《省级党委党校办学质量评估办法(试行)》文件的指标体系，对江苏省委党校图书馆工作质量进行自评。

一级指标	二级指标	具体评估内容
办馆条件(10分)	体制、队伍建设(4分)	部门设置、管理架构、人员组成、年度培训计划、对外合作交流、业务指导等情况
	经费保障(3分)	年度财政预算、占学校办学经费的比例、专项经费、预算执行和财务审计等情况
	馆舍条件(3分)	馆舍面积、阅览席位、读者人均席位、消防设施设备、照明、绿化、保洁等情况
典藏建设(15分)	典藏数量和质量(3分)	古籍、民国文献、江苏省情、教研成果等特色资源收藏情况，中外文书年更新率(新书品种与馆藏种数之比)，本校教职工人均文献册数，最大培训规模人均文献册数等
	典藏管理(7分)	文献流通流程规范化、编目排架规范化、乱架率、新书推荐、馆藏数字化等情况
	典藏保护(4分)	书库设置、馆藏古籍和民国文献保管情况、整理情况、数字资源的安全备份
	采购编目(1分)	采购过程的合规合法、编目工作标准化
数字化建设(20分)	硬件建设(3分)	图书馆专用服务器数量、工作机配置、网络设施、存储空间等情况
	系统软件(4分)	操作系统、数据库管理系统及数据库建设专用软件情况
	应用软件(3分)	图书馆网站、图书馆集成应用系统
	资源建设(10分)	商业数据库的数量、自建特色数据库、制定与同级或下一级党校数字资源共建共享规划、数字资源共建共享机制或组织等情况
读者服务(35分)	基础服务(14分)	图书馆为读者提供的借阅时间为40小时/周以上、全年保证无间断网上访问图书馆资源、馆藏文献除民国时期和古籍文献之外全部实行开架服务、人均借书量、电子资源人均访问量、图书馆使用指南、校内合作等情况
	咨询服务(10分)	提供线上(读者服务QQ群、微信公众号等)和线下(电话咨询、读者留言簿等)服务情况、为教研部提供学科服务情况以及定题服务情况

续表

一级指标	二级指标	具体评估内容
读者服务（35分）	其他服务（6分）	提供资源校外访问服务，提供文献传递、馆际互借服务及电子书借阅机、电子报纸阅读机、移动图书馆 APP 等服务，提供智能手机、平板电脑及个人电脑多载体设备阅读体验等，举办各类展览以及新书推荐服务等情况
	读者评价（5分）	定期举行读者问卷调查、举办读者座谈会并听取读者意见、读者意见反馈渠道、图书馆与读者互动交流渠道等情况
科学管理（20分）	规章制度（3分）	有完备的业务、服务和管理规章制度；规章制度适时修订更新；定期检查督促年度工作计划、目标管理的执行情况
	民主管理（3分）	馆员参与谋划和落实年度重点工作和创新工作、实行岗位责任制，做到分工明确、责任到人，定期召开馆务会、馆员提出合理化建议、馆班子采纳合理化建议等情况
	业务统计（3分）	每年各种统计数据完备、准确；每年各种档案整理及时、完备、系统等情况
	学术研究（11分）	课题立项和结项、学术论文发表、举办或承办各类学术会议情况

（二）2022年江苏省委党校图书馆迎评自评材料示例

2022年，中央党校（国家行政学院）在充分调研和科学论证的基础上，会同中央组织部，印发《省级党委党校（行政学院）办学质量评估办法（试行）》，评估体系分为一级指标、二级指标、评估要点、分值、评分依据、评分办法等方面，其中图书馆建设评估要点主要侧重于三方面，一是重视程度，二是资源建设情况，三是参与数字资源共建共享工作。

江苏省委党校图书馆自评材料描述：一是资源强馆。打造具有“党校特点、时代特征、江苏特色”的馆藏体系。2016—2021年图书馆建设经费逐年增长，数字资源经费占比超过60%，成功入选“江苏省古籍重点保护单位”，建成并上线全国党校系统图书馆“四大专题数据库”子库项目“党的建设理论与实践研究暨江苏红色文化资源数据库”，挂牌“江苏省方志馆省委党校分馆”，建成省情资料中心。二是文化立馆。举办各类文化展览，并深入基层党校巡展。三是服务兴馆。立足精准服务，加强制度建设和人才队伍建设；升级移动图书馆；开通图书馆微信公众平台，经常性开展阅读推广活动。

在中央党校（行政学院）对江苏省委党校的评估反馈意见中，图书馆资源建设和古籍整理工作得到了肯定。

（三）2023年江苏省党校系统图书馆评估情况总结

1. 全省党校系统图书馆建设发展还不平衡

江苏省13个市党校平均拥有图书7.9万余册；拥有基本数据库中国知网CNKI的3家，万方数据知识服务平台3家，人大复印报刊资料数据库1家(南京)，超星电子图书4家，有7家市委党校数据库拥有数为0。

2. 特色数据库共建共享还需进一步推进

江苏省委党校和部分市委党校以子项目的形式参与并完成了“党的建设理论与实践研究暨江苏红色文化资源库”，为系统数字资源共建共享提供了坚实的合作基础。但目前全省拥有资源库的市委党校仅有5家。还需进一步加强合作，继续采用课题合作的方式，共同完成全省党校系统图书馆“中华版本普查”“马克思主义经典著作、革命文献、手稿手迹普查”等项目，积极引导全省党校(行政学院)系统图书馆“联合起来，共建共享”，发挥系统整体优势，实现资源集成和互补。

第三节　加强业务指导，以评促建，推动党校系统图书馆高质量发展

“从中央到地方建立党校体系，专门教育培训干部，是我们党的一大政治优势。”事实证明，上级党校(行政学院)加强对下级党校(行政学院)业务指导是加强系统建设，发挥整体优势，提高各级党校(行政学院)办学水平的重要手段。各级党校都高度重视业务指导工作，积极构建党校系统业务指导工作长效机制。党校图书馆作为党校办学保障的重要部门，要树立系统观念，要从图书馆业务工作的全过程和各方面加强业务指导。

党校图书馆在为党校教学科研资政提供资源保障和信息服务的同时，还需要对自身发展作出阶段性的总结和评估。党校图书馆评价并不只是针对图书馆本身而言，对于各级党校乃至各级政府的工作，实质上也是一种考核，政府部门和各级党校所采取的一系列措施，直接会影响党校图书馆的发展。因此，对图书馆的评价其实也是对党校工作的变相评价。党校图书馆系统考核评估工作的主要目的是发现问题并及时解决，以评促建，最终实现可持续发展。图书馆的考核评估工作需要全方位、多角度考虑，最终办馆条件以及服务方案都需要结合评估结果作出相应调整。图书馆评价方式多种多样，角度也各不相同，选择有效的评价方法十分关键。

一、加强业务指导，促进全国党校系统图书馆建设

（一）增强各级党校对业务指导工作重要性的认识，制定指导规划

当前，影响和制约党校系统建设和业务指导工作的最深层的原因，是大家对业务指导工作及其重要性，对于业务指导与党校系统的内在关系了解不多、认识不足。党校业务指导工作已经开展40余年了，然而，从现实情况看，暂且不去说党校系统外，就在党校自身系统之内，甚至许多专门从事业务指导工作的同志，也只是在日常接待和校际联络的层面上来认识业务指导。在此情况下，党校图书馆业务指导工作开展不足，对业务指导工作的性质、地位认识不到位，一定程度上影响和制约了党校系统建设和业务指导工作。因此十分有必要在全国党校系统的范围内，进一步深入宣传业务指导工作。

按照《条例》要求，市（地）级以上党校（行政学院）牵头制定本行政区域内党校（行政学院）系统建设和发展规划，从总体上对系统建设的发展方向、目标要求、发展路径等进行谋划；加强对下级党校（行政学院）贯彻执行党中央关于党校（行政学院）办学治校方针政策情况的调研检查，督促各级党校（行政学院）积极对标对表；全面加强对教学工作、科研和智库建设、人才队伍与师资培训、开放办学、管理服务、系统建设等方面的指导，推动党校（行政学院）综合办学治校水平不断提升。党校图书馆的业务指导规划可以作为党校业务指导规划的一部分，也可以根据针对某种特定事项单列，比如“三大文库”和“四大专题库”就是针对数字资源建设的指导规划。

（二）加强业务指导体系建设，拓展指导范围

中央党校（国家行政学院）作为党校事业的领头人，责任重大，应规范机构设置，明确机构职能，在进一步明确地方党校工作办公室的定位和职能的基础上，加强制度建设。在重点加强对省级和副省级党校（行政学院）的业务指导中做出示范，各级党委党校（行政学院）要在中央党校（国家行政学院）的指导下，按照《条例》要求相应地建立规范的对口机构，开展业务指导工作，形成一级指导一级，层层有指导，信息畅通、步调一致的系统工作格局。党政部门、国有企业、高等院校、科研院所设立的党校，是培训党员干部和开展党建工作的重要阵地，要切实提高政治站位，主动接受上级党校对其办学工作开展业务指导，参照《条例》要求，不断提升各级党校规范化办学水平。这就要求党校图书馆除了要对区域内地市党校进行业务指导，还要注意加强与其他行业党校图书馆的交流合作，如有业务指导的需求，要尽力满足。

（三）发挥系统合力，建设全国党校系统的业务指导团队

习近平总书记指出：“要坚持加强上级党校对下级党校的指导，把统筹各级

党校资源、发挥整体优势作为党校系统各项工作的重要要求。”各级党校(行政学院)是一个有机整体，要切实贯彻落实习近平总书记重要讲话精神，通过加强业务指导，实现系统资源优势互补，发挥整体合力。党校是个整体，一个系统，必须树立这种整体意识。上级党校不仅要做好自己本校的工作，还要负起对下级党校的业务指导责任，唯其如此，才能充分显示其作为党委的一个部门的重要作用。

中央党校肩负着指导全国地方党校的重要责任，同时也是全国党校系统的代表和意见表达者，对于党校系统的整体建设、对于党校事业的发展，更具有不可替代的重要作用。从事业务指导的同志必须具有一定的理论政策水平，加强业务培训，不断提高自身素质。同时对党校工作的宏观问题有一定的研究，能初步掌握其中的规律和诀窍，善于发挥对地方党校的业务指导作用。各省级党委党校(行政学院)业务指导队伍应要对标中央党校(国家行政学院)，发挥人才聚集优势，在教材编写、学科建设、科研课题立项等方面发挥好对下级党校(行政学院)的指导、协调作用；要建立不同区域、不同学科的师资库、专题库、教学案例库，因地制宜打造不同特色的教学基地等，通过纵向指导帮扶和横向交流互鉴，实现系统资源共建共享。图书馆作为党校的资源中心，要特别注意收集这方面的资源，在对下进行业务指导的时候加以推荐共享。

(四) 履行新时代党校新使命，把准图书馆业务指导工作重点

中国特色社会主义进入新时代，对党校(行政学院)工作提出了新的要求，赋予党校(行政学院)新的历史使命。《条例》结合党校和行政学院合并的实际，明确了党校(行政学院)新的功能定位，即：发挥干部培训、思想引领、理论建设、决策咨询作用，为新时代坚持和发展中国特色社会主义服务。业务指导工作必须精准把握《条例》要求，切实推动各级党校(行政学院)真正成为培训党的各级领导干部的主渠道、党的思想理论建设的重要阵地、党和国家的哲学社会科学研究机构和重要智库。党校图书馆要牢牢把握这四种职能定位，建设有党校特点的馆藏资源，要优先保障建设经费，省级党校要切实在红色资源建设和共享方面对下级党校进行业务指导。

(五) 坚持党校姓党，做好图书馆自身建设

指导各级党校(行政学院)切实坚持党校姓党这一根本遵循，把旗帜鲜明讲政治率先融入党校(行政学院)教育培训的全过程和各环节。在图书馆各项工作布局中始终坚持以学习习近平新时代中国特色社会主义思想为中心内容和首要任务，着力突出党的理论教育和党性教育，推动党史学习教育常态化长效化，以党建工作促业务工作，教育馆员增强“四个意识”、坚定“四个自信”、做到“两个维护”，为党校提高学员的政治觉悟、政治能力和执政本领，充分发挥好党校教育培养党的执政骨干的突出优势，做好馆员的思想建设工作。

（六）坚持问题导向，加强县级党校分类建设

党校业务指导工作在不同的历史阶段有不同的重点任务。加强县级党校（行政学校）分类建设，是当前阶段的重要任务之一。《条例》明确规定了党校从中央到地方四级设置，但从全国范围来看，目前县级党校发展状况总体还比较薄弱。在业务指导实践中，着眼于党的事业发展长远和不断巩固执政基础的需要，结合各地实际，通过不断完善体制机制，积极推动县级党校（行政学校）分类建设取得实效。图书馆针对不同情况需要做出不同的政策安排。

（七）制定科学的指标体系，科学推进办馆质量评估

在党校系统开展办学质量评估，是总结各地实践经验并上升到制度层面的重要举措。《条例》规定："制定科学的办学质量评估指标体系和办法，会同有关部门对下级党校（行政学院）工作进行评估。"事实证明，开展办学质量评估，既是加强业务指导的重要抓手，又是推进各级党校落实主业主责的有效手段。中央党校（国家行政学院）在充分调研和科学论证的基础上，会同中央组织部，印发《省级党委党校（行政学院）办学质量评估办法（试行）》，按照突出政治引领、突出主业主责、坚持实事求是、重视激励引领的原则，从 11 个方面制定了系统规范的指标体系。指标体系全面贯彻了《条例》要求，是指导各级党校（行政学院）做好工作的重要指挥棒。各级党校（行政学院）图书馆，既要对标对表，又要结合实际，制定适合本地本层级特点的科学的办馆质量评估指标体系。

（八）把准评估的主要目的，稳步推进评估规范化

开展党校系统办学质量评估，主要目的是"以评促建、以评促改、以评促管"，推进党校系统办学治校质量和水平整体提升。通过办学质量评估，引导各级党校，逐步提升基础设施的保障水平，做到既务实管用，又放眼党校事业发展长远；高度重视人才队伍建设，加大人才培养力度，实施"名师工程"，培养造就一大批政治强、业务精、作风好的高素质教学科研人才；加强课程体系建设，着力优化教学布局，通过教学比赛、精品课评选等举措，打造优秀专题，不断丰富课堂教学内容，持续提升教学质量；抓好制度建设，积极探索和遵循党校（行政学院）教育规律和干部成长规律，善于把办学实践过程中创造的好经验好做法及时加以提炼，建立系统完备、科学规范的制度体系。

对下级党校开展办学质量评估，要按照《条例》要求，会同有关部门进行。这不仅有利于遵循公开、公平、公正的原则，提高评估结果的权威性，也有利于形成各部门齐抓共管、重视党校事业发展的良好局面，重视评估结果的运用。达不到一定的硬件和软件条件要求，就不能培训相应职级的干部，将培训任务划到别的有资质的党校培训。这就对当地党委政府施加了压力，迫使他们把自己的党校、行政院校建设好。一些地方把评估结果纳入上级党委对下级党委党建考核指标中，进一步强化了党委对办管建党校的主体责任，效果很好，要逐步实现三级党校评估全覆盖。中央党校（国家行政学院）开展省级党校办学质量评估工作，各省级党校和市级党校，要按照《条例》要求，采取适当的形式，逐步开展对下级党校办学质量评估工作，不断推进评估工作的规范化、制度化。党校图书馆对照评估要点，认真做好自评工作，同时要将评估结果及时反馈，下级党校要根据反馈结果，制定整改计划，按计划抓好落实。

二、构建评估体系，全面推动党校图书馆事业高质量发展

开展评估工作的目标是“以评促建、以评促管、以评促效能提升”，但公共政策常常无法发挥目标效果，加之评估中存在部分指标设定不科学、对公众评价重视不足、激励机制不合理等问题，制约着评估发挥作用。因此，科学化评测过往评估工作实际效果，对改进未来评估标准和评估方法、推动党校图书馆事业高质量发展具有十分重要的理论价值和现实意义。以评估推动党校图书馆高质量发展需要关注党校图书馆的发展趋势，不断优化评估定级指标体系，以提高评估的准确性和实用性。通过科学的评估，可以发现问题、优化资源配置、提高服务水平，从而推动党校图书馆持续发展。

（一）构建新时代党校图书馆评估指标体系的基本框架

数字时代，图书馆正经历由“图书资料信息中心”变成“信息资源的通道”的巨大转变；由提供“馆内服务”发展到提供“移动无休”的信息服务。党校图书馆是我国图书馆队伍中的一支重要力量，是以各级领导干部和理论干部为主要读者对象的具有中国特色的图书馆。党校图书馆理应成为领导干部教育信息中心。为顺应时代发展，党校图书馆需在办馆理念、服务内容、服务方式、服务环境等方面逐步改进，最大限度地满足读者需要。研究并构建一个科学性、适用性、导向性、前瞻性融为一体的党校图书馆评估指标体系，用发展的眼光和超前的意识去要求图书馆，倡导图书馆的现代化、数字化和社会化，强调图书馆建设的自动化、网络化和电子化，注重图书馆文献载体多元化和图书馆之间资源的共知、共建与共享。对于规范党校图书馆工作，促进其发展，在提高领导干部执政能力中充分发挥信息服务的功能，有着十分重要的意义。评估指标体系是一个系统的全面的指标群或集合体，表现在方方面面，体现了图书馆工作的整体要求，通过评

估实践，可以收到从整体上提高办馆水平的成效。可以从以下五个一级指标体系探讨构建新时代党校图书馆评估指标体系。

1. 办馆条件评估指标体系

办馆条件是党校图书馆实现其功能，履行其使命的基本条件。党校图书馆办馆条件评估体系涵盖了多个关键领域，从馆舍设施、设备与技术支持、馆藏资源、人力资源、安全与管理、经费投入等六个指标全面考量图书馆的运行状况。这个评估体系要有助于党校图书馆更好进行基础建设，切实改善办馆条件。同时，通过持续改进和调整，确保图书馆始终处于最佳运作状态，适应不断变化的需求和环境。

（1）馆舍设施指标：包含建筑完整性、布局合理性、空气质量、照明采光和温湿度监测等具体指标项。通过评估馆舍屋顶、墙壁、地板等结构的状态，来评估图书馆建筑的完整性；考察图书馆内部空间的规划，是否合理布局，便于读者使用；检查图书馆内空气质量，确保良好的阅读环境；评估照明和采光系统，保障读者阅读舒适度；监测室内温湿度，防止图书受潮或受热变质。

（2）设备与技术支持指标：包含图书馆业务系统、数字化设备和网络与信息技术设备等具体指标项。通过评估图书馆管理系统的完备性和运行稳定性、自助借还系统的效能和用户友好性来评估图书馆业务系统的运行情况；考察电子书阅读器、平板电脑等的数量和质量以及维护数字化资源的服务器、存储设备等数字化设备情况；评估图书馆的网络带宽，确保在线检索和数字资源下载的流畅性；检查图书馆内计算机设备的数量和配置，是否保障读者使用需求。

（3）馆藏资源指标：包含纸质藏书和数字资源两个指标项。由于资源建设属于图书馆的核心工作，牵涉面较广，在办馆条件评估指标里的馆藏资源指标是作为一个基础必备的项目，是一个较粗的指标项，具体的细化指标项会在资源建设评估指标体系中详细说明。这里主要是检查图书馆纸质藏书的数量、品种和更新速度；检查图书馆是否订阅了相关学科领域的专业数据库，反映的是馆藏的整体规模。

（4）人力资源指标：包含图书馆普通业务馆员团队和学科服务团队两个指标项，主要考察图书馆馆员的数量是否满足图书馆服务需求，馆员是否具备图书馆学、信息科学等领域知识的专业素养。如果有专业学科服务团队，考察团队人员的数量及为读者提供的学科服务内容。

（5）安全与管理指标：包含安全设施和管理制度两个指标项，主要考察图书馆是否设有火警报警系统，确保人员和图书资料设备安全；是否安装监控设备，确保图书馆内安全秩序；图书流通环节是否顺畅和高效，是否设有服务质量监测机制，收集用户反馈；是否有完备的灾害应急预案，确保紧急情况下的安全；针对数字资源，是否有数据备份和灾后恢复预案。

（6）经费投入指标：包括资金数额、预算分配、创新项目三个指标项，主要考察图书馆预算资金的数额，测算经费投入情况；考察经费预算的分配情况，确保各项服务均能得到适当支持；考察是否有创新项目等专项经费的支持。

2. 资源建设评估指标体系

资源建设是图书馆的立馆之本，党校图书馆资源建设评估指标体系包括纸质文献资源建设、数字信息资源建设和自建信息资源建设三个指标项，旨在全面了解和评估图书馆的资源情况，确保党校图书馆能够为党员干部和学员提供丰富、及时的知识服务。

（1）纸质文献资源建设指标：包括馆藏文献数量、文献资源结构、文献更新速度、文献资源管理水平、文献资源利用效果等五个指标项，考察馆藏纸质书报刊资料数量，各类文献类型的占比，文献资源结构是否覆盖了政治、经济、法律、管理等重点领域，以满足党员干部多元学科需求。新书、新文献的采购速度，体现了图书馆对于最新学科知识的更新能力。

（2）数字信息资源建设指标：包括数据库数量、信息资源使用情况和 OA 资源共享情况三个指标项。通过考察订阅或购买的专业数据库数量，覆盖的学科领域，反映数字资源的丰富程度；通过统计数据库在线检索、下载频率、下载内容情况分析等考察数据库的实际使用情况，反映数字资源的使用效果；考察是否引进 OA 数据库，与研究机构建立合作关系，反映对外合作资源共享的情况。

（3）自建信息资源建设指标：这里主要是指由中央党校图书与文化馆主导的全国党校特色数据库建设，有一套由中央党校图书与文化馆制定的详细的建设和评估指标，主要包括数据库的质量、实用性、创新性、独立性、规范性和有效性等六个指标项。通过考察数据的质量和资源的独特性，反映数据库建设的总体水平；通过评估数据库服务教学、科研的实用性价值，反映数据库的实用性；考察数据库在内容、技术、手段等方面是否具有创新性；考察专题库的发布页面层级、系统管理的架构体系和资源数据是否具有独立性；考察是否采用统一的资源建设标准，体现数据库的规范性；采用专业的校验工具进行数据验收，确保数据的有效性。

3. 读者服务评估体系

读者服务评估体系的目的是全面了解图书馆在服务读者方面的质量和效果。党校图书馆读者服务评估体系包括文献流通借阅情况、资源满足度、读者满意度、信息服务质量等四个指标，这一体系的建立有助于提高图书馆在服务读者方面的质量，推动其为党校学员和教职员工提供更好的服务，确保充分满足读者需求，促进图书馆的可持续发展。

（1）文献流通借阅情况指标：包括阅览环境与设施、图书借还服务、馆员服务质量三个指标项。通过评估图书馆的噪声、明亮度等阅读环境，检查自习区、阅览室、电脑区等设施的完备性，反映图书馆提供文献流通借阅的基础情况；通过评估借还书的速度、是否提供自助借还书服务、是否提供预约与续借服务等，反映图书借还服务的效率和便捷性；通过评估馆员的服务态度是否亲切、热情，考察馆员的专业素养是否能够提供专业咨询等，反映馆员服务质量的高低。

（2）资源满足度指标：包括馆藏更新情况、藏书借阅情况、读者荐购反馈情况、数字资源利用情况三个指标项。通过评估图书馆馆藏更新速度，反映馆藏量的增长速度和时效性；通过考察馆藏借阅情况，反映馆藏建设是否满足读者需求；通过分析读者荐购反馈的情况，反映图书馆的资源建设是否具有及时性；通过考察数字资源的种类和覆盖面、读者获取数字资源的便捷程度、数据库的访问数据等，反映数据资源的建设情况。

（3）读者满意度指标：包括读者活动与培训情况、读者反馈与建议收集情况、读者隐私保护和信息安全三个指标项。通过评估图书馆是否定期举办读者活动，增加读者互动，以及是否有读者培训计划，提升读者信息素养，反映读者参与互动状况；考察图书馆是否设有读者反馈渠道，比如投诉电话、建议邮箱、意见簿等，以及图书馆对读者反馈的处理速度和效果，反映读者对图书馆工作的意见；通过评估图书馆对读者个人信息和借阅记录的隐私保护措施，以及图书馆网站和数字资源数据保护措施，确保读者隐私保护和信息安全。

（4）信息服务质量指标：包括在线互动服务效果、服务推广效果、学科服务与合作情况三个指标项。通过考察图书馆对读者查询响应时间和解决问题的结果，评估图书馆提供在线查询、咨询服务的效率；考察图书馆是否进行服务推广活动来吸引更多读者、读者对图书馆服务推广活动的反馈，来评估服务推广效果；考察是否拓展了跨学科资源，提供多学科服务以及是否与其他部门开展合作项目，提高服务广度，反映图书馆的学科服务能力。

4. 效益评估指标体系

图书馆属于非营利事业部门，其效益是主要包括服务效益和社会效益。对党校图书馆来说，服务效益就是考察图书馆服务是否产生了明显的效益，如提高党员干部学习水平、推动智库研究成果等；社会效益就是考察图书馆的服务对党的事业、社会的影响与贡献。党校图书馆的效益评估体系涵盖学术服务效益、经费投入与效益比较、社会影响力与口碑效益和绩效与目标达成情况等指标，旨在全面了解图书馆在服务党校学员和教职员工方面的绩效和效益。

（1）学术服务效益指标：包括学术资源利用情况、学术活动参与度、人才培养和科研支持效益三个指标项。通过考察图书馆学术类图书报刊资料的借阅率、数字学术资源的下载和利用率、图书馆提供学术论文检索的效率，反映图书馆是否能够满足学员对学术资源的需求；统计参与图书馆组织的学术活动的人数、评估学员对学术活动的满意度；考察教研人员和学员科研成果产出，评估图书馆支持科研的资源效果。

（2）经费投入与效益比较指标：包括经费投入、人力资源投入、投入与产出比较及效益可持续性四个指标项，统计人均经费额、到馆人次、图书借还次数、数字资源使用单价考察图书馆每年的经费投入和使用情况的比例，统计全年服务总人次与馆员投入情况的比例，对投入和服务效益进行比较评估，同时通过分析评估图书馆效益是否能够长期保持稳定。

（3）社会影响力与口碑效益指标：包括社会反馈、合作单位评价、媒体关注度、读者口碑等指标。考察图书馆参与社会服务项目的数量和项目影响力，收集社会对图书馆的整体评价；考察兄弟党校和合作单位对图书馆的评价；考察图书馆的媒体关注度；考察读者或图书馆自身通过各种途径分享的图书馆服务口碑传播程度和影响范围，读者文化修养的提高情况，反映图书馆的口碑好坏。

（4）绩效与目标达成情况指标：设立图书馆服务质量的具体绩效指标和社会影响力指标，考察图书馆年度服务和长期战略目标设定及实际达成情况。

5. 科学管理评估指标体系

要实现图书馆的科学管理，需要建立健全的管理制度，以制度管理图书馆。党校图书馆科学管理评估指标体系包括组织架构制度、资源建设制度、读者服务制度等指标，旨在全面了解和提升图书馆在管理方面的科学性和效能，使之与《党校图书馆工作规程》相配套，并使这种评估指标体系具有权威性和行政约束力，才能使党校图书馆的工作真正纳入规范化的轨道，避免工作中的随机性和随意性，这是党校图书馆科学健康发展的根本保证。具体包括业务规章制度、服务规章制度、管理规章制度是否健全；工作程序是否规范合理；是否以科研成果及工作实绩评定升降、奖惩；团队建设、预算管理、安全管理等制度是否完善。

（1）组织架构制度指标：包括组织架构和人员管理等指标项，重点评估图书馆的组织结构清晰度，各层级（馆长、部门、人员）之间的协调和沟通效率是否符合工作需求；评估馆内工作人员的专业素质和服务态度，是否制定馆员招聘、培训、考核、晋升等管理制度，提高馆员素质和服务水平。

（2）资源建设制度指标：包括纸质资源和数字资源两个大的指标项。纸质资源建设方面，考察是否制定文献资源采购标准、分类、编目、入库、保存、淘汰等管理制度，馆藏结构是否符合党校图书馆的特点，是否有珍贵典籍，有没有建立相应的文献修复和保养计划；数字资源建设方面，考察订购数据库与党校学科的契合度，是否有数字化存储的典籍、特色文献等资源，是否定期进行数字资源的备份，防范信息丢失风险，数字资源管理系统的安全性如何，能否有效防范信息泄漏和损坏。

（3）读者服务制度指标：包括制度规范和读者服务反馈等指标项。考察是否制定借阅规则、图书馆设施设备使用规定、电子资源使用权限等读者服务规范；是否提供多元化的阅读资源和服务，满足读者需求；是否建立读者投诉和建议制度以改进服务质量。

（4）安全管理制度指标：包括消防安全、信息安全、设备安全等指标项。考察是否定期进行防火、防水等设施的安全检查，防范安全隐患；是否建立灾害应急预案，确保突发事件的有效应对。

（5）财务管理制度指标：包括预算编制与执行情况等指标项。考察是否制定图书馆经费预算、收支、审计等管理制度；经费使用是否合理和透明；是否遵守财务规章制度；预算执行的效果与实际开支的符合度如何。

（二）党校图书馆评估主体和评估方法

由于评估主体的不同会影响评估过程和结果的反馈，导致评估过程存在差异性，所以评估主体可以以学校为主导，多主体参与，除学员、教师和科研人员以外，还可以邀请第三方组织和社会公众，自评与专家评估相结合。评估方法可采取在馆读者随访、抽样调查、专家咨询访谈、馆员能力测评、问卷调查等多种形式，在定量定性测评情况上做出整体评价，为图书馆高质量发展提供依据。

（三）评估体系调整与改进机制

所有的指标体系确定后，还需建立评估体系调整和改进机制。

（1）调整建立持续改进流程：定期对评估指标体系进行评估，优化调整频率和流程，确保其与党校图书馆的发展战略一致。通过采纳馆员建议和读者反馈意见，对评估指标进行调整和改进。

（2）评估专业顾问委员会参与：确保专业顾问委员会的意见得到妥善采纳，优化评估体系。专业顾问委员会及时了解学科前沿动态，确保评估指标与时俱进。

(3) 学习借鉴和专业咨询：了解同行业其他图书馆的评估实践，借鉴成功经验。与专业咨询机构合作，获取更专业的评估建议。

此外，作为评估体系，很重要的是评估指标的确定即评估的基准点的确定。要制订一个在数字化时代面向全国的省级党校图书馆评估指标体系具有一定难度，一方面要考虑到党校图书馆发展的不平衡性和结构的多样性、多层次性的实际；另一方面还要有配套的实施细则和评估方法，来体现对学校和对图书馆两方面的要求。

第七章　大语言模型在图书馆高质量发展中的应用构想

随着2022年ChatGPT的推出，新一代的AI技术AIGC(生成式人工智能)在许多行业都有很多的应用出现。许多业界大咖都纷纷表示，所有的应用、所有的APP、所有的行业都值得使用新一代的AI技术进行业务重构。例如，创新工场董事长李开复：每个已有的APP都可能被AI2.0重构，相关大模型的技术浪潮将改变每一个人的生活；阿里张勇：所有产品都值得用AI重做一遍；微软CEO称AI将重塑每一款软件；“大模型背后蕴藏着一场人工智能落地模式的变革。”IDC中国副总裁兼首席分析师武连峰总结道。那么在新一代智慧图书馆服务平台已经得到广泛应用的图书馆，该如何使用AIGC技术来改造我们现有的业务呢？

第一节　大语言模型的相关研究

一、相关研究现状

（一）大语言模型应用研究

目前关于大语言模型在图书馆的应用研究成果不多，目前通过知网查询到的文章仅有一篇：王翼虎等通过大语言模型微调+langchain本地知识库的联合应用方案，做了大语言模型在图书馆参考咨询服务中的智能化实践探索。大语言模型在其他行业的应用实践研究成果也不是很多，杨倩等研发了基于大语言模型的情报新工具，并就其在科技报告阅读与理解场景、科技查新场景、专业报告研究思路拓展及网络搜索场景中使用相关策略进行了实践。王昀等人介绍大语言模型在政务文本分类、政务问答、政务命名实体识别、舆情风险识别和政务关系抽取方面的应用情况，提出政务大语言模型研究的技术路径。吴永飞等基于MOSS开源大语言模型，面向银行应用领域中的财富管理场景，通过输入个性化数据及微调模型，成功打造并应用Chat LONGYING商业银行私有化大语言模型的方案。

（二）虚拟数字人研究

虚拟数字人是伴随元宇宙概念的出现而出现的，是元宇宙的核心组成要素，目前主要应用在游戏、品牌营销、传媒业、银行、医院等场景。业界普遍认为伴随着 AIGC 日趋成熟，数字人的感知能力、思维能力、决策能力和内容输出能力将更完善，从而使其思想、语言、行为上和人类更加接近。将是 AIGC 发展赋能的重要形态，并有望朝数智人演变，其目前国内各 AI 厂商、互联网大厂、垂直 ISV（Independent Software Vendors，独立软件开发商）均可提供较为成熟的具有 AIGC 能力的虚拟数字人产品及解决方案。与此同时，人们对虚拟数字人的关注度也在不断提升。艾媒咨询的数据显示，中国网民对虚拟数字人的关注度从 2021 年的 63.6%上升至 2022 年的 87.8%。

（三）智慧图书馆发展现状

随着智慧图书馆、元宇宙等新概念的提出以及新一代智慧图书馆服务平台的提法得到业界的普遍承认，图书馆的业务流程在智能化、自动化方面有了一定的进展，目前主流的国外产品有 LMA、WMS 和 FOLIO，其中 FOLIO 是开源平台，国内则有深圳大学图书馆的 LAS4 系统、CALIS 的 CLSP 平台以及上海图书馆的“上图 FOLIO 平台”等基于 FOLIO 开发的系统。除此之外，已经在一定范围内获得使用的由传统图书馆集成系统服务商进行升级研发的新一代图书馆服务平台有汇文的 META、超星的超微平台、维普的智图平台和由南京大学图书馆与江苏图星软件共同研发的 NLSP 系统，值得一提的是，NLSP 是国内第一家真正实现自主研发的下一代图书馆服务平台。

大多数新一代智慧图书馆服务平台都采用了 PaaS（平台即服务）+SaaS（软件即服务）的部署模式，提供标准开放的 API 接口，实现了纸电数全资源管理。图 7-1是普遍认为的一个智慧图书馆的应用模型。

当前“数智”赋能成为图情领域新的生长点和驱动力，智慧图书馆进入转型与发展的新阶段。从智慧图书馆发展的历程来看，未来智慧图书馆的服务和资源将广泛存在于物理空间、虚拟空间和用户个体三者之中，实现三方之间的同步互联和融合互动。无论是真实图书馆员还是虚拟馆员都是图书馆各组成要素中最活跃的要素之一，是图书馆工作和服务的主要提供者，是联系读者和图书馆的桥梁和纽带，是图书馆形象的直观体现，更是图书馆发展的关键要素。智慧图书馆的实现将会催生具有数智赋能的虚拟智慧馆员的出现和应用。

基于以上的思考，将“虚拟数字人”和“智慧馆员”相结合，提出“虚拟数智馆员”的概念，设计一个数智图书馆员的架构，将以 ChatGPT、GPT-4 为代表的生成能力更强大的大语言模型应用到图书馆的传统核心业务上，可以从根本上改变图书馆的业务流程，随着 AI 的进一步发展，将会带来图书馆行业巨大的变革和创新。

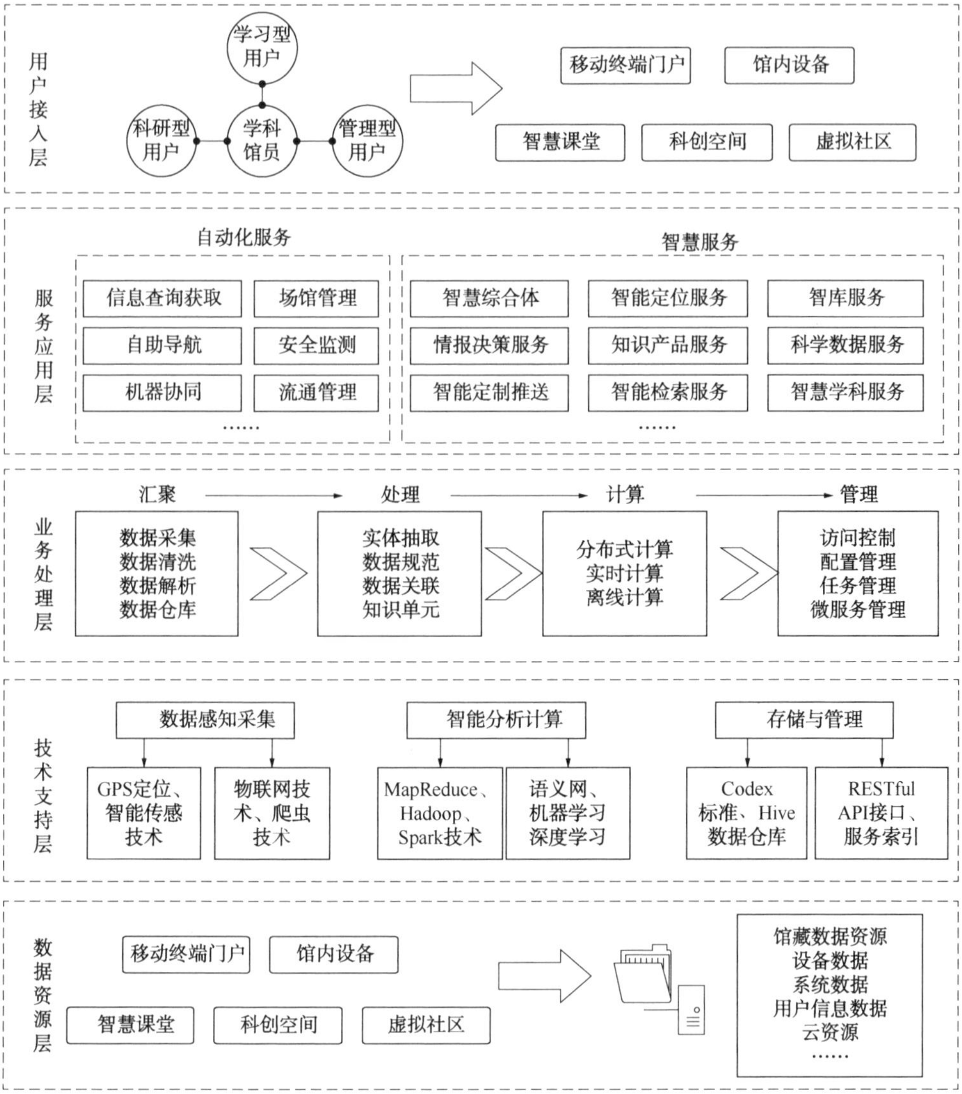

图 7-1 智慧图书馆的应用模型

二、大语言模型介绍

（一）概念特征

大语言模型（Large Language Models，LLMs）又称大规模预训练语言模型（Pre-trained Language Models，PLMs），一般指在大规模语料库训练下包含数千亿参数的语言模型，其中最具代表性的是 Transformer（特征提取器）模型架构及其预训练语言模型，采用端到端的训练方法，通过大量神经元参数拟合预训练海量数据中包含的信息可实现对内容的理解，以及根据上下文生成相应内容等功能，是自然语言处理（Natural Language Processing，NLP）的方式之一。早期的大型语言模型主要基于循环神经网络（Recurrent Neural Network，RNN）和卷积神经网络（Convolutional Neural Network，CNN）等基础模型进行构建，但该类模型无法进行文本特征提取及生成。2018 年之后，随着大语言模型对生成式模型的引入，模型可通过学习语言的概率分布，生成与训练数据相似的新文本，在自然语言处理任务中取得了突破性的表现，ChatGPT 就是最典型也是功能最强大的大语言模型，“大规模预训练模型+领域数据精调”模式使得大语言模型与其他各行业的结合具备了天然的技术基础，并且预训练模型的参数规模越大，下游任务所需要训练的参数就越少，对应的所需领域样本数据也就越少，也就是说，如果行业数据已经具有一定的规模，则对所需部署到本地的样本数据的要求就越低，这样将为小型的专业化程度不高的行业带来方便快捷的应用体验。

（二）当前大语言模型的优势与局限性

1. 优势

一是一个模型多种任务，大语言模型的核心能力就是单一模型在多种传统 NLP 任务上都达到或接近最佳的性能水平，甚至只需要极少的示范就可以衍生到新的任务上。二是基于自然语言“指令”触发任务，这是以 ChatGPT 为代表的新一代大语言模型能被普通用户感知的关键要素，通过自然语言指令而不是代码的方式调用 AI 的能力让 AI 应用门槛大幅降低，具有重要的意义。三是存储“世界知识”，几乎海量的训练语料包含的信息以模型参数形式压缩存储，可以通过上述指令的方式在各类任务中被激活，这种世界知识的存储容量是大模型独有的。四是多语言能力，大语言模型通常采用多语言对齐训练，天生具备多语言支持，可以用任意语言提问并以任意语言生成回复。五是长上下文支持。对于长达数千（ChatGPT）乃至数万（GPT-4）字的上下文支持，使得大语言模型在多轮会话、代码生成等场景中表现良好。

2. 局限性

（1）预训练数据时效性

大语言模型的应用范式与之前的语言模型有所不同，基本上所有的模型能力都在预训练阶段构建，而高质量的预训练数据难以获取和高昂的预训练计算代价，使得预训练数据的时效性难以保证。这一点在不依赖新信息进行推理的任务中影响并不大，但如果任务本身依赖最新的“世界知识”推理，单纯的外部搜索引擎调用仍然是不足的。

（2）“幻觉”现象

当模型表现出接近“人”的能力时，连局限性都被赋予了拟人化的表达。当前讨论的所谓“幻觉”主要表现在“无中生有”“容易被诱导”，其背后的本质原因是类 GPT 模型都属于“因果模型”，其输出结果受训练语料概率分布的影响天生存在随机性。而为了实现感知上“无差错”的“最后一公里”目标，需要付出的努力和代价可能超过之前所有的总和，虽然实现上述目标并非不可能。

（3）难以面向领域精调

精调大语言模型是很多行业用户美好的希望，既能够利用大语言模型的通用能力，又能够在自身领域利用数据构建更专精的模型能力。然而事实上，精调一个“领域专属”大语言模型可能面临成本和收益严重不匹配的问题。根据彭博社的研究，其基于 7000 亿 Token 领域语料精调的 500 亿参数模型“Bloomberg GPT”在金融类任务上的性能超过了开源千亿模型，同时声称保留了可以与千亿模型媲美的通用任务能力，这样的“精调”代价几乎等同于从头开始预训练这种规模的模型。更多的情况下，传统意义上的“精调”数据规模用于大语言模型精调往往只有两种结果，要么无法影响大语言模型的输出，要么导致大语言模型丧失大量通用能力，这也是 Open AI 没有如 GPT-3 之前的模型一样开放 ChatGPT/GPT-4 模型精调接口的一个重要原因。

（4）计算代价昂贵

即使是推理，驱动千亿级参数模型所需的代价仍然不菲。也许技术的发展可能导致计算成本呈指数级下降，然而即便如此，大语言模型“一个模型做所有事情”的整体思路仍然值得推敲，尤其是在当前“预测下一个词”任务范式不变的情况下，计算代价的投入产出比并不高。例如，即使计算简单的四则运算，对大语言模型而言仍然需要激活千亿参数，并且结果仍然有概率出错，这显然不是一个合算的应用方式。

（5）伦理和法律挑战

人工智能大语言模型带来的伦理和法律挑战日益显著。其中，个人信息保护（数据隐私）问题、人工智能生成内容的质量和版权问题将是其中主要的问题。这些模型通常需要大量的数据进行训练和运行，这些数据可能包括读者的个人信息、阅读历史、搜索记录、社交媒体活动等，如果没有得到适当的处理和保护，可能会导致个人信息的泄露和滥用。无论是训练基础模型还是对已有模型进行微调，人工智能大语言模型都依赖已有的文本。使用已有文本训练大语言模型涉及是否符合合理使用等法律问题，这本身就有侵犯版权的风险；尽管现有技术已经通过添加引用或注释来标注来源，但这是否满足版权法的要求，仍没有定论。

（6）生成内容的质量问题

在模型训练文本不够的情况下，它可能产生低质量或错误的内容，导致读者接收到误导性、混淆或伪科学信息。此外，人工智能大语言模型生成的内容可能受存在偏见和歧视内容的训练数据影响，导致性别、种族、政治、残障等方面的歧视问题出现。

三、大语言模型赋能图书馆业务的着力点

（一）以 MaaS 方式向用户提供模型能力

物联网、云计算、大数据等技术，使得图书馆的信息资源在数量、质量、形态、作用等多个方面发生颠覆性改变，整体呈现出从文献转向数据的发展态势，图书馆资源体系向实体、数字、数据进一步融合，资源内容向海量化、富媒体化和关联化发展。可以看到智慧图书馆还是根植于本馆的资源，在对本馆拥有的资源和读者行为大数据进行统计分析的基础上提供服务，在交叉学科等新兴领域的前沿成果的及时采集上，不能解决馆员与读者之间的交互问题。在人工智能时代，以大语言模型为基础的技术将以 MaaS（模型即服务）方式向用户提供模型能力，支持用户实现数字化转型及智能化改进。因此，如何将人工智能大语言模型快速应用落地，是赋能图书馆业务数智化转型的关键。

（二）架构针对图书馆主要业务的本地大语言模型

在新一代“数智”环境下，图书馆需从馆藏资源、机构资源等固化、单一、封闭的逻辑导向向全新的大数据资源观、智慧数据资源观转变，以开放、协同、共享的理念建设智慧图书馆。支撑智慧图书馆最核心业务依然是采访编目流通，其他的学科服务、文化宣传和阅读推广则都是派生，图书馆资源为基础的业务格局没有发生根本性的变化，馆藏建设和读者服务依然是各个图书馆安身立命的基础。架构一个大语言模型必须要从图书采购、编目和流通等三项图书馆传统业务出发。

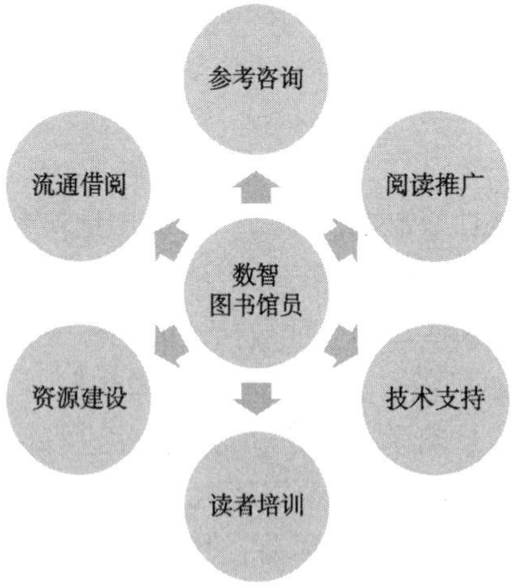

图 7-2　数智图书馆员设计框架

1. 总体架构

打造一个智能虚拟图书馆员，需要将大语言模型与图书馆业务集成系统进行对接，以实现与用户的交互并提供图书馆服务。图 7-2是一个基本的设计框架，涵盖了图书馆的所有业务，资源建设（图书采购和编目）、流通借阅、参考咨询、阅读推广、读

者培训、技术支持等。数智图书馆员的角色定位是读者利用图书馆的助理，是馆员为读者提供服务和完成本职业务工作的助理。

2. 架构设计

将整个系统分为三个主要组件：用户界面、数智图书馆员（ChatGPT 插件）、新一代图书馆智慧服务平台。

用户界面：用户通过一个应用、网页界面或聊天平台（如 Messenger、Slack 等）与虚拟图书馆员进行交互。

虚拟数智图书馆员（ChatGPT 插件）：使用 OpenAI 的 ChatGPT 插件作为虚拟图书馆员的大脑，该插件会接收用户的输入并生成相应的回复。它需要根据现实图书馆员和读者的问题提供图书搜索、采访、编目、推荐、借阅归还等服务。

新一代图书馆智慧服务平台：这是虚拟图书馆员获取信息的后端。它存储图书馆的书籍信息、用户信息、借阅记录等。虚拟图书馆员通过与信息系统交互来获取图书信息、处理借阅归还等操作。

3. 功能设计

图书搜索与推荐	用户可以向虚拟图书馆员询问特定主题、作者或书名的书籍。虚拟图书馆员可以根据用户的查询提供相关书籍的推荐和搜索结果
借阅与归还	用户可以通过虚拟图书馆员借阅和归还书籍。虚拟图书馆员会检查书籍的可用性并记录借阅状态
活动和课程	图书馆通常会举办各种活动、讲座和培训课程。虚拟图书馆员可以为用户提供有关活动安排、主题、登记等信息
账户管理	用户可以查询自己的借阅记录、到期日期等信息，并可能续借图书
问题解答	虚拟图书馆员可以回答关于图书馆政策、开放时间、图书分类等常见问题
数字资源访问	虚拟图书馆员可以帮助用户访问和使用图书馆数字化的期刊、文章、电子书等资源
技术支持	对于使用图书馆的在线资源、数据库和搜索工具遇到问题的用户，虚拟图书馆员可以提供技术支持和解决方案
信息素养培训	虚拟图书馆员可以帮助用户提升信息素养，教授信息搜索技巧、评估资源可靠性等
阅读推荐	虚拟图书馆员可以根据用户的兴趣和阅读历史提供书籍、文章和资源的推荐
归档和分类	虚拟图书馆员可以协助图书馆管理者对新获得的图书进行分类、编目和归档
图书馆政策和规定	虚拟图书馆员可以回答用户关于借阅政策、图书馆规定、开放时间等方面的问题
文化活动	虚拟图书馆员可以提供关于当地文化活动、艺术展览等方面的信息

第二节 大语言模型在图书馆采编流工作中的应用构想

随着大数据时代的到来，图书馆面对的信息环境已不再是传统单一的纸质文献和电子信息资源环境，而是一个充斥着各种新型技术和数字化资源类型的复杂和庞大的信息环境。图书馆用户已不再是传统意义上被动的信息接收者，他们对图书馆提供资源的多样性、个性化、便捷性和精准性更加关注。因此，在多载体共存互融的环境下，对图书馆资源采集、组织和服务提供(即图书馆采编流传统业务)等专业性活动提出智能化管理创新的要求。很多学者认为，人工智能应用于图书馆，是推动智慧图书馆建设的重要一环，促使图书馆由原来的生长和转化阶段过渡到超越和变革阶段。大语言模型的引入为图书馆采编流工作提供了全新的应用视角，主要包括资源采访过程中智能化文献采购、文献编目过程中的智能化编目辅助、读者服务中的交互性体验等。

一、图书馆资源采购智能推荐系统架构

(一) 研究现状

移动互联网、大数据技术、云计算技术和人工智能技术日新月异的发展，已经能对用户需求、书目分类、馆藏数据、图书价值、经费分配等做出深度分析。从涉及图书馆资源采购的人工智能理论研究来看，主要包括三方面：一是从实证角度，分析影响资源采购的各种因素，间接提供采购决策方法等规律。最早的智能选书理论是产生于 20 世纪 70 年代的拉·斯氏选书标准，后来有人应用其中的一些内容设计出适合机器推理、演算方式的选书模型。国内选书专家系统研究始于 1982 年，虽然相关研究晚于国外，但是在图书选择专家系统的概念、图书“质量”的评价、复本的判定算法、馆藏结构模型的建立及模拟人脑的选书过程等理论和技术方面已有成型的思路。1988 年 Fenly 等报告了美国国会图书馆使用专家系统在其职能部门，如采购、编目和期刊等部门控制中进行技术处理的可行性。虽然早期的智能选书理论相对成熟，但图书采购智能系统主要是基于用数学模型解决劣构的问题，而不是逼真地模拟人脑的选书过程，其准确性难以保证。

二是运用数学模型或早期人工智能算法对资源采访进行定量研究。20 世纪 80 年代的选书专家系统已经可以推理和演算，但不能推导出新知识。实际上，面对海量的书目信息，当前图书采购过程受到多方面因素影响，已经由采访人员“经验式”采购转变为学科发展、建设目标、用户个性化需求等综合因素下的采购，具有相当的复杂性和不确定性。2006 年 Hinton 等首次提出了深度学习的概

念，通过类似人脑的思维方式为解决特征提取问题提供了途径，能够有效解决若干对人来说很容易执行，但很难形式化描述的任务。其中的神经网络算法，因其具有良好的非线性映射能力，能反映出图书的各项参数与能被选中之间的关系；较快的数据处理速度，有利于解决图书馆供应商提供的图书数据多而杂的问题；自适应学习能力，能够通过训练(学习)，获得图书被采购与不被采购所具有的相关知识，因此在2007年就有研究人员基于改进的遗传神经网络算法，建立了图书采购模型系统。把深度学习技术引入图书采购领域，在处理复杂决策问题时更具智慧。首先，深度学习更容易引发大数据优势。在不计算电子书数量的情况下，单以一年新增20万种纸质书的数据规模，计算机完全能根据训练模型对图书特征和用户自身数据进行有效整理，主动匹配用户特征、行为偏好，满足不同机构用户的个性化需求。这种采访方式能减少人工采购的偏差与失误，保证馆藏结果与品质的稳定。其次，深度学习在模仿人类认知、学习和判断方面，只需通过类似图书MARC的描述方式，就能快速对大量数据进行标记，有效预防在海量数据预处理时所产生的重复数据、数据丢失、虚假数据等问题。再次，深度学习能进行自主学习和进化。人工智能能实时自动追踪出版社数据、专业作者数据，发布最新出版情况和学科发展，以最大限度地弥补采访人员认知结构的不足。最后，在输出智能采访结果后，采访人员如果不满意，可用参数调节方式进行干预，为下一次输出采访结果进行校正。

三是利用人工智能的神经网络技术模拟人的思维和行为过程，实现智能采访。从传统采访技术的弊端来看，无论是书目勾选、现场采购、网上采购还是读者荐购，其实都无法很好把握所有学科和专业发展的动向，导致采访人员对自己不熟悉或无兴趣的图书有可能不采选或采选数量较少。而读者荐购图书本身就带有偶发性和偏向性，采选的效率也较低。因此，在采访过程中引入科学决策、统计分析乃至人工智能思想，让机器代替人类去记忆、判断、推理和决策，可以防止偏见和知识局限。例如，基于改进的遗传算法建立购书模型，从制约用户购买图书资源时的一些规则性知识，对影响因素的权重和阈值进行优化，以此来判断哪些书应该入选，哪些书不宜采购；利用神经网络算法建立基于荐购图书信息、图书受欢迎程度和价格等多种综合信息下的图书订购决策模型，可以有效排除图书订购者个人喜好因素的干扰；根据深度学习理论，让人工智能基于用户与图书馆之间的交互数据，对用户需求做出更准确的预测，逐步形成贴近人类认知的馆藏特征、采集偏好和图书评价数据等。以上这些研究成果均在宏观层面为图书馆智能采访的发展提供了可供参考的思路。在实践操作层面，新一代图书馆集成系统也称为智慧图书馆的雏形，已经具备了选书辅助采访系统，在一定程度上提高了纸质资源采访的效率和精准度。

但是以上的信息资源采访方式，还是根据图书馆建设需要开展信息资源的采集工作，这种方式实际上缺少了与读者之间的互动，在当今社会很难满足读者的多元化需求。基于自然语言处理和深度学习，大语言模型可以通过学习图书馆的采购历史记录、读者荐购历史记录、流通数据、数据库的访问量以及最新的学术研究趋势，为采购人员提供智能化的资源采购建议，有助于采购人员更快速、准确地做出决策。创设基于大语言模型的图书馆资源采购智能推荐系统架构，旨在为图书馆采访人员提供精准的和个性化推荐，协助其更高效地准确地选择适合馆藏的信息资源。

（二）总体框架

主要由读者接口层、数据预处理模块、读者建模模块、资源建模模块、推荐引擎模块、反馈机制模块、支撑数据库模块、安全与隐私保护模块以及系统部署与维护模块等九个组件组成，具体见图 7-3。

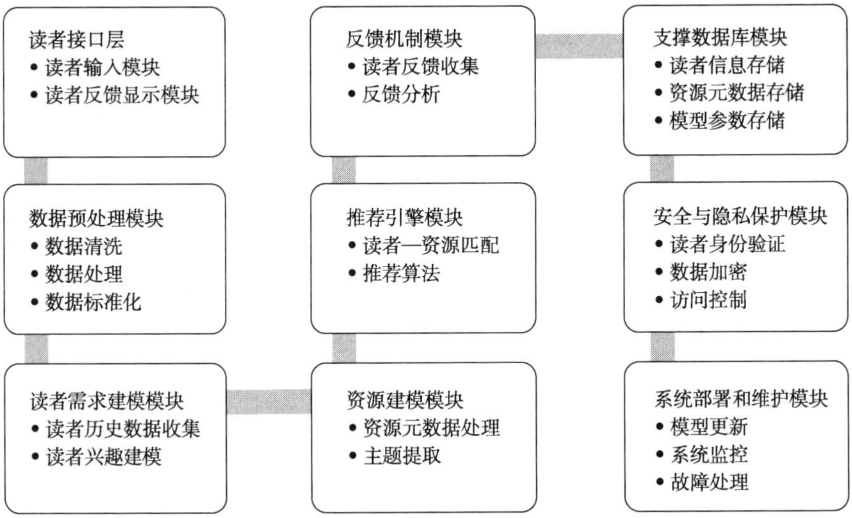

图 7-3 资源采购智能推荐总体框架

（三）分模块介绍

1. 读者接口层

由读者输入模块和读者反馈显示模块构成，通过提供读者友好的界面，允许读者输入需求信息，其中输入模块用来接收读者的搜索查询、资源评价和服务反馈等各类信息，反馈显示模块则用来展示推荐结果并允许读者提供反馈。

2. 数据预处理模块

用来处理和标准化来自不同图书馆资源的数据，以确保一致性和可用性。包括数据清洗、数据处理和数据标准化三部分，首先要去除无效、重复或不规范的数据，其次，用确定数据格式的标准并解析图书馆资源元数据，最后要进行标准化操作，确保来自不同图书馆资源的数据格式一致。

3. 读者需求建模模块

指使用大语言模型对读者的搜索历史、借阅历史和评价历进行建模，在此基础上利用大语言模型的学习功能，分析总结读者兴趣和偏好进行读者兴趣建模。

4. 资源建模模块

主要是利用大语言模型对图书馆各类信息资源的元数据进行建模，文献部分主要包括题名、作者、出版社、标准号、关键词等信息，数字资源部分包括数据库名称、URL、简介、特点描述和用户评价等信息。

5. 推荐引擎模块

将读者建模结果与图书馆资源建模结果进行匹配，使用协同过滤、内容过滤等推荐算法生成个性化推荐列表。

6. 反馈机制模块

收集读者对推荐的点击、评价和反馈，利用大语言模型分析读者反馈的结果，并将结果用于更新读者建模和资源建模模块，从而不断优化模型和提高推荐的准确性。

7. 支撑数据库模块

用于存储读者个人信息、历史数据，存储图书馆资源元数据详细信息和存储读者和图书馆资源模型参数等数据。该模块是系统运行的基础，随着系统的完善而不断充实内容。

8. 安全与隐私保护模块

包括读者身份验证、数据加密和访问控制三部分，确保只有合法注册读者能够访问其个人数据，同时系统要启动数据加密程序，保护读者和图书馆资源敏感信息，通过设置不同的读者权限，限制其对系统不同部分的访问权限，确保用户数据的安全性和隐私性。

9. 部署和维护模块

定期更新读者和图书馆资源建模的大语言模型参数和优化算法，实时监控系统性能，检测潜在问题，及时处理系统故障，确保系统的高可用性、可靠性和稳定性。

（四）建模训练数据集

1. 读者需求建模训练数据集

包括读者的性别、年龄、学历、身份、专业、职业、职称、爱好兴趣等静态描述字段，也包括读者借还数据、查询数据、荐购记录数据、开架阅览数据等与馆藏图书密切相关的数字段，以及图书馆可搜集到的读者访问使用数字资源的数据。可以采用有标签训练方式，分别把每个字段都单独设置为标签，存成独立的训练集和测试集文件，提供给大语言模型，用来学习和训练读者需求模型。需要注意的是，对于很多图书馆而言，读者数据并不完整。大多图书馆管理系统，往往是从馆藏管理的角度记录读者信息，重点记录读者的联系方式、借阅情况、押金等数据，而忽略记录读者个人身份爱好等详细信息数据。对于读者在开架阅览室阅读图书的记录，绝大多数图书馆都不予记录。读者注销以后，与之相关的个人信息和流通记录，也随之删除。

2. 资源建模训练数据集

图书馆的资源包含纸质书报刊和数字资源，在进行资源建模之前首先要对馆藏发展目标、馆藏级别划分、文献采选原则、经费分配和控制、各类文献选择标准等进行一个规则限定，馆藏纸质书报刊的描述数据，即馆藏的 MARC 数据，主要包括题名、责任者、主题词、关键词、出版社、出版时间、ISBN 标准号、丛编信息、分类号、流通次数、入藏时间等基本字段，可以采用有标签训练方式，分别按照字段名称作为数据标签存储成训练集和测试集文件，用来训练馆藏偏好与特征网络模型。

3. 采访书单数据集

一般在图书管理系统采访管理中，都会保存以往历次导入的采访书单，在馆藏数据中对应采访批次和入馆时间。完整的历史采访数据集除了包含馆藏历次采访书单数据、各书商提供的征订单数据、出版社重点图书数据、各种好书榜数据、网上书店或馆配商销售数据、其他图书馆订单数据、学科专业建设数据、师生荐购数据、电子图书借阅数据、社交媒体数据等之外，还要通过网络爬虫等技术手段搜集适合馆藏的社会文化、科技热点、各领域专家学者著作、推荐书目等最新数据。此数据集仅需要存储为有标签的训练集和测试集文件。无论是 MARC 文件形式、文本文件还是电子表格文件，导入数据后由图书馆集成系统进行处理后，由人工智能选书模型进行处理。用来训练采访人员偏好的神经网络模型，同时也用来检测和训练资源采购智能推荐模型的参数。

（五）推荐引擎

推荐引擎是图书馆资源采购智能推荐系统的核心组件，其任务是根据图书馆馆藏历史情况和采购人员的需求和兴趣，为其提供个性化的、符合喜好的推荐内容。推荐引擎需要采用多种算法和技术来实现这一目标。

1. 读者–资源匹配

推荐引擎首先调入读者需求数据集，输入读者数据，得到基于年龄、职业、兴趣爱好以及专业层次等多种要素的读者分类特征。其后，输入附加影响因子，根据阶段内读者的需求，输出附加因子在读者需求中产生的影响。输入读者与图书馆互动数据。在读者分类基础上，得到每一类读者的知识需求特征，这些特征依据需求强度可以分为借阅、馆内阅读、查询等。再进一步组合提炼，形成全部读者在每个类目上的需求特征与需求强度。

其次，调入馆藏资源数据集，输入历史采访数据和馆藏数据，需要进行查重操作，剔除书单和馆藏中重复的图书，计算每一本书的价值指数，按照图书分类类目和价值指数排序和分类，得到采访偏好特征，包括主题偏好、出版社偏好、类目偏好、作者偏好、页数偏好、丛编偏好、版本偏好等，得到资源价值概率、馆藏偏好等数据后，把结果存入馆藏偏好库。

最后采用多层神经网络的深度学习技术，分别采用有标签训练进行分类学习和无标签的聚类学习，得到读者需求特征和馆藏特征，将读者需求、采访资源单和馆藏资源的元数据进行匹配，选择合适的推荐算法进行最优化决策。

2. 推荐算法

推荐引擎采用多种算法来生成个性化的推荐列表。其中，两个主要类型的推荐算法是协同过滤和内容过滤。前者基于读者-读者协同过滤和项目-项目协同过滤，读者-读者协同过滤通过分析读者行为，找到与目标读者相似兴趣的其他读者，然后推荐这些读者喜欢的内容；项目-项目协同过滤则通过发现资源之间的相似性，根据读者过去的行为向其推荐相似的资源。后者基于图书馆资源的元数据，如作者、主题、关键词等信息。通过分析读者的历史行为，推荐与其过去喜好相似的资源。内容过滤算法不依赖于其他读者的行为，因此在冷启动问题(新用户或新资源)上更为有效。

3. 推荐结果排名

生成的推荐列表通常会通过一定的排序算法进行排名，以确保最相关和吸引人的资源出现在列表的前部。这可能涉及赋予不同资源不同的权重，考虑读者的实时反馈，以及根据最新的读者行为调整推荐顺序。

4. 实时个性化

推荐引擎需要具备实时更新能力，以适应读者兴趣的变化。通过定期更新读者需求和图书馆资源建模的大语言模型参数，系统可以捕捉到读者新的兴趣点，提高推荐的准确性。

5. 处理多样性和新颖性

推荐引擎需要平衡推荐内容的多样性和新颖性。一方面，系统要确保提供读者已知领域的资源，同时也需要引导读者探索新的领域，防止推荐变得单一和预测性太强。

6. 解决冷启动问题

推荐引擎需要处理新用户和新资源的情况，即冷启动问题。通过采用混合策略、利用图书馆资源的标签信息和其他元数据，系统可以在没有历史数据的情况下进行有效的推荐。

（六）建立反馈机制

反馈机制用来收集读者或采访人员对推荐结果的反馈信息，以不断优化推荐算法，提高系统的准确性和读者满意度。反馈机制的有效运作不仅会促进系统的自我学习和优化，也增强了读者与系统的互动体验。通过及时收集、分析和应用用户反馈，推荐系统能够更好地适应读者兴趣的变化，提供更准确、个性化的推荐服务。

1. 收集读者反馈

系统主要收集三个方面的反馈情况：一是点击反馈，系统追踪读者或采访人员点击推荐资源的情况，以了解读者实际感兴趣的内容；二是评价反馈，收集读者对推荐资源的评价，包括喜好程度、满意度等信息；三是举报反馈，读者有时会不满意或误操作，系统应该收集这些反馈以进行调整。

2. 分析反馈

分别对点击率、评价反馈和举报反馈进行系统分析，通过系统分析读者点击率，评估推荐资源的点击量，须排除虚假点击，以确定推荐的有效性；通过系统分析读者对资源的评价，了解读者满意度，确定哪些资源受欢迎或不受欢迎；及时处理举报反馈，包括验证投诉、解释或删除相关内容。

3. 模型更新

根据点击和评价反馈，更新读者需求和兴趣建模，以更准确地反映其当前兴趣；通过分析读者反馈，更新图书馆资源的建模，以提高相似度和关联度的准确性；根据反馈信息调整推荐算法的参数，优化推荐结果的生成过程。

4. 读者参与和控制

向读者展示他们的反馈如何影响推荐结果，提供读者个性化的反馈设置，允许他们调整推荐算法的敏感度或选择性地排除某些内容，激发读者的参与意识，增强读者对系统的信任感。尤其是当系统推荐新加入的资源时，读者的反馈对于建模新资源的关联度至关重要。对于新读者，系统需依赖其他信息源（如读者注册信息、常用标签等）进行初步推荐，并收集读者反馈以逐渐改善个性化推荐。

5. 处理负面反馈

系统应收集读者对某些资源的不喜欢、反感等负面反馈，以避免再次推荐类似的内容。还要向读者解释为何某些资源被推荐，帮助读者理解推荐算法的工作原理。

（七）输出采购订单

随着图书馆管理系统的研发和探索，国内的“新一代智慧图书馆管理平台”也逐渐成熟，以超星公司的“智慧图书馆管理平台”为例，基于微服务的开放式构架，可以将纸电资源纳入统一管理，并且通过安装各类应用，允许图书馆灵活设计更适合需求的工作流程。有了这样的服务平台，完全可以将智能选书理念融入此类智慧采访平台中，根据使用场景设计出最适合使用场景的人工智能算法。采访人员可以在统一界面下，接收来自不同出版社、不同学科分类的图书信息；并在决定购买后，把在版编目数据纳入本馆的自动化管理系统中，书商通过查看订购数据直接进行书目配送；采访人员还可以查看用户留言信息，遇到用户荐购图书，系统会直接比对已有馆藏，自动进行查重；最后整合各出版社不同年份的图书信息，并基于图书馆采访政策、图书出版信息、用户借阅分析数据、经费分配方案、出版社权值等自动生成智慧书单，作为图书精准采购的依据。在输出智能采访结果后，一方面通过可视化方法，输出采购品种分布图；另一方面，采用人工抽查和核准，校验输出结果的满意程度，进行自主学习和进化，为下一次输出采访结果进行校正。

基于大语言模型的图书馆资源智能采购是一个全新的领域，为图书馆科学决策、合理分配采访经费、提高知识服务的质量和效果等提供了全新的思路。然而，要想真正实现智能采购，还需要大量的基础性工作，例如各种必要的数据积累、筛选和清洗，大语言模型设计与优化等。

二、图书编目智能化辅助

大语言模型在图书编目智能化辅助方面有一定的应用潜力，可以显著提高图书馆工作者的效率，优化图书馆资源的管理和利用。

（一）研究现状

图书编目是图书馆管理的传统核心工作之一，包括对图书进行主题分类、关键词标引、提供统一的资源描述和著录条码号索书号馆藏标识等过程。当前图书编目仍然需要由专业的编目人员利用图书馆集成系统的编目模块手动完成，其操作流程是从印本图书上，将编目所需的信息(主要来源于 CIP)，按书目记录的结构形式(中文图书使用的是 CNMARC 格式)逐项录入，生成机读目录。费时费力，而且容易受到人为因素的影响，导致编目质量参差不齐。随着图书馆馆藏规模的扩大，很多图书馆因为人手不够等问题将这一工作进行服务外包，由此带来的问题更胜之前。

虽然机读目录本身具有印刷版与数字版双重属性，打印卡片与建库检索的处理也是自动化的，但实际上这仍然是手工操作，而非自动编目。自 20 世纪末数字图书馆在我国兴起以后，人们即提出了自动编目的问题，并进行了多方面探讨，还有人推出了电子编目员的方法。人工智能的迅猛发展以及智慧图书馆的建设，使得图书自动编目技术的研究取得了显著进展，通过整合自然语言处理和机器学习技术，实现对图书的智能编目成为可能。与传统编目方式相结合，通过人工智能技术为图书编目提供更为智能和高效的辅助，是未来图书馆发展的一个重要方向。

（二）技术方法

1. 自然语言处理技术

自然语言处理（Natural Language Processing，NLP）技术在图书自动编目中扮演着关键的角色。通过 NLP 技术，计算机能够理解和处理自然语言，使其能够自动提取文本中的关键信息，包括主题、作者、关键词等。在主题分类方面，研究者们利用 NLP 技术对文本进行语义分析，提取出文本的主题信息。例如，通过文本聚类和主题模型，可以将相似主题的图书自动归类到同一类别中。在关键词标引方面，NLP 技术能够识别文本中的实体、主题词等关键信息，并为其自动生成标引词。这使得编目人员在标引过程中能够更加高效地利用计算机的辅助。

2. 机器学习技术

机器学习技术是图书自动编目的另一个重要技术支持。通过训练模型，计算机能够学习从大量图书数据中提取规律，进而自动完成编目任务。在主题分类方面，研究者们利用机器学习算法，如支持向量机（Support Vector Machine，SVM）和深度学习模型，如卷积神经网络（CNN）和循环神经网络（RNN），构建主题分类模型。这些模型能够根据文本的特征，自动将图书分类到相应的主题类别中。在关键词标引方面，机器学习技术通过训练模型识别文本中的关键信息，并生成标引词。研究者们通过使用大规模标注数据集，训练模型使其能够更准确地为图书生成关键词。

（三）研究内容

1. 领域主题分类

在领域主题分类方面，一些研究者通过结合文本挖掘和机器学习技术，提出了一系列主题分类方法。例如，利用深度学习模型对领域文本进行特征学习，使模型能够更好地捕捉领域特有的语义信息，提高主题分类的准确性。

2. 自动生成图书关键词

关键词的生成对于图书的标引至关重要。目前，有研究者采用基于深度学习的方法，通过模型自动学习图书文本中的关键信息，生成适用于标引的关键词。这种方法不仅提高了关键词生成的准确性，而且减轻了编目人员的工作负担。

3. 图书自动分类系统

研究者们还通过构建图书自动分类系统，将自然语言处理和机器学习技术相结合，实现对图书的自动分类。这些系统能够根据图书的文本信息，自动将图书分类到相应的类别中，大大提高了图书编目的效率。

（四）实现框架

该框架的主要目标是利用大语言模型，如 GPT-4 等，提供一个自动、智能、高效的图书编目辅助系统（表 7-1）。通过深度学习技术，该系统将理解和分析图书文本，自动生成元数据、标签、描述等信息，实现对图书的自动编目。

表 7-1　图书编目辅助系统框架

功能模块	功能描述
大语言模型服务层（实现对图书文本的深度理解）	核心层，利用 GPT-4 等模型的强大学习能力使其能够实现对题名、作者、主题、关键词的抽取，以及对文本情感、语境等的分析。适应不同领域的文本，从而更好地支持图书编目任务。
数据接口层	从图书馆数据库和其他外部数据源中获取图书的基本信息，如书名、作者、出版社等，以及馆藏信息，如当前库存、借阅情况等。这些信息将与大语言模型生成的元数据进行融合，形成最终的图书编目结果。
用户接口层	提供了图书馆工作者和读者与系统进行交互的途径。图书馆工作者可以通过管理界面监控编目任务、进行系统配置，同时，读者可以通过检索界面访问智能编目后的图书信息。
智能编目引擎（核心处理单元）	文本理解与实体抽取：通过大语言模型进行文本理解，抽取出关键信息，包括作者、标题、关键词等实体。这有助于建立图书的基础元数据。 主题分类与生成标签：基于文本的语义分析，系统可以对图书进行主题分类，并生成相应的标签。这有助于用户更准确地检索和理解图书内容。 生成描述：通过语境分析和内容理解，系统能够生成更生动、富有表达力的图书描述。这不仅提高了编目的质量，也增强了图书对用户的吸引力。 生成元数据：整合从数据接口层获取的基础图书信息，结合文本理解和生成的内容，系统生成完整的图书元数据，包括但不限于书名、作者、出版日期、主题、标签等。
学习与优化模块	监督学习：系统可以通过监督学习利用标注好的样本数据，不断优化大语言模型的性能，提高其在图书编目任务中的表现。 用户反馈机制：系统应当设立用户反馈通道，允许图书馆工作者和读者提供反馈。这些反馈将被用于优化模型，使其更好地满足用户需求。 持续学习：随着时间推移，系统应当具备持续学习的能力，能够自动吸收新的知识、术语，以适应图书领域不断演化的特性。

（五）模型优势

（1）全面的信息抽取与理解：大语言模型具备全面的信息抽取和理解能力，

能够更全面、准确地理解图书文本，为编目提供更为精细的元数据。可以通过对图书内容进行深度理解，生成更具表达力和内容相关性的图书描述。这有助于为每一本图书提供更准确的元数据，帮助读者更好地了解图书内容。在图书标签生成方面，大语言模型能够识别图书中的主题、关键词，自动生成标签，为图书提供更多维度的分类信息，有助于提高图书检索的准确性。

（2）自动化编目流程和减轻工作负担：大语言模型的应用可以实现自动化的编目流程，减轻图书馆工作者的工作负担。通过自动提取关键信息、生成标签和描述，大语言模型能够极大地加速编目过程，提高工作效率。自动化编目不仅能够应对日益增长的图书馆资源，还能够让图书馆工作者更专注于更高层次的工作，如读者服务、文献研究等。

（3）多语言处理和跨文化理解：大语言模型在处理多语言图书编目方面具有显著的优势。通过自动翻译和跨语言理解，它可以帮助图书馆在全球范围内更好地处理和组织多语言的图书资源。这有助于打破语言障碍，让不同语言背景的读者更容易访问和理解各种文化的图书，促进跨文化交流。

（4）个性化服务和推荐：利用大语言模型，图书馆可以建立强大的语义搜索引擎，使读者能够以更自然的语言进行检索。这不仅提高了检索的精度，还为读者提供了更直观、智能的检索体验。通过深度理解读者行为和反馈，系统可以实现个性化的编目服务，并为读者提供更精准的图书推荐，提升读者体验。

（5）系统自我学习与更新：学习与优化模块使系统能够不断改进自身，适应新的文本结构、主题和读者需求，实现自我学习和更新，提高系统的智能水平。

（六）存在问题

（1）数据隐私和安全：由于涉及大量的图书元数据和用户信息，系统需要强化数据隐私和安全机制，确保用户信息不被泄露或滥用。

（2）可解释性和透明性：大语言模型的决策过程通常较为复杂，自动编目技术生成的结果往往缺乏可解释性，这意味着编目人员和图书馆工作者可能难以理解模型的决策过程。在实际应用中，用户对于为何某一主题或关键词被选取的解释性需求日益增加，因此提高自动编目技术的可解释性是一个重要方向。系统需要面临提高可解释性和透明性的挑战，以满足用户和监管部门的需求。

（3）多语言支持：图书馆馆藏往往涵盖多种语言的文献，如何处理不同语言的图书编目，提高多语言环境下的编目准确性是一个亟待解决的问题。系统需要进一步加强对多语言的支持，确保在处理不同语言文本时保持高效性和准确性。

（4）文本质量和多样性：对于自动编目技术而言，高质量的训练数据是至关重要的。然而，由于图书领域的专业性和复杂性，构建包含丰富信息的标注数据集仍然是一个挑战。图书中的信息呈现形式多样，除了文本外，还包括图像、音频等非结构化信息。当前的自动编目技术主要侧重于文本信息，对于非结构化信息的处理仍然相对薄弱。未来的研究需要更好地整合多模态信息，提高自动编目系统对于非文本信息的处理能力。大语言模型的性能受到训练数据的质量和多样性的影响，系统需要处理不同文本质量和文体，以确保对各种图书都能够产生良好的编目效果。

（5）泛化性：训练好的自动编目模型在不同图书馆、不同领域的泛化性问题是一个挑战。不同图书馆的馆藏特点和编目规则可能存在差异，因此如何使模型具有更好的泛化性，适应不同环境，仍然是一个需要深入研究的问题。

（七）发展方向

1. 引入知识图谱

通过引入知识图谱，识别文本中的语义关系，例如作者、主题、时间等信息。通过构建这些语义关系，图书馆可以建立更加智能的图书联结系统，将图书与其他知识资源建立关联，有助于发现图书之间的隐含关系。知识图谱的使用可以提供更为丰富的上下文信息，增强自动编目系统的智能性。

2. 强化半监督学习

考虑到标注数据的不足，未来的研究可以更多地利用半监督学习方法，通过有效利用有标签和无标签的数据，提高自动编目模型的性能。

3. 结合专业人员参与

自动编目技术与专业编目人员的结合是一个重要方向。模型可以提供初步编目结果，由专业人员进行审定和修改，以确保编目结果的准确性和专业性。

4. 加强开放标准

推动图书编目领域的开放标准，使得不同系统图书馆之间更容易实现信息交换和共享。同时，与其他图书馆和文化机构合作，共享数据和模型，实现更大范围的资源整合和智能化服务。这将有助于促进自动编目技术的应用和推广。

基于大语言模型的图书编目智能化辅助框架为图书馆带来了前所未有的机遇，通过充分利用大语言模型的深度学习能力，图书馆能够实现对图书文本的智能化理解和编目，提高工作效率，提供更精准的服务。然而，同时也需要认真面对挑战，如数据隐私、数据质量、多语言处理、可解释性等问题，以确保系统的可持续发展和读者满意度。随着技术的不断发展，这一框架将为图书馆服务的数字化转型开辟新的道路，推动图书编目领域的不断创新。需要注意的是，每个图书馆可能在自动编目方面的采用情况和进展程度都有所不同。这些进展的实际应用也可能因图书馆的规模、预算、技术基础等因素而有所不同。同时，与传统编目方式相结合，通过人工智能技术为图书编目提供更为智能和高效的辅助，是未来图书馆发展的一个重要方向。

三、交互式读者服务

大语言模型可以用于搭建图书馆网站或移动图书馆应用中的虚拟助手，通过自然语言处理技术，实现跟读者的交互，从而为读者提供更加智能、个性化的服务，主要包括个性化推荐、智能问答、情感分析等方面。

（一）个性化推荐

交互式读者服务 ChatGPT 读者可以通过与 ChatGPT 的交互，快速获取所需信息，提高了图书馆服务的便捷性。个性化推荐通过对大量数据的学习和模式识别，帮助教师和学生迅速了解和掌握所需领域的资源。根据读者个性化特征和使用偏好，提供具有针对性的资源推荐和阅读推广方案，还可以对读者的使用图书馆的情况进行追踪和预测，从而避免不必要的打扰。

1. 个性化推荐的重要性

在传统图书馆中，读者往往需要在大量的书架上寻找自己感兴趣的书籍。而大语言模型的应用为个性化推荐提供了全新的可能性。通过深入理解读者的阅读历史、喜好和兴趣，模型能够为每位读者定制专属的图书推荐，使得读者能够更迅速地找到符合个人口味的作品。

2. 基于历史行为的推荐

大语言模型可以分析读者的历史借阅记录、搜索记录和阅读评价，从而了解读者的兴趣点和阅读偏好。基于这些数据，模型能够预测读者未来可能感兴趣的图书，并向其提供个性化的推荐列表。这种基于历史行为的推荐使得读者在庞大的馆藏中更容易找到符合自己口味的作品。

3. 情境感知的推荐

大语言模型还具备对读者当前情境的感知能力。通过分析读者提出的问题、搜索关键词，以及与系统的交互，模型能够更精准地理解读者当前的需求和兴趣点。例如，当读者提出“寻找适合放松的小说”时，模型可以基于对“放松”这一情感的理解，推荐一系列适合轻松阅读的小说。

4. 用户参与反馈

个性化推荐的体验也需要读者的参与和反馈。大语言模型可以通过与读者的交互，实时获取反馈信息。读者可以对推荐的图书进行评价、提出喜好或者调整个性化推荐的设置，从而帮助系统更好地了解他们的需求，更准确地推荐。

（二）智能问答

1. 实时问题解答

传统图书馆中，读者在寻找信息或解决问题时通常需要查找目录、询问工作人员或翻阅相关资料。而大语言模型的问答能力使得这一过程更为便捷。读者可以通过口头提问或者输入文字，即时获取系统的回答。这种实时问题解答的方式提高了信息获取的效率，让读者更加愿意积极参与图书馆的服务。

2. 多语言支持

由于大语言模型的多语言处理能力，图书馆服务的语言范围也得以拓展。读者不再受限于特定语言，可以用自己熟悉的语言进行提问。这有助于服务更广泛的读者群体，提高图书馆服务的包容性。

3. 情感分析与个性化回应

大语言模型在处理问答时，不仅可以理解问题的表面含义，还能分析其中蕴含的情感色彩。通过情感分析，模型能够更好地把握读者的情绪和需求，提供更加贴近用户心理的个性化回应。这种情感智能的交互使得读者与系统之间的互动更为丰富和人性化。

（三）交互式学习和推广

1. 交互式学习

大语言模型的交互性体验不仅体现在答疑和推荐上，还包括交互式学习。模型可以根据读者的学科需求，提供定制化的学习建议、在线教材推荐等。通过与读者的实时互动，模型不断了解读者的学术背景和学科需求，为其提供更有针对性的学习支持。

2. 读者社区的构建与推广

大语言模型可以通过促进读者之间的交流，建立起一个更加紧密的读者社区。读者可以通过系统分享阅读心得、提问问题，获得其他读者的回应和建议。这种交互式学习和社区构建有助于打破传统图书馆服务的单向性，使得图书馆成为一个更具互动性和社交性的学习场所。

3. 活动推荐与参与

基于对读者历史行为和兴趣的分析，大语言模型可以向读者推荐符合其兴趣的图书馆活动，这包括阅读分享会、讲座、展览等。通过推动读者参与图书馆举办的活动，模型不仅提供了更多学科和文化交流的机会，还能够更好地促进读者与图书馆的互动，增强其在图书馆中的归属感。

（四）数据隐私与安全

1. 保障读者隐私

尽管大语言模型的交互性体验为图书馆服务带来了许多优势，但也引发了读者隐私的担忧。图书馆需要制定明确的隐私政策，确保读者的个人信息不被滥用。模型应当明确限制数据的使用范围，保障读者在使用服务时的隐私权益。

2. 安全机制与漏洞修复

在构建交互性体验的大语言模型时，图书馆需要关注安全机制的建设。系统应具备抵御网络攻击的能力，确保读者信息的安全。同时，对于模型可能存在的漏洞，图书馆应建立漏洞修复的机制，及时解决潜在的安全问题。

（五）可解释性与透明性

1. 提高模型可解释性

大语言模型在交互性体验中的应用通常以黑盒形式呈现，这给读者带来了关于系统决策过程的不确定性。图书馆需要努力提高模型的可解释性，使得读者能够理解模型为何提出某些建议或推荐。这有助于建立读者对系统的信任感。

2. 透明交互设计

在交互性体验设计中，图书馆需要注重透明性。系统的回答和推荐应当尽可能清晰、简明易懂，避免模棱两可或含糊不清的表达。透明交互设计有助于消除读者的疑虑，使得他们更愿意与系统进行积极互动。

大语言模型在图书馆读者服务中的交互性体验为传统图书馆带来了前所未有的创新。通过个性化推荐、智能问答、交互式学习和社区建设，图书馆的服务变得更加贴近读者需求，提供更富有趣味和深度的阅读体验。然而，随着这些技术的应用，也伴随着一系列的挑战，包括隐私保护、安全机制、可解释性等问题。图书馆需要在创新的同时，持续关注这些挑战，努力建设更安全、可信、透明的大语言模型交互环境，为读者提供更好的服务体验。未来，随着技术的不断发展，大语言模型将继续在图书馆中扮演着推动服务创新的关键角色。

第三节　大语言模型在智慧图书馆的未来发展趋势

随着深度学习技术的不断发展，大语言模型在语义理解方面将更加准确和智能，从而更好地适应数字图书馆的复杂环境。

随着大数据、人工智能和自然语言处理技术的飞速发展，智慧图书馆作为图书馆服务的新范式，将数字化、智能化与人文关怀相融合，提供更为个性化、智能化的服务。在这一背景下，大语言模型的应用成为推动智慧图书馆发展的关键因素之一。本章将探讨大语言模型在智慧图书馆中的未来发展趋势，包括技术创新、服务优化和社会影响等方面。

一、技术创新

（一）模型规模与性能提升

未来大语言模型的发展趋势之一将是规模和性能的进一步提升。随着硬件技术的不断改进和深度学习算法的优化，大型语言模型将变得更加庞大，拥有更多的参数和更出色的性能。这将使得模型在理解和生成自然语言方面更为精准和灵活，为智慧图书馆提供更强大的语言理解和处理能力。

（二）多模态融合

未来的大语言模型将更加注重多模态信息的融合，包括图像、音频和文本等。在智慧图书馆中，这意味着模型能够更好地理解和处理包含多种信息形式的图书内容，从而提供更为全面的服务。例如，模型可以同时分析图书的文本内容和封面图像，为读者提供更为直观和综合的图书推荐。

（三）进一步的预训练与微调

未来的大语言模型将通过更丰富的预训练数据和更复杂的任务来提高其泛化能力。通过在更多领域进行预训练，模型将更好地适应智慧图书馆中多样化的文本内容。微调机制将变得更加灵活，使得模型能够更好地适应不同图书馆的特定需求，提高智能服务的定制化程度。

二、服务优化

（一）智能化图书推荐

未来，大语言模型将在智慧图书馆的图书推荐系统中发挥更为关键的作用。模型能够更准确地理解读者的兴趣和需求，基于大量的图书元数据和用户历史数据，为每位读者提供个性化的图书推荐。这种个性化服务将提高读者满意度，推动图书馆的数字化转型。

（二）自动化图书编目

大语言模型的应用将进一步推动图书编目的自动化。通过深入理解图书文本，模型能够自动生成更为准确和丰富的图书元数据，包括主题、关键词、描述等。这将极大提高图书馆编目的效率，使得图书可以更快速地加入馆藏，并为读者提供更为翔实的信息。

（三）智能问答与助手

大语言模型的自然语言处理能力将被广泛用于智慧图书馆的问答系统和虚拟助手。读者可以通过口头或文字提问，获得更直观、实时的图书馆信息和服务指导。这种交互方式将更贴近用户的习惯，提高信息获取的效率。

三、社会影响

（一）数字鸿沟缩小

通过提供更智能、个性化的服务，大语言模型有助于缩小数字鸿沟。对于不同阅读水平和语言能力的读者，系统能够提供更贴合其需求的服务，使得更多人能够充分利用图书馆资源。

（二）文化多样性的推广

大语言模型的多语言处理能力将有助于推广文化多样性。在智慧图书馆中，模型能够处理和理解不同语言、文化的图书，促进全球文学的传播和理解。这有助于打破语言壁垒，使得读者能够更广泛地接触到世界各地的文学作品，推动跨文化的交流和理解。

（三）隐私与伦理考量

随着大语言模型在智慧图书馆中的广泛应用，隐私和伦理问题将变得更为突出。图书馆需要制定严格的数据隐私政策，确保读者的个人信息不被滥用。同时，需要关注模型的偏见和公平性，避免因为模型训练数据的问题而导致信息不公平的情况发生。

（四）用户参与反馈机制

未来智慧图书馆将更加注重用户的参与和反馈。读者可以通过与大语言模型的互动来塑造系统的发展方向，提出需求和意见。这将促使图书馆更加贴近用户的需求，提供更符合期望的服务。

四、挑战与应对

（一）数据质量与标注

大语言模型的性能和效果与训练数据的质量密切相关。图书馆需要处理大量的图书元数据，确保其准确性和完整性。同时，标注数据的质量对于监督学习和模型微调至关重要，需要投入大量人力和资源。

（二）可解释性与透明性

大语言模型通常以黑盒形式呈现，其决策过程缺乏可解释性。在图书馆服务中，用户和图书馆工作者通常需要了解模型为何提出某些建议或推荐。因此，研究和开发更具可解释性的大语言模型将是一个重要的挑战。

（三）法规和伦理

智慧图书馆在使用大语言模型时需要严格遵循相关法规和伦理标准。这包括数据隐私法规、知识产权法规等。图书馆需要建立健全的法律和伦理框架，确保系统的运作合法、公正、透明。

（四）技术可行性

大语言模型在智慧图书馆的应用需要克服技术可行性的挑战，包括模型的计算资源需求、实时性要求等。确保系统在大规模图书馆服务中的稳定性和可靠性是一个需要深入研究的问题。

大语言模型在智慧图书馆中的未来发展将在技术创新、服务优化和社会影响等方面取得显著进展。通过不断提升模型性能、优化服务体验，智慧图书馆将能够更好地满足读者的需求，推动图书馆服务向数字化、智能化的方向发展。然而，同时需要认真面对挑战，包括数据隐私、可解释性、法规和伦理等问题。只有在克服这些挑战的基础上，大语言模型才能充分发挥其在智慧图书馆中的潜力，为读者提供更丰富、个性化的阅读体验。

参 考 文 献

[1] 金蓉．旅游业高质量发展研究[M]．兰州：甘肃人民出版社，2023.

[2] 柯平，潘雨亭，张海梅．机遇与挑战：第七次公共图书馆评估的环境与意义[J]．图书馆杂志，2023，42(3)：9-15.

[3] 习近平．高举中国特色社会主义伟大旗帜 为全面建设社会主义现代化国家而团结奋斗——在中国共产党第二十次全国代表大会上的报告[J]．党建，2022(11)：4-28.

[4] 陈大庆．新时代图书馆数字化转型的思考[J]．大学图书馆学报，2022，40(6)：14-16.

[5] 王资博．公共文化服务通过数字化提升质量[N]．光明日报，2023-07-19(13).

[6] 周德明．以评估工作助推公共图书馆高质量发展——第七次公共图书馆评估标准研制专家周德明访谈[J]．图书馆杂志，2023，42(3)：4-8.

[7] 常璐，夏祖奇．基于 Web Service 的数字图书馆资源共建共享模型[J]．江苏科技信息，2023，40(28)：44-47，51.

[8] 常璐．在守护典籍中传承历史文脉[N]．江苏党校报，2023-06-21.

[9] 高劲松，李帅珂，张强，等．基于区块链的馆藏文物信息资源共享模型研究[J]．情报科学，2022，40(9)：12-19.

[10] 王余光等．中国阅读文化史论[M]．许欢，李雅编．北京：北京图书馆出版社，2007.

[11] 陈幼华等．高校图书馆阅读推广理论与方法[M]．北京：朝华出版社，2020.

[12] 杨永华．智慧时代高校图书馆服务创新与发展研究[M]．北京：原子能出版社，2020.

[13] 田杰．高校图书馆服务体系研究[M]．长春：吉林科学技术出版社，2020.

[14] 冀颖，陈秀英．地方高校图书馆文化建设[M]．北京：中国经济出版社，2020.

[15] 曹瑞琴．高校图书馆学科服务与智慧化建设[M]．长春：吉林出版集团股份有限公司．2020.

[16] 宫磊．高校图书馆管理与服务创新研究[M]．长春：吉林大学出版社，2020.

[17] 叶心．现代高校图书馆工作与读者利用指南[M]．长春：吉林出版集团有限责任公司．2020.

[18] 张鹏．高校图书馆资源与服务体系建设[M]．哈尔滨：北方文艺出版社，2020.

[19] 余晓华．高校图书馆信息资源建设与服务[M]．郑州：中原农民出版社，2020.

[20] 黄娜．高校图书馆与学科建设[M]．长春：吉林人民出版社，2019.

[21] 孔瑞林．高校图书馆阅读推广研究[M]．济南：山东教育出版社，2019.

[22] 李明．高校图书馆阅读推广研究[M]．北京：朝华出版社，2019.

[23] 焦青．高校图书馆文化建设研究[M]．北京：中国商务出版社，2019.

[24] 包华，克非，张璐．高校图书馆信息资源建设[M]．北京：中国商务出版社，2019.

[25] 皇甫军，包海艳，杨静．高校图书馆学科资源建设理论与实践[M]．北京：文化发展出版社，2019.

[26] 于红，李茂银．高校图书馆管理与服务创新研究[M]．长春：吉林人民出版社，2019.

[27] 刘纪刚．高校图书馆阅读推广理论与实践[M]．北京：九州出版社，2019.

[28] 郑幸子．高校图书馆管理与服务创新[M]．长春：吉林大学出版社，2018.

[29] 张理华．高校图书馆与校园文化建设研究[M]．北京：台海出版社，2018.
[30] 陈珊珊．高校图书馆创新服务实践与指导研究[M]．成都：电子科技大学出版社，2018.
[31] 唐淑香．“互联网+”时代高校图书馆学科服务研究[M]．西安：西安交通大学出版社，2018.
[32] 陆丹晨．高校图书馆管理的创新性研究[M]．石家庄：河北人民出版社，2018.
[33] 杨启秀．高校图书馆管理与服务创新研究[M]．北京：国家行政学院出版社，2018.
[34] 赵洁等．高校图书馆信息资源建设研究[M]．北京：海洋出版社，2018.
[35] 云正富，赵云飞，刘英杰．新时代高校图书馆文化建设与信息服务研究[M]．上海：上海交通大学出版社，2018.
[36] 程显静．图书馆建设与发展研究[M]．北京：华龄出版社，2018.
[37] 陈晓丽．图说图书馆[M]．南京：江苏人民出版社，2016.
[38] 刘一鸣，谢聪玉．图书馆红色文献资源建设与服务研究[J]．图书馆，2021(11)：94-99.
[39] 冯宪书．《古田会议决议》版本流传述略[J]．党史研究与教学，2021(2)：55-63.
[40] 刘庆礼．河北省文物保护中心藏毛泽东著作珍贵版本略述[J]．文物春秋，2010(2)：73-80.
[41] 孟兰英．《毛泽东选集》代表性版本编辑出版前后[J]．文史精华，2018(15)：63-67.
[42] 张佑祥．论毛泽东研究的客观性问题——基于历史虚无主义批判的视角[D]．湘潭：湘潭大学，2020.
[43] 王天根．《晨报》议题选择与马克思主义中国化早期历程[J]．新闻知识，2022(2)：3-18.
[44] 李焰彬．因势而新：抗战时期中共在国统区的宣传工作——以《群众》周刊为中心[J]．广东党史与文献研究，2021(1)：95-103.
[45] 肖红．民国报纸数字化实践中的主要问题及处理策略[J]．图书馆学研究，2017(4)：22-37.
[46] 田小辉．《八路军军政杂志》与1939—1942年军队政治工作研究[D]．南京：南京师范大学，2015.
[47] 乔雅俊．首都图书馆馆藏红色文献概述[J]．科技情报开发与经济，2012，22(5)：6-8.
[48] 奉清清．修志问道　直笔著史　垂鉴未来[N]．湖南日报，2021-12-28(10).
[49] 中共中央印发《中国共产党党校(行政学院)工作条例》[N]．人民日报，2019-11-04(003).
[50] 江苏省地方志工作条例[N]．南通日报，2018-12-13(A03).
[51] 刘婵．在党校修好共产党人的“心学”(学思想　强党性　重实践　建新功)[N]．河南日报，2023-05-04.
[52] 秦虹．校园文化视域中的图书馆建设[N]．学习时报，2015-01-12(A16).
[53] 吴玉姣．中央党校图书馆的历史与发展[N]．学习时报，2022-12-23(A12).
[54] 李怡慧．基层党校图书管理信息化建设探讨[J]．智库时代，2020(14)：19-20.
[55] 田习忠．基层党校图书馆自身建设面临的挑战及解决路径[J]．区域治理，2021(35)：134-135.
[56] 刘文璐．基于服务创新的党校图书馆空间再造和功能拓展研究[J]．中文科技期刊数据库

（全文版）：图书情报，2022(4)：39-41.
[57] 关建军．新时代基层党校图书馆建设刍议——以中共乌鲁木齐市委党校为例[J]．中共乌鲁木齐市委党校学报，2020(1)：53-56.
[58] 段亚妮．乡村振兴视域下基层图书馆的发展路径[J]．河南图书馆学刊，2020，40(2)：120-122.
[59] 丁丽娜．协同资源联建助力创新发展[N]．学习时报，2020-12-04(A11).
[60] 张雪芳．提升图书馆读者服务 构建高校智慧图书馆[J]．传媒论坛，2021，4(4)：139-140.
[61] 苏新宁．大数据时代数字图书馆面临的机遇和挑战[J]．中国图书馆学报，2015，41(6)：4-12.
[62] 李月琳，梁娜，齐雪．从交互维度到交互功能：构建数字图书馆交互评估理论模型[J]．中国图书馆学报，2016，42(1)：66-82.
[63] 张利娟．李彦宏：大语言模型将带来三大产业机会[J]．中国报道，2023(4)：84.
[64] 王翼虎，白海燕，孟旭阳．大语言模型在图书馆参考咨询服务中的智能化实践探索[J]．情报理论与实践，2023，46(8)：96-103.
[65] 杨倩，林鹤．大语言模型背景下情报研究的数字化应对策略及实践场景[J]．竞争情报，2023，19(3)：2-13.
[66] 王昀，胡珉，塔娜，等．大语言模型及其在政务领域的应用[J/OL]．清华大学学报(自然科学版)(2023-08-18). DOI：10. 16511/j. cnki. qhdxxb. 2023. 26. 042.
[67] 陶继华．党校图书馆空间再造设计与服务研究——以安徽省委党校“悦读空间”为例[J]．曲靖师范学院学报，2021，40(6)：110-117.
[68] 吴永飞，叶广楠，刘森，等．ChatLONGYING：大语言模型在银行财富管理领域的应用研究[J]．银行家，2023(5)：114-118.
[69] 蒋知义，曹丹，邹凯，等．智慧图书馆馆员胜任力双螺旋模型构建[J]．图书馆，2020(12)：34-41，66.
[70] 郭全中，杨元昭．大语言模型的技术特征及市场新进展[J]．中国传媒科技，2023(5)：159-160.
[71] 张爱莉．党校图书馆服务评估指标体系初探[J]．理论学习与探索，2022(6)：82-84.
[72] 陈型颖．凝聚力量 加快党校图书馆转型发展[N]．学习时报，2016-07-25(A9).
[73] 阙宁南．关于构建党校图书馆评估指标体系的思考[J]．图书馆学研究，2006(6)：16-19.
[74] 包鑫，柯平，孙慧云．基于绩效与成效的农村图书馆评估研究[J]．图书馆，2023(4)：15-21.
[75] 李晓华．群策群力 共享共建——学习《全国党校数字图书馆资源建设规划(2011—2015)》[J]．中共贵州省委党校学报，2011(2)：127-128.
[76] 冉从敬，何梦婷．智慧图书馆资源服务模式及其实施策略[J]．数字图书馆论坛，2018(6)：21-29.
[77] 刘琳琳，张瑜祯，贾朝霞，等．智慧图书馆员：元宇宙时代智慧图书馆的新职业[J]．四川图书馆学报，2022(3)：25-31.

［78］石庆功，赵倩．强化内生力量：中美智慧图书馆馆员研究述评［J］．图书馆理论与实践，2021(5)：123-128，136.
［79］赵铁军，许木璠，陈安东．自然语言处理研究综述［J/OL］．新疆师范大学学报(哲学社会科学版)(2023-08-04). DOI：10.14100/j.cnki.65-1039/g4.20230804.001.
［80］邵波，徐淋楠．从LSP到KSP：图书馆服务平台发展的机遇、路径与挑战［J］．国家图书馆学刊，2021，30(5)：67-74.
［81］邵波，张文竹．下一代图书馆系统平台的实践与思考［J］．图书情报工作，2019，63(1)：98-104.
［82］熊明辉，池骁．论生成式大语言模型应用的安全性——以ChatGPT为例［J］．山东社会科学，2023(5)：79-90.
［83］赵金柱．ChatGPT在智慧图书馆的应用场景探析［J］．信息记录材料，2023，24(5)：225-227.
［84］赵杨，张雪，范圣悦．AIGC驱动的智慧图书馆转型：框架、路径与挑战［J］．情报理论与实践，2023，46(7)：9-16.
［85］王根土，邵茜构．建监测指标体系推动党校高质量发展［N］．学习时报，2024-01-12(A11).
［86］赵群．基于智库服务的图书馆信息资源建设［J］．知识经济，2018(21)：80，84.
［87］崔永琳．发挥桥梁和纽带作用积极推动党校图书馆事业发展——全国党校文献信息学会工作的回顾与展望［J］．情报资料工作，2006(6)：7-10.
［88］阙宁南．党校图书馆服务智库建设的重点［N］．学习时报，2019-03-01(A10).
［89］刘毅．发挥党校系统的整体功能和合力［N］．学习时报，2013-06-17(14).
［90］陶良虎．有效促进党校图书馆转型发展［N］．学习时报，2018-05-11(A6).
［91］何飞，周兆兵．党校图书馆干部阅读推广实践研究［J］兰台内外，2020(5)：55-56.
［92］邓辉，边皎．评估定级与公共图书馆发展——基于第六次公共图书馆评估定级的实证研究［J］．图书馆理论与实践，2022(6)：48-56.
［93］黄珍娟，王含晖．论创新型图书馆文化的构建［J］．中华医学图书情报杂志，2009(4)：16-19.
［94］中共中央党校图书馆课题组．论党校图书馆文化功能的发挥［J］．党政干部参考，2015(12)：51.
［95］谢淑华．论图书馆文化的创新建设［J］．科技情报开发与经济，2006(15)：75-77.
［96］王蔚．基于质量管理方法的图书馆服务质量提升研究——以HZ党校图书馆为例［D］．杭州：浙江工业大学，2019.
［97］初景利，段美珍．智慧图书馆与智慧服务［J］．图书馆建设，2018(4)：85-90，95.
［98］中共中央党校(国家行政学院)校(院)务委员会．坚守党校初心奋力开创党校事业高质量发展新局面［J］．求是，2023(7)：22-29.
［99］张红亚，徐毅，李强，等．为中华文化传承 贡献图书馆应有力量［N］．中国出版传媒商报，2023-06-23(28，29).
［100］殷峰．以评估定级推动公共图书馆高质量发展［J］．图书馆建设，2023(3)：174-179.

[101] 兰霞，陈晶莹．浅论新时期党校图书馆的特色服务[J]．文教资料，2021(5)：39-40.
[102] 中共中央党校(国家行政学院)校(院)务委员会．牢牢把握新时代党校工作的根本遵循(深入学习贯彻习近平新时代中国特色社会主义思想)[N]．人民日报，2023-02-27(09).
[103] 靳凤林．紧偎书香气自华[N]．学习时报，2022-04-15(A12).
[104] 孙玉发，郭锐．人工智能大语言模型对数字出版的影响及挑战[J]．可持续发展经济导刊，2023(7)：55-56.
[105] 岸泊．全国党校文献情报学会江苏分会成立[J]．唯实，1989(4)：17-18.
[106] 杜敏．全国党校(行政学院)图书馆业务培训班在湖北宜昌举办[N]．学习时报，2019-10-18(A9).
[107] 余贞备．业务指导沉下去 市县党校强起来[N]．学习时报，2023-10-20(A10).
[108] 杜延珍．新形势下如何发挥图书馆的功能作用——以青海省委党校图书馆为例[J]．群文天地，2020(3)：62-65.
[109] 段艳华．公共图书馆阅读服务研究——基于提升国民阅读水平的视角[D]．哈尔滨：黑龙江大学，2015.
[110] 徐桂英．党校图书馆信息资源共建共享问题研究[D]．贵阳：贵州大学，2010.
[111] 王举文．推进市县党校一体融合发展[N]．学习时报，2023-11-24(A11).
[112] 黄文冰．党校图书馆的空间规划与功能布局[N]．学习时报，2017-02-17(A6).
[113] 中央党校(国家行政学院)科研部调研组．以高质量研究成果服务党和国家工作大局[N]．光明日报，2023-06-21(06).
[114] 海丽华，卢嘉琦．一场别开生面的红色文献观摩之旅[N]．学习时报，2022-04-22(A11).
[115] 刘晓燕．演绎历史经典 唱尽百味人生[N]．学习时报，2018-05-25(A5).
[116] 全国党校图书资料情报工作座谈会纪要[J]．教学参考，1986(1)：35-36.
[117] 武雪芹．新时代党校图书馆文化功能的发挥问题研究[J]．内蒙古科技与经济，2020(1)：147-149.
[118] 朱永新．以读书学习提升中国式现代化领导能力[N]．学习时报，2023-09-11(A1).
[119] 江苏党的建设理论与实践创新研究院[N]．新华日报，2020-09-01(15).
[120] 吕东霞．新时代党校图书馆特色资源库建设的难点及对策分析[J]．吉林广播电视大学学报，2019(1)：113-114.
[121] 储流杰，吴斌，孙腊梅．省域党校系统数字资源整合研究——以安徽省党校系统为例[J]．大学图书情报学刊，2016(1)：58-64.
[122] 栗璐燕．中央党校(国家行政学院)举行中共党史文献中心启用仪式[N]．学习时报，2022-01-07(A9).
[123] 生修雯．关于开放获取的讨论及其对图书馆馆藏建设的影响[J]．科技广场，2009(6)：86-88.
[124] 齐文阁．面向学科方向的图书馆文献资源建设研究[D]．长春：东北师范大学，2007.
[125] 王浩．"常州三杰"红色名人资源保护与开发探析[J]．决策咨询，2018(2)：80-84.
[126] 戴小明．新时代新征程党校事业发展的根本遵循——学习贯彻习近平总书记关于党校

办学治校重要论述[J]. 特区实践与理论，2023(2)：5-11.
[127] 王红娇 . 浅析党校图书馆如何服务教学科研工作——以鄂尔多斯市委党校为例[J]. 内蒙古科技与经济，2020(1)：156-161.
[128] 王银艳 . 智库理念下高校图书馆功能的拓展与实现探讨[J]. 江苏科技信息，2017(20)：17-18.
[129] 唐璞妮 . 基于 5W 传播模式的党校图书馆阅读推广体系架构研究——以成都市委党校图书馆为例[J]. 图书馆工作与研究，2019(3)：99-103.
[130] 周文芳，金中仁 . 基于信息集群：图书馆组织架构研究[J]. 大学图书馆学报，2008(4)：27-30.
[131] 李慧，林永春 . 基于互联网思维的公共图书馆馆藏文献资源建设探析[J]. 图书馆工作与研究，2019(7)：83-87.
[132] 李伟 . 县区级党校图书馆存在的问题及解决途径[J]. 网络财富，2010(23)：130-131.
[133] 闫雅娟，白才进 . 中国高校智库发展现状及对策[J]. 晋图学刊，2016(3)：13-16.
[134] 全国党校图书馆现代化多功能研讨会全国党校文献情报学会第二次代表大会中国图书馆学会党校委员会成立大会在京召开[J]. 情报资料工作，1992(5)：3-4.
[135] 毕宏霞 . 领导干部党性修养专题数据库构建方法与实践[J]. 办公室业务，2022(11)：25-27.
[136] 苏同明 . 依照《条例》构建党校业务指导工作长效机制[N]. 学习时报，2022-04-29(A9).
[137] 黄其文，潘华 . 第二次全国党校图书资料情报年会暨全国党校文献情报学会成立大会情况综述[J]. 桂海论丛，1987(6)：77-78.
[138] 蔡淼 . 上海标准文献馆藏建设行为优化研究[D]. 上海：上海交通大学，2012.
[139] 朱苗 . 数字时代高校图书馆评估指标体系刍议[J]. 图书情报通讯，2004(3)：20-21.
[140] 蒋文龄 . 质量立校的实践要求和路径选择——学习习近平总书记关于党校办学治校系列重要指示精神[J]. 宁夏党校学报，2020，22(4)：29-35.
[141] 刘辉 . 全面增强执政本领[J]. 新长征，2020(12)：16-17.
[142] 李青华 . 高校图书馆电子文献与虚拟文献评估方法探讨[J]. 大学图书馆学报，2000，18(2)：10-14.
[143] 陈馨梅 . 我国高校图书馆的文化价值实现研究[D]. 哈尔滨：哈尔滨理工大学，2014.
[144] 袁承蔚 . 习近平对毛泽东思想政治教育理论的继承与发展研究[D]. 哈尔滨：东北林业大学，2022.
[145] 中共中央关于加强和改进新形势下党校工作的意见[J]. 理论参考，2016(1)：4-7，18.
[146] 靳婉燕 . 新型智库建设背景下党校图书馆服务研究[J]. 群文天地，2020(1)：67-72.
[147] 习近平 . 在中央党校建校 90 周年庆祝大会暨 2023 年春季学期开学典礼上的讲话(2023 年 3 月 1 日)[J]. 求是，2023(7)：4-13.
[148] 姜志玲 . 新形势下党校图书馆服务能力现代化研究[J]. 领导科学论坛，2015(15)：22-23.

[149] 吴桂韩．不断铸就社会主义文化新辉煌[J]．经济社会体制比较，2023(4)：1-9.

[150] 陈开颜．推动新时代党校机关党建高质量发展[N]．学习时报，2023-04-14(A10).

[151] 谭凯波．吉首大学图书馆信息资源建设研究[D]．长沙：中南大学，2009.

[152] 王丽娟．面向图书馆核心竞争力的知识管理研究[D]．天津：天津大学，2009.

[153] 徐亚男．“文献情报学发展趋势与智库研究——中国社会科学情报学会 2016 年学术年会暨学会成立三十周年大会”纪要[J]．情报资料工作，2016(6)：11-15.

[154] 李苗苗．习近平关于新时代党校教育的重要论述研究[D]．长春：吉林大学，2023.

[155] 杨启莲．青少年社会主义核心价值观话语体系递进转化[J]．文教资料，2021(5)：43-45.

[156] 东方．网络环境下重构高校图书馆评估指标体系之我见——兼评《普通高等学校图书馆评估指标》(初稿)[J]．新世纪图书馆，2003(3)：48-52.

[157] 郝震杰．坚守党校初心推进西藏党校事业高质量发展——全区党校(行政学院)系统学习贯彻习近平总书记关于党校工作重要论述理论研讨会综述[J]．西藏发展论坛，2023(3)：85-88.

[158] 陈学明．党校数字图书馆建设的现状与思考[J]．中共四川省委省级机关党校学报，2006(1)：79-81.

[159] 张小美．党校图书馆红色文献资源建设与阅读推广策略研究[J]．山东电力高等专科学校学报，2023，26(3)：65-68.

[160] 张彦博．党校图书馆使命与功能设计——以天津市委党校图书馆为例[D]．天津：南开大学，2011.

[161] 王晓清．新形势下图书馆如何发挥新角色的作用[J]．西域图书馆论坛，2016(2)：47-48.

[162] 赵岩．新形势下党校社科文献服务创新[J]．中国科技信息，2009(2)：287-288.

[163] 尹昱瑾．甘肃省图书馆馆藏革命图书文献叙略[J]．大东方，2020(3).

[164] 俞慈珍．现阶段我国行政文化堕距探析[J]．福州党校学报，2005(1)：54-57.

[165] 于锋，王拓．记录沧桑巨变 厚植家国情怀[N]．新华日报，2023-10-11(03).

[166] 周秀玲．高校图书馆文化的思想政治教育功能研究——以驻邕 5 所高校图书馆为例[D]．南宁：广西大学，2014.

[167] 新华社．中共中央印发《2018—2022 年全国干部教育培训规划》[J]．党建文汇(上半月)，2018(12)：16-17.

[168] 刘娟．图书馆文献采访中运用人工智能技术路径研究[J]．山西青年，2020(3)：177-178.

[169] 王红，雷菊霞．人工智能图书采访模式设计及流程运维[J]．图书馆学研究，2018(5)：71-76，57.

[170] 蔡迎春．智能选书：图书馆精准采购实现策略[J]．数字图书馆论坛，2021(6)：50-55.

[171] 何飞．争创一流党校，创新图书馆服务模式[J]．当代教育实践与教学研究(电子刊)，2018(11)：155，157.

[172] 刘学风．基于数据仓库的馆藏数字资源整合研究[D]．天津：天津工业大学，2007.

［173］杨鹏星．加快信息资源共建共享步伐，促进党校图书馆服务上新台阶［J］．农业图书情报学刊，2008（6）：143-145.
［174］施静．省级党校图书馆讲座实践研究［J］．江苏科技信息，2020，37（23）：11-13，19.
［175］谢煜桐．党校系统建设与业务指导工作 30 年（上）［J］．特区实践与理论，2009（06）：78-81，84.
［176］谢煜桐．党校系统建设与业务指导工作 30 年（下）［J］．特区实践与理论，2010（01）：92-94.
［177］史振立，李现庭．网络时代图书馆文化建设［J］．商丘职业技术学院学报，2006（1）：124-126.
［178］于春艳．党校系统图书馆数字资源建设与发展的思考［J］．社科纵横，2011（9）：137-138.
［179］李桂荣，张佳．新时期党校图书馆资源建设中的采访工作管理［C］//第三届全国图书馆文献采访工作研讨会论文集，2009：352-356.
［180］胡玲．党校图书馆领导干部阅读推广创新研究［C］//中国社会科学情报学会 2018 年学术年会论文集，2018：521-530.
［181］沈松英．发展网上资料特色服务 推进图书馆信息化建设［J］．求实，2011（2）：285-287.
［182］黄玉宁．刍议充分发挥图书馆在党校校园文化建设中的重要作用［J］．信息教研周刊，2014（9）：32-34.
［183］李晟．用好红色资源 弘扬革命精神［N］．广西日报，2022-10-18（11）.
［184］刘曼抒．党校姓党 天经地义［N］．吉林日报，2016-05-18（02）.
［185］范华．泛在知识环境下党校图书馆信息资源建设策略研究［D］．济南：山东大学，2012.
［186］李丹．运用红色文献推动干部教育培训质量提升的路径［J］．中国井冈山干部学院学报，2022，15（5）：131-135.
［187］杨颖．论信息化环境下党校数字图书馆建设路径［J］．中共四川省委党校学报，2011（3）：107-109.
［188］黄里．党校图书馆探寻转型发展［N］．四川日报，2011-11-28（07）.
［189］周慧．国内图书馆学理论十年进展与 21 世纪理论体系构建［D］．保定：河北大学，2008.
［190］蔡非凡．基于数字人文的扬州大学图书馆数字资源建设研究［D］．扬州：扬州大学，2021.
［191］中共黑龙江省委关于加强和改进新形势下党校工作的实施意见［N］．黑龙江日报，2016-09-22（12）.
［192］廖晨曦．干部教育机构培训能力建设研究——以 H 省党校系统为例［D］．武汉：华中师范大学，2018.
［193］王雄青，胡长生．论新时代党校图书馆学科服务的转型升级［J］．图书馆研究，2020，50（4）：93-99.
［194］张真真．全国党校（行政学院）图书馆业务培训班在宜昌举办［N］．湖北日报，2019-10-13（02）.

[195] 杜小荣. 社会主义核心价值观与党校图书馆服务[C]//《图书情报工作》杂志社第 32 次学术研讨会论文集，2015：52-57.
[196] 姜晓婷. 服务智库视阈下党校图书馆的转型发展思考[J]. 智库理论与实践，2018，3(3)：51-57.
[197] 胡为雄. 马克思主义著作在中国的百年翻译与传播[J]. 中国延安干部学院学报，2013(2)：75-82.
[198] 杜鹏. 基于互惠、非直接互惠和群体文化选择的利他行为研究[D]. 合肥：中国科学技术大学，2006.
[199] 中共中央. 2018—2022 年全国干部教育培训规划[M]. 北京：人民出版社，2018.
[200] 周晟帆. 行政事业单位内部控制风险评估及管控研究——以 S 市党校为例[D]. 武汉：华中师范大学，2020.
[201] 中共江苏省委关于加强和改进新形势下党校工作的实施意见[N]. 新华日报，2016-07-20(1).
[202] 廖明. 坚持以科学发展观为指导加强党校图书馆建设[J]. 厦门特区党校学报，2009(4)：34-37.
[203] 白欣. 新时代地方党校智库建设研究——以 S 省委党校为例[D]. 太原：山西大学，2021.
[204] 黄晓燕. 民族地区图书馆地方特色资源开发研究[D]. 湘潭：湘潭大学，2019.
[205] 李根柱，肖建宇. 基于大数据的图书资源共享方法及系统：CN116361376A[P]. 2023-06-30.
[206] 张忠宇. 党校干部教育培训内容体系研究——以中共辽宁省委党校为例[D]. 哈尔滨：东北大学，2021.
[207] 包美娇. 高质量发展背景下地市级党校图书馆服务能力提升研究[J]. 内蒙古科技与经济，2023(13)：126-129.
[208] 杨民仆. 省方志馆省委党校分馆启用[N]. 新华日报，2022-11-28(03).
[209] 吴冬梅. 践行为党育才党校初心 培养造就堪当民族复兴重任的执政骨干队伍[N]. 西藏日报，2023-10-23(06).
[210] 陆艳. 国内藏书发展政策若干问题研究——数字时代电子馆藏发展与合作藏书发展探析[D]. 南京：南京大学，2007.
[211] 徐昀. 新时代省级党校干部教育培训的问题与对策研究——以 J 省党校为例[D]. 南昌：江西财经大学，2021.
[212] 张帅. 省域党委专职副书记兼任职务研究——基于制度、环境和资历的三维分析[D]. 武汉：华中师范大学，2021.
[213] 毛为伟. 党校图书馆人力资源管理创新探析[J]. 人才资源开发，2023(4)：21-23.
[214] 张明. 合肥地区高职院校图书馆资源管理研究[D]. 合肥：安徽大学，2017.
[215] 代星均. 党校的政府决策咨询功能实现研究[D]. 武汉：华中师范大学，2013.
[216] 胡国杰，高守娜. 高职学生创新资源整合的研究[J]. 科技视界，2018(17)：97-98.
[217] 张炳常，胡利勇. 促进广东党校数字图书馆的快速发展——华东四省(市)党校图书馆

的经验与启示[J]. 岭南学刊，2012(5)：121-124.
[218] 赵万明. 天津市委党校数字图书馆建设可行性及运营管理研究[D]. 天津：天津大学，2006.
[219] 李晖. 中国共产党干部培训的历史回顾与经验总结[J]. 天津行政学院学报，2011(5)：21-25.
[220] 刘俊瑞，杜敏. 新型高端智库建设的重要举措[N]. 学习时报，2017-12-29(A6).
[221] 宋海莲. 以科学发展观为指导推动党校图书馆建设[J]. 实事求是，2010(6)：106-107.
[222] 郭群英. 湖北红色廉政文化资源的开发和利用[J]. 廉政文化研究，2011，2(1)：25-29.
[223] 司霞. 大数据背景下图书馆服务新型智库建设研究[J]. 山东青年，2019(2)：154-155.
[224] 陈源蒸. 中文图书自动编目的实现[J]. 中国图书馆学报，2005，31(1)：38-40，73.

附　　录

馆藏革命历史文献清单表（珍贵部分）

序号	书名	责任人	出版社	出版日期
1	中国国民党与劳动运动	恽代英编纂	[出版者不详]	1926.9
2	中国国民党与农民运动：政治讲义第六种	恽代英编	[出版者不详]	1926.9
3	黄埔潮．第二十四—五期合刊	黄埔同学会宣传科编辑	黄埔同学会宣传科	1927.1
4	胡汉民先生演讲集第三集	胡汉民演讲	[出版者不详]	1927.11
5	三民主义	孙文演讲	太平洋书店	1927.2
6	三民主义精义	三民公司编辑	三民公司	1927.3
7	新俄国之研究	邵飘萍著	东瀛编译社	1927.3
8	中山经济思想研究集	岭南大学经济学会编辑	三民公司	1927.3
9	八十五年之中英	顾器重编	国民图书馆	1927.4
10	民权初步：建国方略之三		[出版者不详]	1927.4
11	五权宪法大纲	谢瀛洲编著	远东书局	1927.4
12	中山政治浅说	韩德光编辑	中央书局	1927.4
13	革命后之江西财政	张静庐编著	光华书局	1927.5
14	五权宪法释义	魏冰心编辑	中央图书局	1927.5
15	杨杏佛讲演集	杨杏佛讲演	商务印书馆	1927.6
16	中国政党史	印维廉编辑	中央图书局	1927.6
17	中山救国全书．下册	孙文著	大东书局	1927.6
18	中山救国全书．中册	孙文著	大东书局	1927.6
19	关税与国权	贾士毅著	商务印书馆	1927.7
20	解放运动中之对外问题	周鲠生著	太平洋书店	1927.7
21	解放运动中之对外问题	周鲠生著	太平洋书店	1927.7

续表

序号	书名	责任人	出版社	出版日期
22	不平等条约全案．上册	陆友白编辑	文明书店	1927.8
23	不平等条约全案．下册	陆友白编辑	文明书店	1927.8
24	政治概论	梅思平，张鉴暄编述	中央陆军军官学校政治部编辑部	1928.1
25	俄国革命史	杨幼炯编著	民智书局	1928.1
26	帝国主义侵略中国痛史	唐守常著	大东书局	1928.11
27	中国历代党争史	任邱，王桐龄著	文化学社	1928.2
28	海关权与民国前途	金葆光编	商务印书馆	1928.4
29	中国国际不平等条约论	沈作乾著	[出版者不详]	1928.6
30	中国国民党史	华林一撰述	商务印书馆	1928.6
31	东路中俄决裂之真相	董顾光著	上海真善美书店	1929
32	国立中央研究院十八年度总报告	国立中央研究院文书处编辑	[出版者不详]	1929
33	党政训育丛书．第一辑	吴兴，张廷灏编辑	大东书局	1929.1
34	东西学者之中国革命论	樊仲云编译	新生命书局	1929.1
35	三民主义概论	杨幼炯著	民智书局	1929.1
36	三民主义建国大纲	孙文著	商务印书馆	1929.1
37	三民主义提要		[出版者不详]	1929.1
38	收回租界运动		[出版者不详]	1929.1
39	国家论之基础知识	邓初民著	新生命书局	1929.12
40	平均地权浅说	中国国民党中央执行委员会宣传部编	[出版者不详]	1929.2
41	中国国民党党史	李宗黄著		1929.2
42	东洋史 ABC	傅彦长著	世界书局	1929.3
43	中国社会之史的分析	陶希圣著	新生命书局	1929.3
44	总理重要宣言合刊		[出版者不详]	1929.3
45	抗战中之忠勇义烈	军事委员会政治部，国民精神总动员会秘书处合编	[出版者不详]	1929.5

续表

序号	书名	责任人	出版社	出版日期
46	政治讲演集	中央陆军军官学校政训处编辑委员会编		1929.6
47	总理哀思录节要		[出版者不详]	1929.6
48	总理关于青年的遗教		[出版者不详]	1929.6
49	民族主义提要	中国国民党上海特别市执行委员会训练部编		1929.8
50	总理关于军警的遗教		[出版者不详]	1929.8
51	总理谈话新编		[出版者不详]	1930.3
52	国际运动史	张云伏著	神州国光社	1930.6
53	列宁与甘地	孚勒普密勒著	华通书局	1930.6
54	中国最近三十年史	陈功甫著	商务印书馆	1931.2
55	中国最近三十年史	陈功甫著	商务印书馆	1931.2
56	帝国主义压迫中国史．上中下	刘彦著	上海太平洋书店	1931.3
57	达衷集：鸦片战争前中英交涉史料	许地山编	商务印书馆	1931.4
58	满洲问题	吴敬恒等主编	商务印书馆	1931.4
59	民本主义与教育	(美)杜威著	商务印书馆	1931.4
60	奴隶制度史	殷格兰姆著	新生命书局	1931.4
61	中国国民党一二次全国代表大会宣言及决议案			1931.8
62	伦敦会议记	葛宇心，尉迟浩著	北京中华印书局	1932.3
63	经济革命救国论	徐青甫著	浙江经济学会	1932.4
64	土地经济学	章植著	黎明书局	1934
65	联合国将领传	何志强编著	光复出版社	1934.1
66	马克思主义与社会史观	(美)Maurice William 著	民智书局	1927.6
67	哲学之贫困	Karl Marx 著	水沫书店	1929.10
68	家庭私有财产及国家之起源	(德)恩格斯著	新生命书局	1929.6

续表

序号	书名	责任人	出版社	出版日期
69	帝国主义论	伊里基著	启智书局	1929.6
70	政治经济学批判	马克思著	乐群书店版	1930.5
71	列宁与甘地	孚勒普密勒著	华通书局	1930.6
72	资本论概要	考茨基著	神州国光社出版	1930.6
73	南京印象	郭沫若著	群益出版社	1935.11
74	论蒋管区经济的崩溃.2	许涤新著	苏中韬奋书店	1936.7
75	列宁与甘地	孚勒普密勒著	华通书局	1937.6
76	列宁与甘地	孚勒普密勒著	华通书局	1937.6
77	中国妇女问题	郭箴一著	商务印书馆	1937.6
78	费尔巴哈论	(德)恩格斯著	生活书店	1938.12
79	论新阶段	毛泽东著	新华日报馆	1938.12
80	列宁	明之著	士林书店	1938.3
81	毛泽东论知识分子	毛泽东著	教育出版社	1938.4
82	列宁主义问题	斯大林著	[出版者不详]	1938.6
83	家族私有财产及国家之起源	(德)恩格斯著	明华出版社	1938.6.
84	资本论.第一卷,资本的生产过程	马克思著	读书出版社	1938.8
85	资本论.第三卷,资本主义生产的总过程:政治经济学批判	马克思著	读书出版社	1938.8
86	资本论.第一卷,资本的生产过程:政治经济学批判	马克思著	读书生活出版社	1938.8
87	资本论.第二卷,资本的流通过程:政治经济学批判	马克思著	读书生活出版社	1938.9
88	资本论.第三卷,资本主义生产的总过程:政治经济学批判	马克思著	读书生活出版社	1938.9

续表

序号	书名	责任人	出版社	出版日期
89	资本论．第三卷，资本主义生产的总过程：政治经济学批判	马克思著	读书生活出版社	1938.9
90	斯大林选集．第一卷	(苏)斯大林著	解放社	1939.1
91	斯大林选集．第二卷	(苏)斯大林著	解放社	1939.1
92	斯大林选集．第四卷	(苏)斯大林著	解放社	1939.1
93	斯大林选集．第五卷	(苏)斯大林著	解放社	1939.1
94	马恩与马克思主义	柯柏年	解放社	1939.10
95	哥达纲领批判	(德)马克思著	解放社	1939.12
96	法兰西内战	马克思著	新华书店	1939.2
97	论民族问题	斯大林著	生活书店	1939.3
98	政治经济学批判	卡尔·马克思著	言行出版社	1939.5
99	毛泽东救国言论选集	毛泽东著	[出版者不详]	1939.5
100	列宁选集．第九卷	(苏)列宁著	解放社	1939.8
101	斯太林传：从一个人看一个新世界	巴比塞著	新知书店	1940.5
102	关于苏联土地政策问题：於一九二九年十二月二十七日在马克思主义土地问题专家代表会议上的演说	(苏)约·斯大林著	外国文书籍出版局	1941
103	列宁主义问题	斯大林著	外国文书籍出版局	1941
104	列宁传	凯尔任采夫著	读书生活出版社	1942.2
105	列宁生平事业简史	(苏)联共(波)中央附设马恩列学院编	外中文书籍出版局	1943
106	列宁的故事	考瑙瑙夫著	外国文书籍出版局	1944
107	毛泽东选集．卷一	毛泽东著	晋察冀新华书店	1944.5
108	毛泽东选集：卷四	毛泽东著	晋察冀新华书店	1944.5
109	共产主义运动中的“左派”幼稚病	(苏)列宁著	华中新华书店	1945.12

续表

序号	书名	责任人	出版社	出版日期
110	论持久战	毛泽东著	[出版者不详]	1945. 12
111	刘少奇关于修改党章的报告：一九四五年五月十四日在中国共产党第七次全国表大会上		[出版者不详]	1945. 5
112	毛泽东选集．第一卷	毛泽东著	苏中出版社	1945. 7
113	论联合政府	毛泽东著	苏中出版社	1945. 8
114	关于若干历史问题的决议：一九四五年四月二十日六届七中全会通过		[出版社不祥]	1945. 8
115	大后方各界要求建立联合政府的宣言			1945. 9
116	近代中国地租概说	陈伯达著	人民出版社	19453. 2
117	太行区党委关于农村阶级划分标准与具体划分的规定		[出版者不详]	1946. 10
118	论持久战：一九三八年五月二十六日至六月三日在延安抗日战争研究会上的讲演	毛泽东著	[出版者不详]	1946. 11
119	毛泽东的建军思想	毛泽东著	华中军区政治部	1946. 3
120	辩证法唯物论	毛泽东著	丘引社版	1946. 3
121	毛泽东选集．第五卷	毛泽东著	华中新华书店	1946. 4
122	土地改革参考材料．第二册	华中分局宣传部编	华中新华书店	1946. 6
123	土地改革参考材料．第一册	华中新华书店编	[出版者不详]	1946. 6
124	毛泽东选集．第一卷	毛泽东著	胶东新华书店	1946. 7
125	抗战以来重要文件汇集	中共中央书记处编	[出版者不详]	1946. 8
126	史大林解答国际重要问题	(苏)斯大林著	苏商时代书报出版社	1947
127	研究资本论的准备	沈志远编	生活书店	1947

续表

序号	书名	责任人	出版社	出版日期
128	论国际形势：一九四七年九月末在波兰举行的数国共产党代表通报会议上的报告	史丹诺夫著	外国文书籍出版局	1947
129	毛泽东同志在延安文艺座谈会上的讲话	毛泽东著	东北书店	1947. 10
130	中共与世界	刘珍著	[出版者不详]	1947. 10
131	国内外新形势		[出版者不详]	1947. 10
132	论国际形势	晋察冀新华书店编辑	[出版者不详]	1947. 11
133	论查田运动	毛泽东著	[出版者不详]	1947. 11
134	农村调查	毛泽东著	冀鲁豫书店	1947. 11
135	中国解放区的妇女翻身运动		东北书店	1947. 11
136	湖南农民运动考察报告	毛泽东著	韬奋书店监阜分店	1947. 12
137	大众资本论	王右铭著	生活书店	1947. 2
138	论持久战：一九三八年五月二十六日至六月三日在延安抗日战争研究会上的讲演	毛泽东著	东北书店	1947. 6
139	德国农民战争	(德)恩格斯著	生活书店	1947. 7
140	经济问题与财政问题	毛泽东著	[出版者不详]	1947. 7
141	拿破仑第三政变记	(德)马克思著	解放社出版	1947. 9
142	马克思主义与民族问题	(苏)斯大林著	东北书店	1947. 9
143	论世界形势	陆定一等著	苏中韬奋书店	1947. 9
144	论现今右派社会民主党人	顾西宁著	外国文书籍出版局印行	1948
145	土改教育经验汇辑	华中政治部编	[出版者不详]	1948
146	土改教育经验汇辑	华中政治部编印	[出版者不详]	1948
147	揭破历史捏造者：历史事实考证		外国文书籍出版局	1948

续表

序号	书名	责任人	出版社	出版日期
148	第二次世界大战前夜的文件和材料．第一卷：一九三七年十一月至一九三八年		外国文书籍出版	1948
149	第二次世界大战前夜的文件和材料．第二卷：一九三八年十一月至一九三九年		外国文书籍出版	1948
150	湖南农民运动考察报告	毛泽东著	冀鲁豫书店	1948. 1
151	论查田运动	毛泽东著	[出版者不详]	1948. 1
152	中国革命战争的战略问题	毛泽东著	冀鲁豫书店	1948. 1
153	农村调查	毛泽东著	东北书店	1948. 1
154	土改文献	中共华中工委会编	[出版者不详]	1948. 1
155	刘少奇同志：关于修改党章的报告	刘少奇著	豫皖苏新华书店	1948. 10
156	在晋绥干部会议上的讲话	毛泽东著	[出版者不详]	1948. 10
157	农村调查	毛泽东著	华东新华书店	1948. 10
158	辩证唯物论与历史唯物论研究提纲	米丁主编	解放社	1948. 10
159	论列宁与列宁主义	斯大林著	华中新华书店	1948. 10
160	新货币学	杨培新著	华东新华书店	1948. 10
161	论自我批评	叶群等译	[出版者不详]	1948. 10
162	列宁主义概论	(苏)斯大林著	中原新华书店	1948. 11
163	“左派幼病”第二章	东北书店编	东北书店	1948. 11
164	论国际形势	华中新华书店编辑	华中新华书店	1948. 11
165	目前形势和我们的任务	毛泽东著	中原新华书店	1948. 11
166	全世界革命力量团结起来反对帝国主义的侵略	毛泽东著	[出版者不详]	1948. 11
167	中国革命战争的战略问题	毛泽东著	东北书店	1948. 12
168	新民主主义论	毛泽东著	苏北军区政治部印	1948. 12

续表

序号	书名	责任人	出版社	出版日期
169	俄国资本主义发展：对大工业的国内市场形成的过程	伊利奇著	棠棣出版社	1948. 12
170	共产党宣言	（德）马克思，恩格斯合著	冀鲁豫书店	1948. 2
171	论查田运动	毛泽东著	[出版者不详]	1948. 2
172	中国革命的战略问题	毛泽东著	华中新华书店	1948. 2
173	斯大林论苏联伟大卫国战争	（苏）斯大林著	时代书报出版社	1948. 3
174	湖南农民运动考察报告	毛泽东著	胶东新华书店	1948. 3
175	阶级立场与建党路线	邓子恢等著	[出版者不详]	1948. 4
176	土发整党参考资料	华北新华书店编辑部编辑	华北新华书店	1948. 4
177	史大林与文化	罗果托夫著	上海时代书报出版社	1948. 4
178	农村调查	毛泽东著	华中新华书店	1948. 4
179	怎样进行土地改革		[出版者不详]	1948. 4
180	卡尔·马克思	（德）恩格斯等著	读书出版社	1948. 5
181	毛泽东选集	毛泽东著	东北书店	1948. 5
182	九国共产党情报局文献	东北局宣传部	东北书店	1948. 5
183	新民主主义论	毛泽东著	大众书店	1948. 5
184	在晋绥干部会议上的讲话	毛泽东著	太岳新华书店	1948. 5
185	欧洲九国共产党报告	青山	光华书店	1948. 5
186	土改整党丛书．第一辑	大众日报社编	[出版者不详]	1948. 6
187	中国革命战争的战略问题	毛泽东著	大众书店	1948. 7
188	毛泽东论	张如心著	华中新华书店出版	1948. 8
189	毛泽东的人生观与作风	张如心著	山东新华书店出版	1948. 8
190	中共中央关于一九三三年的两个文件的决定	中共华北中央局编	[出版者不详]	1948. 8

续表

序号	书名	责任人	出版社	出版日期
191	关于修改党章的报告：一九四五年五月十四日在中国共产党第七次全国代表大会上	刘少奇著	东北书店安东分店翻印	1948.9
192	湖南农民运动考察报告	毛泽东著	华东新华书店出版	1948.9
193	中国共产党红军第四军第九次代表大会决议案	毛泽东著	华东新华书店	1948.9
194	在延安文艺座谈会上的讲话	毛泽东著	华东新华书店出版	1948.9
195	列宁主义的基础	斯大林著	华东新华书店	1948.9
196	列宁主义的几个问题	斯大林著	华东新华书店	1948.9
197	马、恩、列、斯论游击斗争	(苏)联共(波)中央附设马恩列学院编	外国文书籍出版局	1949
198	十月革命与俄国共产党人的策略：到十月革命之路一书的序言	(苏)斯大林著	外国文书籍出版局	1949
199	论列宁主义基础	(苏)斯大林著	外国文书籍出版局	1949
200	灾祸临头和防止之法	列宁著	外国文书籍出版局	1949
201	苏维埃政权的当前任务	列宁著	外国文书籍出版局	1949
202	无产阶级革命与叛徒考茨基	列宁著	外国文书籍出版局	1949
203	论合作制	列宁著	外国文书籍出版局	1949
204	向斯大林学习	莫洛托夫等著	光华出版社	1949
205	在莫斯科城斯大林选区两次选民大会上的演说．一九三七年十二月十一日和一九四六年二月九日	斯大林著	外国文书籍出版局	1949
206	列宁著	灾祸临头和防止之法	外国文书籍出版局	1949
207	自然辩证法	(德)恩格斯著	神州国光社	1949.1
208	国家与革命：马克思主义关于国家的学说与无产阶级在革命中的任务	列宁著	华东新华书店	1949.1

续表

序号	书名	责任人	出版社	出版日期
209	全世界革命力量团结起来反对帝国主义的侵略	毛泽东著	中原新华书店印行	1949. 1
210	列宁斯大林论社会主义经济建设. 下册	(苏)列宁，斯大林著	解放社	1949. 10
211	列宁论文化与艺术	(苏)列宁著	苏南新华书店	1949. 10
212	美国外交官真面目	安娜尔·布克著	山东新华书店	1949. 10
213	论现今右派社会民主党人	顾西宁著	新华书店	1949. 10
214	论民族自决权	列宁著	解放社	1949. 10
215	论民族殖民地问题	列宁著	解放社	1949. 10
216	伟大而质朴的人物	刘去病编	山东新华书店	1949. 10
217	论人民民主专政	毛泽东著	第二野战军政治部编印	1949. 10
218	东方红：诗选	群众创作	新华书店	1949. 10
219	中国人民政治协商会议第一届全体会议重要文献	苏南区党委宣传部编	苏南新华书店	1949. 10
220	列宁-斯大林关于革命与国家的学说	维辛斯基著	中华书局	1949. 10
221	认真学习“论人民民主专政”	知识书店编辑部编	知识书店	1949. 10
222	人民政协学习文件	中共天津市委总学委会编	[出版者不详]	1949. 10
223	诺尔曼·白求恩断片：通讯报告选	周而复等著	新华书店	1949. 10
224	马克思主义与文艺	周扬编	苏南新华书店	1949. 10
225	中国人民从此站起来了		华中军区兼第四野战军政治部出版	1949. 10
226	中国人民政协第一届全体会议重要文献		[出版者不详]	1949. 10
227	马克思的资本论	(苏)列昂捷也夫著	正风出版社	1949. 11
228	帝国主义论研习提纲	列昂杰夫著	读者书店	1949. 11

续表

序号	书名	责任人	出版社	出版日期
229	土地问题理论．上卷	列宁著	解放社	1949.11
230	论马克思“资本论”	李昂吉叶夫著	三联书店	1949.12
231	论检察制度与监察工作	列宁著	新华书店	1949.12
232	黑格尔逻辑学一书摘要．哲学笔记之一	列宁著	解放社	1949.12
233	马克思主义的根本问题	普列哈诺夫著	生活·读书·新知三联书店	1949.12
234	斯大林论苏联宪法草案：根本法	斯大林著	新华书店	1949.12
235	论中国革命	斯大林著	新华书店	1949.12
236	马克思主义研究与体验		进步出版社	1949.12
237	共产党宣言	（德）马克思，恩格斯著	华中新华书店	1949.2
238	列宁生平事业简史	（苏）联共（布）中央附设马恩列学院编	华东新华书店	1949.2
239	哲学之贫困	Karl Marx 著	作家书屋	1949.2
240	将革命进行到底	华中新华日报资料室编	华中新华书店出版	1949.2
241	职工运动与工厂管理	华中新华书店编	华中新华书店	1949.2
242	湖南农民运动考察报告：一九二七年三月二十八日	毛泽东著	华中新华书店总店	1949.2
243	论联合政府	毛泽东著	华北新华书店	1949.2
244	论联合政府．一九四五年四月二十四日在中国共产党第七次全国代表大会上的报告	毛泽东著	华中新华书店	1949.2
245	宣教工作参考文件	华东局宣传部编著	[出版者不详]	1949.3
246	中国共产党红军第四军第九次代表大会决议案	毛泽东著	中华新华书店出版	1949.3
247	中国解放区妇女参战运动	全国民主妇女联合筹备委员会编	[出版者不详]	1949.3

续表

序号	书名	责任人	出版社	出版日期
248	列宁和斯大林是苏维埃国家的伟大组织者	维新斯基著	华东新华书店	1949. 3
249	卡尔·马克思	(德)恩格斯等著	读书出版社	1949. 4
250	资本论入门	(日)石川準十郎著	社会科学研究社	1949. 4
251	论马克思「资本论」	(苏)列昂吉节夫著	新中国书局	1949. 4
252	从一个人看一个新世界	巴比塞著	新知书店	1949. 4
253	人民公敌蒋介石	陈伯达著	华中新华书店	1949. 4
254	介绍窃国大盗袁世凯	陈伯达著	华东新华书店	1949. 4
255	拿破仑第三政变记	马克思著	华东新华书店	1949. 4
256	在延安文艺座谈会上的讲话．一九四二年五月	毛泽东著	华中新华书店	1949. 4
257	论联合政府．一九四五年四月二十四日在中国共产党第七次全国代表大会上的报告	毛泽东著	华东新华书店出版	1949. 4
258	进一步提高党的工作水平	苏北新华书店编辑	苏北新华书店出版	1949. 4
259	蒋党真相	翊勳著	韬奋书店	1949. 4
260	赵树理小说选集	赵树理著	华中新华书店	1949. 4
261	人民音乐家冼星海：纪念冼星海同志逝世三周年		华中新华书店	1949. 4
262	共产党宣言	(德)马克思，恩格斯著	新华书店	1949. 5
263	目前形势和我们的任务	毛泽东著	新华书店	1949. 5
264	评中国之命运	陈伯达著	山东新华书店	1949. 5
265	中国法西斯特务真相	黄楫清，罗仪著	华中新华书店出版	1949. 5
266	中国法西斯特务真相	黄楫清等著	新华书店	1949. 5
267	在延安文艺座谈会上的讲话	毛泽东著	解放社	1949. 5
268	目前形势和我们的任务	毛泽东著	[出版者不详]	1949. 5
269	中国革命与中国共产党	毛泽东著	新华书店	1949. 5

续表

序号	书名	责任人	出版社	出版日期
270	农村调查	毛泽东著	解放社	1949.5
271	在延安文艺座谈会上的讲话	毛泽东著	新华书店	1949.5
272	在延安文艺座谈会上的讲话	毛泽东著	华东新华书店随军分店第十中心支店印	1949.5
273	论联合政府	毛泽东著	冀南新华书店	1949.5
274	全世界革命力量团结起来反对帝国主义的侵略	毛泽东著	新华书店	1949.5
275	共产党宣言	（德）马克思，恩格斯著	苏南新华书店	1949.6
276	法兰西阶级斗争	（德）马克思著	新华书店	1949.6
277	“五四”三十周年纪念专辑	“五四”三十周年纪念专辑编委会编	新华书店	1949.6
278	窃国大盗袁世凯	陈伯达著	人民出版社	1949.6
279	论赵树理的创作	郭沫若等著	苏南新华书店	1949.6
280	论马恩列斯	解放社编	东北书店	1949.6
281	为无产阶级政党的革命路线而斗争	解放社编	新华书店	1949.6
282	论战后国际形势	解放社编	新华书店	1949.6
283	论民族殖民地问题	列宁著	解放社	1949.6
284	列宁斯大林论青年	刘光编	知识书店	1949.6
285	湖南农民运动考察报告	毛泽东著	新华书店	1949.6
286	中国革命与中国共产党：一九三九年十二月十五日	毛泽东著	苏南新华书店	1949.6
287	新民主主义论	毛泽东著	新华书店	1949.6
288	论联合政府：一九四五年四月二十四日在中国共产党第七次全国代表大会上的报告	毛泽东著	新华书店	1949.6
289	论联合政府	毛泽东著	新民主出版社	1949.6

续表

序号	书名	责任人	出版社	出版日期
290	经济问题与财政问题	毛泽东著	苏北新华书店	1949.6
291	中共七届二中全会决议学习参考材料	苏北新华书店编	苏北新华书店	1949.6
292	毛泽东同志略传	萧三著	新华书店	1949.6
293	毛泽东思想与作风	张如心著	苏南新华书店	1949.6
294	中国共产党章程：及关于修改党章的报告		新华书店	1949.6
295	法兰西阶级斗争	(德)马克思著	新华书店	1949.7
296	法兰西阶级斗争	(德)马克思著	解放社	1949.7
297	论文学中的人民性	(苏)顾尔希坦著	群益出版社	1949.7
298	斯大林论列宁与列宁主义	(苏)斯大林著	解放社	1949.7
299	社会主义从空想到科学的发展	恩格斯著	解放社	1949.7
300	论人民民主专政	毛泽东著	辽东新华书店	1949.7
301	斯大林论战后国际关系：1946—1949	斯大林著	联合出版社	1949.7
302	汉奸刽子手曾国藩的一生	范文澜著	新华书店	1949.7
303	新民主主义问答	李黎编		1949.7
304	从“七七”到“八一五”	李石涵编辑	新华书店	1949.7
305	社会民主党在民主革命中的两个策略	列宁著	解放社	1949.7
306	国家与革命	列宁著	新华书店	1949.7
307	列宁战争论	列宁著	新中国出版社	1949.7
308	拿破仑第三政变记	马克思著	解放社出版	1949.7
309	法兰西内战	马克思著	解放社	1949.7
310	论人民民主专政	毛泽东著	人民出版社	1949.7
311	论人民民主专政	毛泽东著	[出版者不详]	1949.7
312	论人民民主专政	毛泽东著	中共河南省委宣传部印	1949.7
313	论人民民主专政	毛泽东著	新华日报	1949.7

续表

序号	书名	责任人	出版社	出版日期
314	论人民民主专政	毛泽东著	鲁中南军区政治部出版	1949.7
315	湖南农民运动考察报告：一九二七年三月二十八日	毛泽东著	苏南新华书店	1949.7
316	湖南农民运动考察报告：一九二七年三月	毛泽东著	解放社	1949.7
317	中国共产党红军第四军第九次代表大会决议案：一九二九年十二月闽西古田会议	毛泽东著	新华书店	1949.7
318	中国革命战争的战略问题	毛泽东著	[出版者不详]	1949.7
319	论持久战	毛泽东著	苏北新华书店	1949.7
320	农村调查	毛泽东著	苏北新华书店	1949.7
321	农村调查	毛泽东著	解放社	1949.7
322	农村调查	毛泽东著	新华书店	1949.7
323	论联合政府	毛泽东著	苏北新华书店	1949.7
324	论人民民主专政	毛泽东著	苏北新华书店	1949.7
325	两条路	聂绀弩著	群益书店	1949.7
326	中国解放区妇女运动文献	全国民主妇女联合筹备委员会编	[出版者不详]	1949.7
327	列宁主义概论	斯大林著	解放社	1949.7
328	龙头山下	郁茹著	群益出版社	1949.7
329	中国共产党党章教材	中共中央华北局党校教务处编	新华书店	1949.7
330	上海市军管时期法令汇集.(一)	中共中央华东局政策研究室编	新华书店	1949.7
331	现中国的两种社会		东北新华书店	1949.7
332	共产党宣言	(德)马克思，恩格斯合著	人民出版社	1949.8
333	雇佣劳动与资本	(德)马克思著	生活·读书·新知三联书店	1949.8

续表

序号	书名	责任人	出版社	出版日期
334	论列宁主义基础	(苏)斯大林著	解放社	1949.8
335	近代中国地租概说	陈伯达著	新华书店	1949.8
336	苏联共产党的建设问题	解放社编	新华书店	1949.8
337	马克思传．上册	李季著	神州国光社	1949.8
338	马克思传．下册	李季著	神州国光社	1949.8
339	马克思传．中册	李季著	神州国光社	1949.8
340	从“七七”到“八一五”	李石涵编辑	苏北新华书店	1949.8
341	列宁生平事业简史	联共(布)中央附设马恩列学院编	苏北新华书店	1949.8
342	土地问题理论．上卷	列宁著	苏北新华书店	1949.8
343	论共产党员的修养：一九三九年七月在延安马列学院的讲演	刘少奇著	人民出版社	1949.8
344	中国政治思想史．上册	吕振羽著	人民出版社	1949.8
345	中国政治思想史．下册	吕振羽著	人民出版社	1949.8
346	论人民民主专政	毛泽东著	[出版者不详]	1949.8
347	中国共产党红军第四军第九次代表大会决议案	毛泽东著	[出版者不详]	1949.8
348	论人民民主专政	毛泽东著	苏北新华书店	1949.8
349	血书	驽绀聂著	群益出版社	1949.8
350	马列主义文献介绍	彭聪编	大连新华书店	1949.8
351	列宁主义概论	斯大林著	苏北新华书店	1949.8
352	苏联的领袖与人民	台维斯著	春风出版社	1949.8
353	天晴：短篇小说选	王力等著	新华书店	1949.8
354	晋察冀的小姑娘：鼓词选	王尊三等编	新华书店	1949.8
355	列宁和斯大林是苏维埃国家的伟大组织者	维辛斯基著	新华书店	1949.8
356	什么是列宁主义	文维城编	读者书店	1949.8
357	论知识份子	新华日报资料室编	苏南新华书店	1949.8

续表

序号	书名	责任人	出版社	出版日期
358	西班牙与土耳其	英文研究会编译	东北新华书店	1949.8
359	诺尔曼·白求恩断片：通讯报告选	周而复等著	新华书店	1949.8
360	解放区短篇创作选	周扬编	苏南新华书店	1949.8
361	揭破历史捏造者		人民出版社	1949.8
362	共产主义运动中的“左派”幼稚病	(苏)列宁著	苏南新华书店	1949.9
363	十月革命的准备与实行	(苏)列宁著	时代出版社	1949.9
364	十月革命的准备与实行	(苏)列宁著	时代出版社	1949.9
365	列宁主义概论	(苏)斯大林著	苏南新华书店	1949.9
366	列宁斯大林论社会主义经济建设．上册	(苏)列宁，斯大林著	解放社	1949.9
367	斯大林选集．1	(苏)斯大林著	东北新华书店	1949.9
368	斯大林选集．2	(苏)斯大林著	东北新华书店	1949.9
369	斯大林选集．第三卷	(苏)斯大林著	东北新华书店	1949.9
370	斯大林选集．第四卷	(苏)斯大林著	东北新华书店	1949.9
371	斯大林选集．第五卷	(苏)斯大林著	东北新华书店	1949.9
372	吴玉章同志革命故事	何其芳著	苏南新华书店	1949.9
373	马列主义论科学的预见	列昂诺夫著	上海书报杂志联合发行所	1949.9
374	论查田运动：一九三九年	毛泽东著	苏南新华书店	1949.9
375	文武双全	任何著	海燕书店	1949.9
376	评美国关于中国问题的白皮书	苏南区党委宣传部编	苏南新华书店	1949.9
377	马恩列斯毛论农民土地问题	土地问题研究会编	苏南新华书店	1949.9
378	朱总司令的故事	萧三著	苏南新华书店	1949.9
379	山石红	杨朔著	新华书店	1949.9
380	马克思主义与文艺	周扬编	解放社	1949.9
381	马恩列斯思想方法论		解放社	1949.9